魅力方言多精彩　闽台文
汉唐古音今犹在　两岸共的话情怀

魅力闽南话

林宝卿　著

厦门大学出版社
XIAMEN UNIVERSITY PRESS

国家一级出版社
全国百佳图书出版单位

图书在版编目（CIP）数据

魅力闽南话 / 林宝卿著. -- 厦门：厦门大学出版社，2011.6（2022.9 重印）
ISBN 978-7-5615-3742-8

Ⅰ．①魅… Ⅱ．①林… Ⅲ．①闽南话－方言研究 Ⅳ．①H177.2

中国版本图书馆CIP数据核字(2011)第100055号

出 版 人	郑文礼
责任编辑	牛跃天

出版发行	厦门大学出版社
社　　址	厦门市软件园二期望海路 39 号
邮政编码	361008
总　　机	0592-2181111　0592-2181406(传真)
营销中心	0592-2184458　0592-2181365
网　　址	http://www.xmupress.com
邮　　箱	xmup@xmupress.com
印　　刷	厦门集大印刷有限公司

开本	889 mm×1 194 mm　1/32
印张	11.75
字数	295 千字
印数	6 001～7 000 册
版次	2011 年 6 月第 1 版
印次	2022 年 9 月第 5 次印刷
定价	35.00 元

本书如有印装质量问题请直接寄承印厂调换

厦门大学出版社
微信二维码

厦门大学出版社
微博二维码

序

　　我居住的这座省城,夏日的燥热是出了名的。眼下立秋已过,热浪依旧逼人。

　　林宝卿教授这叠新著清样,带来了鹭岛清冽的海风。我连夜展读,暑气全消。近一段时间,因事游走于周宁、屏南和龙岩,便把清样带在身边,任"咱厝"的乡土之风吹拂,让"咱兜"的乡音土语伴我旅途,其乐无穷。

　　这是作者自上世纪80年代以来关于闽南方言与文化的部分文章的结集,其中大部分发表于90年代和新世纪之后。这近30年时间,正是福建新时期地域文化研究从初兴、发展到形成热潮的时期。如果我们回顾上世纪80年代,就会发现,还在当时全国"文化热"的高潮中,福建一些学者已把关注的目光投向自己脚下这片土地,关于福建的家族、信仰、民俗、方言等的地域文化研究方兴未艾。作者是当年这批先行者中的一员。因此,在90年代初全国"文化热"戛然而止时,福建新一波的"地域文化热"风生水起。进入21世纪后,闽南文化研究异军崛起,令人瞩目。地域文化研究的兴起自有其经济、社会和文化的内在动因,而在研究的推进中,来自高校和研究部门的学者则起了中坚力量的作用:一方面不断以新的成果推动研究的深化和提升,另一方面向社会普及,引起各界的关注,扩大研究队伍,也促进理论和实践的结合。林宝卿教授这部新著,加深了我的这个印象。

　　这些年来,我参加过在厦门、泉州、漳州和台北召开的闽南文化研讨会,看到一个特别令人高兴的事,就是多学科、多领域的合作已成传统,研讨广泛涉及哲学、经济学、历史学、考古学、民族学、社会学、民俗学、文学、语言学、地理学等领域。学科间的渗透和互动日趋深入。语言学者们以其文化语言学角度介入地域文化研究，对地域文化剖析之细微，对其内涵、个性、色彩及历史风貌阐释之独到，常有让人耳目一新之感。厦门大学中文系是我省久负盛名的语言学重镇，我拜读过林宝卿和她的师友们的一些研究成果，获益匪浅。当语言学者把高头讲章、科研论文和皇皇词典转化为科普著作时，我们会随着他们举重若轻、谈笑风生的叙说，走进闽南方言之堂奥，感知闽南方言的魅力，这种阅读的心情是十分美妙的。这是我旅途中读这部文集的感觉。

文集除了对闽南话源流、传承、保护等相关问题的探讨和闽南话知识的专门介绍外，特别选择了 40 个字词、12 个属相和 10 个数字以及数十个俗语，进行深入浅出而又妙处横生的剖析，这应该是全书最吸引人的部分。我们通常只把方言看作交际工具，并未意识到它同时是地域文化的载体。所以会说闽南话的人，也未必都知道闽南话有什么魅力。当作者把闽南话放在地域文化的背景下，在历史和现实的交错中去解读时，我们会发现这其实是一个十分精彩的世界。她的这种解读，通常在三个层面上展开：第一个层面，是溯源至古代，呈现语言的历史风貌，让读者知道为什么闽南话是"活化石"，为什么闽南话有说话音（白读音）和读书音（文读音）之分，从一个方面显示了闽南文化的厚重感。第二层面，是文化内涵的揭示，由字词释义，联系到相关的惯用语、成语、民谚、歇后语，涉及闽南民系的社会文化心理、情感、伦理和民间习俗等等，除了让我们增长许多知识之外，还对闽南民系的人文性格增加新的感性认识。第三层面，是应用实践。方言与地方戏剧、音乐创作，以及方言区的人学普通话等问题密切相关。对一般人来说，后者更值得注意。在闽南话和普通话里，一些字词形同而义不同，二者句式的词序也常不一致，把闽南话直接引入普通话，就会造成语病，比如书中指出的"他今天会来，明天不会来"（他今天能来，明天不能来)、"你懂不懂这个生字"(你认不认识这个生字)、"你有去没有"(你去了吗)等等,都是套用闽南话的结果。所以作者在解读方言字词时,常引申出方言与普通话的比较,让我们尽量避免说不规范的普通话。作者上个世纪60年代曾研习于中国社科院语言研究所办的普通话语音研究班,又很早就参加方言调查、资料整理和编撰工作,对此有许多自己的体会和见解,已出过《闽南人学习普通话手册》,文集限于篇幅,不能更多展开,但它所体现出来的知识和应用的结合,实为本书一大特色。

　　闽南话是闽南民系在漫长的历史过程中创造出来的特殊精神产物,是这个民系智慧的结晶;在闽南文化的诸要素中,闽南话是属于基础性的要素,具有文化区的标志性意义。因此我觉得,保护和传承闽南话,是保护和传承闽南文化的前提条件。我们对于闽南话的保护和传承,应该更有些紧迫感,前年,我在石狮市做一项关于闽南方言生态环境的考察研究,在5所中学、8所小学和部分企业、公务员中开展问卷调查,收回有效问卷5057份,同时通过座谈会、个别访谈、随机调查了解情况。我的基本判断是,目前石狮市的闽南话还处于强势地位,但随着城市化的迅猛进程,城区中的闽南话已呈现空间缩小、词汇流失、功能弱化之势。这个趋势,随着年龄段的降低愈加严重。现在许多中小学生说的闽南话,已失去大量鲜活的感性成分,闽南话里那些生动的、极富特色的词语已不多见,剩下的是一种简单、粗疏的闽南话,应付日常生活一般交际尚可,想要更充分地表达,则需改说普通话,自己的母语所承载的地域文化量已日渐稀薄。这样的闽南话,将与"魅力"渐行渐远。当然,也有两个情况使我们对此可稍感安心。一是周边农村还是闽南话的强大基地和词库,石狮也已建立了蚶江—永宁文化生态基地,地域文化的保护将得到加强;二是乡镇中一些与当地居民混居的外来工子女逐渐学会了闽南话,他们有的说得比我还流利。所以我赞成作者所说的,闽南文化的保护也要从娃娃抓起。这部文集的出版,正是闽南文化生态保护实验区实施两周年之后,情况正在发生积极的变化。如果有更多人来认识闽南话的魅力,自觉参与闽南话的保护和传承,我相信最终会在闽南文化生态保护实验区里,创造出普通话与闽南话并存分用、良性互补的双语和谐生态环境,有力地推进地域文化的传承和发展。

我和宝卿同志是中学时代的校友。她一直为传承闽南方言和文化而忙碌。我先后接到她的《闽南方言与古汉语同源词典》和《普通话闽南方言常用词典》,现在这部新著又将付梓。本是含饴弄孙、颐养天年的时候,她的脚步却似乎没有停下来。我不是语言学界的人,但被她的精神所感染,"越界"说了上面这些读后感,权充为序,并借此向多年来为保护、传承地域文化而殚智竭力的朋友们致意。

吕良弼

2009 年榕城秋夜

前　言

　　说起拙著《魅力闽南话》的出版，还得从 2007 年说起。

　　2007 年 11 月，厦门市出版局举办一年一度的"书香鹭岛活动月"，邀请厦门大学教授潘维廉先生（美国人，福建省第一个拿中国绿卡的外国专家）和我分别于 11 月 10 日和 11 日上午在厦门华侨大厦大酒店多功能厅作《魅力厦门》和《魅力闽南话》的报告。我为有幸做客"书香鹭岛论坛"，为闽南的乡亲们揭开中原古音——闽南话的神秘面纱而感到无比兴奋，也希望通过魅力无穷的闽南话，探索骨子里流淌着古老文化的闽南人曾经有过的辉煌历史和讲义气、重人情、勇于拼搏和开拓的精神。

　　报告取得意想不到的效果，有的热心听众建议我把魅力无穷的闽南话故事写成书，让他们的家人和孩子分享，使他们能识"庐山真面目"，更爱乡音，增进乡情，为自己是闽南人而感到自豪！他们的建议令我喜出望外，是啊！我怎么没想到呢？我们的乡亲不仅需要"阳春白雪"，也需要"下里巴人"，我为何不把闽南方言与文化的有关普及性知识与乡亲们喜闻乐见的故事展现给大家呢？顿时，我萌生出写一本《魅力闽南话》的欲望，并把这想法告诉厦大出版社社长蒋东明先生，立即得到他的热情支持。

　　我开始着手整理编辑 30 多年来发表在报纸、杂志上的 200 多篇短文，从中选取有关闽南方言源流、知识、俗语溯源、闽南方言与文化等的文章 100 多篇。另一方面，我从 2003 年至今在"海峡之声"与主持人陈嘉莉共同主持闽南方言的《语林趣话》，计 300 多集，我从中选取比较精彩的 40 个字词、10 个数目字和 12 个属相作深入浅出地剖析。表面上来看,这些字词似乎枯燥无味,可从它们的字形、字义、语音、语义的古今演变和论证出发,并与古文化、地域文化联系起来,确实使你看到原来"咱兜的话"蕴含着太多的学问和秘密,真是不说不知道,说了吓一跳。"大家"竟然是婆婆,"生丈夫"竟然是生男孩儿,如果唐代诗人李白还健在的话,我们可以用闽南话的文读音和他对话。真是"诗叶中原十五音,轻唇舌上未来临。汉唐古音今犹在,闽台共酌话情怀"。

本书选取的160多篇文章分为十类:视点;字词趣说;数字、属相;方言知识;外来词语;俗语溯源;民俗节庆;谐音趣说;方言与国学素养;其他。其中值得一提的是方言知识类,里面的文章大多出自上个世纪80年代我应《厦门日报》副刊"学习"版编辑吴金枣先生之约写的专栏文章《学习普通话》,实际内容是闽南人如何学好普通话,每周一篇。当时厦门是"推普红旗",但是不影响厦门人用自己的母语进行交流。为了更好地提高闽南人的普通话水平,我承先辈的研究成果,对闽南话和普通话的语音、词汇、语法进行系统、具体、细致的分析、比较,然后归纳它们的同异,总结古今音的演变规律,通俗易懂地说明闽南人学习普通话的难点和捷径。这些文章的发表,不仅使闽南人对自己的母语知其然,知其所以然,而且能有的放矢地学好规范的普通话。

为了力求科学性、知识性、普及性、趣味性,《魅力闽南话》致力于把闽南话中生动的、有趣的、富有特色的字词、惯用语、成语、谚语等挖掘出来。它不仅是保护闽南原生态文化的需要,提倡传承闽南话、提高闽南话交流水平的需要,也是保护和建设好闽台共同家园的需要。

吕良弼先生是我的同乡、同学、同行,他为拙著赐序确实是难得。我与吕先生都是厦门人,他又是我的学兄,退休前是福建省社科联党组书记、省人大常委,退休后是省炎黄文化研究会副会长、学术委员会主任,主编过《五缘文化概论》、《五缘文化力研究》等专著,现又主持《闽文化系列研究》、《闽台文化大辞典》等工程的编辑和出版工作,我们一起参加过好几次闽台文化研讨会,所以说为同行是恰如其分的。感谢他在旅途中冒着炎热拨冗为拙著写序,他对拙著的首肯和过奖是对我的鼓励和鞭策,我愿在有生之年,继先辈在语言学、方言学领域所开拓而未竟之业去努力开发! 为家乡人民贡献余力。

书中的拼音和用字依据拙著《普通话闽南方言常用词典》(厦门大学出版社 2007 年出版),对文章中难理解的字词用闽南方言拼音方案和普通话夹注,在叙述和夹注中可能尚缺完善,恳望读者原谅! 对书中的不足之处,恳望读者批评指正。

林宝卿

2009 年　60 周年国庆

目　　录

一 视 点

闽南话探源

闽南方言是汉语重要方言之一。它主要分布在福建闽南地区,台湾大部分地区,广东潮汕地区和海南岛、雷州半岛的一部分地区,江西上饶,江苏宜兴,浙江温州以及东南亚一些国家。国内外讲闽南话的人将近 6000 万。由于闽南话是古汉语的活化石,能开启古音和韵律的宝库,所以引起海内外学者的重视。令人引为自豪的是,闽南方言已经作为世界 60 种主要语言的代表之一,被录制在美国 1977 年发射的"旅行者"号宇宙飞船的铜制唱片上,到广漠无垠的星河中寻觅知音。

有人称闽南话为河洛话,这是为什么呢?首先应追溯到汉人及汉语入闽的历史。河洛人在晋代以前住在中原黄河、洛水流域,当时这一带简称河洛地区。袁家骅先生主编的《汉语方言概要》一书说:"中原汉人迁移入闽的过程,大概始自秦汉,盛于晋、唐,而以宋为极。"

河洛人第一次大规模入闽当推东晋的"五胡乱华"之际。史书上记载的"永嘉之乱,衣冠南渡,始入闽者八族,所谓林黄陈郑詹邱何胡是也"(《三山志》),指的就是这一批人。这次入闽的汉人比较集中地定居在建溪、富屯溪流域,闽江下游和晋江流域。当时,汉人已成为福建境内居民的主体。这些汉人带来的汉语,应该是闽语形成的基础,它包括今天所说的闽东、莆仙、闽南、闽北和闽中五个闽方言区。最近晋江发现东晋、南朝时期的古墓15座,至今已有1500多年,这就是"晋人沿江而居"的最重要佐证。来自东晋中原汉人的方言,是福建历史最久的汉语方言,它反映了许多隋唐以前的汉语特点。先秦以前,虽有华夏之众入闽,然而尚非集体而行,举族南迁。

河洛人第二次大规模入闽的时间是唐高宗总章二年(669年),中州颍川人陈政、陈元光父子为首的132个将领南下"征蛮",镇绥安(今漳浦县)。陈政兄陈敏嗣后又率58姓中州老乡入闽相助。陈政死后,其子陈元光率领其众"勘定蛮乱",奉命在漳州一带屯垦开发。这批汉人"征蛮"后就定居下来,并开发了漳州(《漳州府志》)。他们带来了7世纪的中州话,对漳州地区本已初步形成的闽南话的发展变化起了一定的作用,这是闽南话漳腔区别于泉腔的原因所在。

河洛人第三次集体迁闽是唐朝末年。当时中国陷入封建割据状态,河南光州固始县人王潮及其弟王审知乘乱起兵,带了大批人马南下入闽,占据福建全境。王潮被敕封为福建威武军节度使。公元926年,王审知之子王延翰立闽国称帝。这批人带来10世纪的中州话,对闽方言也产生了影响,促进了闽东方言的形成。

据上所述,福建河洛人大部分是晋、唐时期从河南中原迁徙来的。这就有力地证明了闽南人的根在中原,而闽南话乃是来自中原的河洛话。但不可否认,在早期原住民闽越人被中原汉人同化的过程中,极少量的闽越族底层语在闽南方言中留下了一点遗迹。

也许人们会感到奇怪,现在北方河洛地区的话为什么会跟公元601年陆法言所写的《切韵》和闽南方言差别那么大呢?今天河洛地区的北方话只有四个声调、三十几个韵母,而闽南方言却与《切韵》比较接近,它有七个声调、八十几个韵母,且保留入声调、入声韵。这说明当时河洛官话一方面被系统地保留在《切韵》里面，一方面又被移植到闽南来；同时也说明由一个统一的"母语"——古汉语，要发展成不同方言必须经历漫长的过程，有的发展得快，变化大，有的发展得慢，变化小。究其原因是多方面的。回首我国历史，北方社会变革较大，因此语音的变化也显得快；闽南过去比较闭塞，山川阻隔，交通不便，造成语音的变化比较微小。如我们用普通话朗诵杜牧的律绝《山行》："远上寒山石径斜，白云深处有人家。停车坐爱枫林晚，霜叶红于二月花。"就觉得韵脚的"斜"与"家"、"花"不入韵，可是若用闽南话的读书音来朗读，就觉得非常和谐，因为当时这首诗是押平水韵下平声"六麻"。此例告诉我们，古音到今音是有演变的，只是演变的速度很慢。古人写诗，一般都是押韵的，今天读起来不和谐，有的是因为语音的演变，正如明朝音韵学家陈第在《毛诗古音考序》中说的那样，"时有古今，地有南北，字有更革，音有转移，亦势所必至"。

总之，今闽南话来自中原，语音虽有演变，但变化较小，并保留较多古音，所以被称为古汉语的活化石。

> 1992.5.29 发表于《厦门日报》，
> 1998.4.15 转载于《人民政协报》

"闽"的读音及相关问题的探讨

友好、热情的听众朋友向海峡之声广播电台提出：为何"闽南"的"闽"要读 bbán，不读 bbín？bbán 与"野蛮"的"蛮"同音，听起来有点不雅。为此，海峡之声广播电台要我为听众解答，我提以下浅见与听众朋友探讨。

听众朋友非常关心热爱自己的故土闽南，希望对"闽南"的称呼优雅些，这是情有可原，言之有理的。因"闽"在闽南话中有读书音 bbín 和说话音 bbán，若任人选择的话，当然有些人会选"bbín"。

但问题不是那么简单，从音韵学的角度看，"闽"属中古音"臻摄开口三等真韵明母平声"这个音韵地位，闽南话韵母读书音为 in，说话音为 an。如：

	陈	趁	鳞	闽
读书音	dín	tìn	lín	bbín
	～～相因，～列		遍体～伤	～清
说话音	dán	tàn	lán	bbán
	姓～	～钱	鱼～	～江

读书音 bbín 是中古音唐音的保留，说话音 bbán 是上古音的保留。"闽"bbán 上古就存在，历史悠久。

从历史事实和自然环境看，福建是三面环山一面朝海的丘陵地，东部洞窑山、太姥山，北面武夷山是我国大陆东南部的最高峰，由于地理的原因，两汉以前汉人很少到福建。《周礼》记载中国古代有"四夷、五戎、六狄、七闽、八蛮、九貉"等少数民族，分布八方，其中蛮在南，闽在东南。《国语》："闽，芈(móu)，同之意，蛮也。"《说文》："闽，东南越(百越的一支)，从虫，门声。"《说文》："蛮，南蛮，蛇种。"蛇种是指"崇蛇为图腾，居地多蛇之故"。漳州平和三坪寺庙，祖师公神像两旁有龙神和蛇神保护着，据说此地蛇不咬人，人蛇和平共处。又《释名》："闽，越夷蛮之国也。度越礼义，无所拘也。……南方曰蛮。"后来郑玄注："闽同蛮也。"以上论证说明古时候闽地住着属于东南越的闽越人，南方曰蛮，是以蛇为图腾的少数民族，也可以说是当地最原始的土著民族，所以至今闽南话"闽、蛮"仍同音。

历史记载，直至汉代，闽越族的人口还相当多，至少有 20 万左右，他们性格强悍，善舟，习于水斗，据说与同族东越比斗，东越敌不过闽越族，只好请求汉王朝迁往北方江淮之间避难。直到西晋至唐中原汉人三次大规模南迁，少数留在山地的闽越族人被南迁的中原汉人同化，极少的语言痕迹残留在闽南方言中，也许就是至今尚未考证出来的本字，可能与少数民族语言壮语关系比较密切。

秦朝设立四十郡于全国，其中一郡叫闽中郡，取族氏，有闽族居闽中之意。唐朝志书里除七闽的名称外，福建的名称也曾出现，是以福州、建州各取一字成福建。八闽的称法始于宋朝：福、建、泉、漳、汀、剑南六州(南平一带延平府)，邵武、兴化二军。州、军是同一级的行政机构，谓之八闽。直到康熙二十三年(1684)增设台湾府，又叫九闽，光绪十一年(1885)设台湾省，所以仍称八闽。

古代闽与蛮同音同义是人文历史文化形成的，古时候"南蛮鴂舌"的说法也说明闽南方言是汉语方言中最为殊异的方言。另一方面闽南方言文白读成系统也是其他方言少见的语音特点，文读或白读是自古传下来，约定俗成的，何况现在"闽"已不是少数民族的族名，而是福建省的简称，闽南就是福建南部。以往的地名用字大多是说话音，而且是古音的保留，如长泰(Tiótuà)、同安(Dángwnā)、何厝(Wácù)、林下(Lná'ê)、龙岩(Línglná)等，故

"闽"用说话音正是古音的保留,更能体现闽南的悠久历史。

可以说,今天的闽南人是具有现代文化科学技术的文明人,决非古代的"蛮人",从源头上讲,闽南人及其方言和文化都来自中原。台湾称之为"河洛人"、"河洛方言",闽南人像闽字的字形一样,出门是条龙,敢打敢拼,勇于闯天下,"爱拼才会赢"是闽南人的人格,为人们所崇尚。

罗常培与《厦门音系》

罗常培先生是我国当代著名的语言学家之一。1926 年他随鲁迅先生来厦大任教,曾于授读之余,怀着极大的热情和兴趣,对厦门话进行了认真调查,广泛搜集了地方韵书和各种方言材料。在此基础上,他运用现代语音学的科学方法,对厦门音进行了研究,写下了《厦门音系》一书。

罗先生 1919 年毕业于北大中国文学系,其后又在哲学系学习两年,不久就开始了漫长的教学生涯,先后在西北大学、厦门大学、中山大学、北京大学和昆明西南联合大学任教。从 1950 年起,罗先生就担任中国科学院语言研究所所长。1958 年不幸病逝,享年59 岁。罗先生一生勤苦力学,孜孜不倦地从事语言教学和研究工作,写了不少著作,丰富了我国语言学的宝库。

《厦门音系》一书不仅对厦门音系每个声、韵、调的音值作了细致的描写,而且跟《广韵》及方言韵书《雅俗通十五音》作了相当精密的比较、分析,跟《广韵》音系作了详细对照,为后人探求厦门音和北京音的对应规律打下基础。

《厦门音系》又特别提出厦门字音话音的转变条理,归纳成同声异韵、同韵异声和声韵俱异三种情况,这对于后来研究厦门方言的文白异读起了引导作用。

罗常培先生是满族人,长期居住北方。当时来厦不到半年,又是工作之暇,能对汉语方言中比较复杂的闽南方言的代表——厦门话的语音进行如此全面、细致的分析、描写与研究,尤其是对厦门话的语音进行条缕明晰的归纳、描写,无论在实践上与理论上都大大超过了在这之前中外人士有关的厦门方音的著作（如杜哥拉士的《厦门话字典》等），足见其学识的渊博卓著以及在语言科学方面的高深造诣。

《厦门音系》问世后，在国内外语言学界享有极大的声望。然而卓越的学者总是谦虚谨慎、从不满足于现状的。1955年，当时已担任中国科学院语言研究所所长的罗常培先生在《厦门音系·再版序言》里，再次指出该书当时局限于"音系"而忽略了词汇与语法方面工作的缺陷，希望"若夫语源性之探讨，词汇语法之完成……姑以俟诸异日"。目前即将出版的《普通话闽南方言词典》虽可说是在闽南方言词汇的研究方面做了进一步的工作，但整个闽南方言的研究还仅仅是开始，对纷繁复杂的汉语诸方言进行广泛深入的研究则还远远谈不上。罗常培先生以及语言学界许多先辈们所开拓的未竟之业，还有那沉睡千年的语言科学中的处女地，正等待着我们去努力耕耘！

1982.6.29发表于《厦门日报》

闽南方言的代表——厦门话

一个方言区或一个省内的某个方言点之所以能逐步发展成为这个方言的代表,除了方言发展的内在因素外,更主要的是外在原因,即由人们共同的交际需要所决定。在交际方面,该方言点比其他点所起的作用更加重要,或者是由于该方言点在本方言区的政治、经济和文化等方面均处于中心地位,或者是由于该方言点的地域和方言使用人口比其他方言点更大、更多等等。据此看来,今天厦门话成为闽南方言的代表,是名符其实、当之无愧的。

但应指出,回顾闽南方言形成的历史条件和社会基础,厦门并不是一开始就成为闽南方言的代表点的。也就是说,这一代表点是经过一番转移而形成的。

西晋末年发生永嘉之乱(307—312 年),大批汉人从中原移居福建,其中一部分定居在以泉州为中心的晋江流域,这时则初步奠定了闽南方言的基础,所以泉州是闽南开发最早的地区。据《唐书》记载,泉州府在唐代开元年间就拥有五万多户人家,是当时全省六个州府中人口最多的一个(福州府次之,有三万多户,建宁又次之,有两万多户,其他如延平、汀州、漳州都不上万户)。隋唐之后,泉州港成了全国海外交通的中心之一,地方经济十分繁荣。后来,尽管漳州地区人口逐步增加,也设立州府,但泉州地位仍旧居于漳州之上,并且在频繁的交往中,泉州话影响了漳州话。清代嘉庆年间,南安人黄谦编的地方韵书《汇音妙悟》,是闽南各地韵书的蓝本。漳州谢秀岚的《雅俗通十五音》就是从它演化而来的。闽南最古老的剧种——梨园戏到现在还以泉州音为标准音。

宋元时期,泉州海外交通发展到高峰,但随着元王朝的覆灭,泉州港的地位则逐步下降,取而代之的漳州月港(今海澄)成了闽南对外贸易的商业中心。这时,漳州话的地位曾一度提高,后又随龙海人颜思齐载灾民入台、郑成功驱荷复台以及清初的移民潮,传播到台湾。明末清初,民族英雄郑成功把厦门作为抗清驱荷、光复台湾的基地,闽南的政治、经济中心逐步移到厦门,厦门话因之逐渐兴起。

鸦片战争后,厦门被辟为"五口"通商口岸之一。这时,厦门的经济地位,远非漳州、泉州所能及。因此,厦门话便逐步上升而取代泉州话成为本方言区的代表。

厦门在宋代隶属泉州府同安县,它的方言属同安话系统,如今在泉州市所辖各县的方言中,同安腔恰好是介于泉、漳之间的一种土话。因为厦门的政治、经济、文化等地位的提高,不少泉州人和漳州人迁到厦门居住、繁衍,慢慢地这里的闽南话成为不漳不泉,亦漳亦泉的一种方言。所以在语言上厦门话是闽南方言中最有代表性的。中央人民广播电台对台中心闽南方言的播音很早就是以厦门音为标准,以闽南方言为基础方言。

1992.11.15 发表于《厦门日报》

台湾的闽南话

现在常听台湾人说"台语"、"台湾话",从广义上讲,是包括闽南话、客家话和少数民族的山地话。从狭义上讲,"台语"、"台湾话"就是指闽南话。所谓的"台语"乃是台湾的闽南话。

为了便于与客家人、客家话区别开来,台湾人把闽南人称为河洛人,闽南话称为河洛话,因为闽南话的源头是河洛话。那么福建的河洛人是如何迁往台湾省的?

《台湾省通志》卷二第三章第二节《河洛与客家》指出:"本省人,系行政上之一种名词。其实均为明清以来大陆闽粤移民即河洛与客家之苗裔。"又连横的《台湾语典》自序中开宗明义地指出:"夫台湾之语,传自漳、泉;而漳,泉之语传自中国。其源既远,其流又长。"明天启元年(1621 年),颜思齐、郑芝龙等开发台湾,招募了不少闽南人(大多数是龙溪、海澄、泉州一带的人)到台湾屯垦定居。郑成功于 1661 年从荷兰人手中收复台湾后,又带了大批闽南人移垦台湾。因郑成功是泉州府南安县人,他的左右将士大多是泉州人,定居在台湾西南部平原——台南地区。据林再复《闽南人》记载:漳、泉两府的人"渡大海,入荒陬","筚路蓝缕,以启山林",胼手胝足,沥血流汗,不仅积极开垦台湾,而且把台湾建成第二个闽南。他们带去了闽南话,带去闽南的风俗习惯和闽南人吃苦耐劳、团结一致、艰苦奋斗的气质。这就说明,台湾人的祖根在闽南;再往上推,闽南人的祖根在中原。所以台湾有一句俗话:"人同祖,语同源。"这充分表达了台湾和闽南有着亲密无间的血缘关系和共同的语言。

魅力闽南话

台湾人对家乡话的研究非常重视。1913 年出版的《厦门音新字典》可以认为是台湾闽南话研究的一部早期代表作,具有相当广泛的影响。这部字典,实际上反映了当时台南一带闽南话的面貌,把它叫"厦门音",不过是为了表示"正音"而已。因闽南话语音以厦门话为代表,厦门音被认为是闽南的"普通话"。接着,台湾人又对台湾闽南话做了大量的研究。例如:1933 年,台湾总督府出版《台日大辞典》,1957 年王育德编著《台湾常用词语汇》,1969 年蔡培火编著《国语、闽南语对照词典》等。最近,台湾省内外的学术界、教育界从不同的角度把台湾闽南话的研究提高到一个新的水平。如果把研究成果全部搜集起来,可以不太费劲地列出一个长长的书目单。

从大陆来说,闽南方言的研究成果也相当可观。早在 1926 年,罗常培先生就编写了《厦门音系》;1934 年,周辨明先生编著《厦门话喉塞尾四种来源的分布》,而在这以前,他还写了《厦语音韵声调之构造》与《厦语声调实验录》。50 年代到 60 年代,厦门大学中文系与福建师大中文系合编了一部将近 350 万字的《福建省汉语方言概况》,1982 年由厦大中文系汉语方言研究室编著,福建人民出版社出版了一部 360 多万字的《普通话闽南方言词典》。这些著作都深受国内外学者的好评。至于近些年来所出版的著作和发表在国内外刊物的论文,更是不计其数。但我们不满足于现状,愿跟台湾的同行合作,加强闽南话的研究,使海峡两岸语言科学的交流开出更绚丽的花朵,结出更丰硕的成果。

1992.6.14 发表于《厦门日报》

闽南话在台湾

在台湾,使用闽南话的人口约占台湾省人口的百分之七十八,使用客家话的约占百分之十七,使用其他语言和少数民族的山地话的约占百分之五。使用闽南话的人口在台湾比例大,又加上一些客家人和高山族同胞也多少懂得一点闽南话,甚至有的还讲得相当好,所以可以说闽南话在台湾几乎全省通行。

闽南方言以厦门话为代表,台湾闽南话是属于闽南方言的一个次方言,就像漳州闽南话、泉州闽南话一样。原来从闽南移民台湾的泉州籍人士和漳州籍人士分别说着泉腔和漳腔的闽南话,后随着社会的发展、交通的方便、经济文化的交流,两种腔调互相影响、互相渗透,久而久之,最后导致形成一种"漳泉滥"的台湾闽南话,愈来愈像厦门的闽南话(因早期厦门闽南话是兼收并蓄泉、漳闽南话的特点而形成的),所以台湾人到了厦门,就好像在台北一样,两地语言、民俗、文化、气候、环境等很相似。闽南与台湾地缘近、史缘久、人缘亲、血缘深,两地本是人同祖、语同源。

有人认为台湾闽南话和大陆闽南话差异很大。其实不然,当年跟随郑成功收复、垦殖宝岛台湾的闽南人后裔,虽然在日本的铁蹄下生活了 50 年,但一旦踏上故土便会惊奇地发现,原来自己的乡音未改。这正如唐代诗人贺知章晚年回乡的肺腑之叹:"少小离家老大回,乡音无改鬓毛衰。"最近台南市传统文教学会组团到厦旅游,厦门语委邀请厦门大学中文系几位老师与他们座谈,交流闽南方言的源流差异等问题。我们之间敞开心扉、交流自如,倍感乡音乡情的亲切。说到差异嘛,我也不否认,闽南方言摇篮地厦、漳、泉的方言就有差异。如南瓜,厦、漳说为金瓜,泉州说为冬瓜;西红柿,厦、漳说为臭柿仔,泉州说为甘仔得;荸荠,厦、泉说为尾荠,漳州说为葱藕等。同样在台湾,闽南话也有个别词与祖籍地的用法有差异,但这种地域方言的差异是极少的,屈指可数的,并不会影响交流和沟通,更不可能改变其特征与属性。

2000.8.31 发表于《厦门日报》

闽南话是强势方言

有人认为闽南方言增加了不少外来词语,又加上闽南地区外来人口增加,使用闽南方言人口的比例似乎比以前少些,因此担心闽南方言会消亡。这个问题值得大家探讨。

吸收外来词充实词库是正常现象

语言学家萨丕尔在《语言论》一书中说:"语言,像文化一样,很少自给自足。交际的需要使说一种语言的人和说邻近语言或文化上占优势的语言的人发生直接或间接的接触。交际可以是友好的或敌对的。可以在平凡的事务和交际关系的平面上进行,也可以是精神价值——艺术、科学、宗教的借贷或交换。"可见各种语言或方言靠相互借代和交换词语来充实自己的词库属正常现象。据说印地语、荷兰语、英语的借词大大超过本族语词的数量;日本语是本族语词、汉语词和英语词三分天下;马来语大量借用闽南话,但丝毫没有影响马来语的存在,马来语至今仍是马来西亚的国语。

外来词语的增加不影响闽南方言

据史籍所载,中原汉人来到闽南这块丘陵地后,因耕地缺乏,于是靠山吃山,靠海吃海。在内陆山区,人们早就致力于制茶、烧瓷等手工经营,沿海一带继承古代闽越人善舟好斗的拼搏精神,发展捕捞渔业和造船航运业。唐宋以后,泉州船顺着季风远航东南亚,宋元时则开辟了海上丝绸之路。随着人类对海洋的开发,闽南人遍布东南亚,在外定居的闽南人一贯与故土保持密切联系,并产生了富有特色的海洋文化,海洋文化带来语言交流,这些番客(从南洋回国的华侨)每次回到故土便带来诸多见识和经验,也包括所学来的马来语、英语等。

现在中国改革开放,厦门是特区,是对外开放的窗口,正在走向全国,走向世界,外来词也以从未有过的速度一批批进入中国,进入厦门,这是传意生活的紧迫需要,并非语言使用者的标新立异。对于外来词的吸收,当代人已打破以往以意译为主的方式(如平等、自由、博爱、发动机、扩音器、电话等都是早期的意译词,现已看不出它们原来的面貌),主要使用音译词,如迪斯科、麦当劳、肯德基、酷、秀、托福、迷你等,半音半译词,如桑拿浴(Sauna+浴)、啤酒(beer+酒)、呼机(Call+机)、保龄球(bowling+球)等。由于交际的迫切需要,这些词人们拿来使用,既快又方便,不仅丰富了汉语和闽南方言词库,而且对活跃人们的语言生活也有积极的意义。闽南方言现在使用的外来词大多是从汉语音译或意译过来的,因此无须再作翻译,否则译音大相径庭,就失去它交际的意义。

表面上来看,闽南方言吸收了不少外语词,实际上它与数以千计甚至数以万计的闽南话基本词、常用词比较起来是微乎其微的,最多是三四百条吧,何况外来词缺乏构词能力和派生能力,进一条就只有一条,生命力强的、经得起考验的词语能长期被人们使用,生命力差的可能是昙花一现。而闽南方言有丰富的构词、派生能力,如一个"食"就可以构成食饭(吃饭)、食茶(喝茶)、食奶(吸奶)、食力(吃力)、食志(立志)、食薰(抽烟)、食桌(赴宴)、食教(信教)、食油(耗油)、食空气(吸收新鲜空气)、食名声(靠名声)、食碰饼(挨批评)、食命(旧指靠命运好而坐享清福)、食父母(依靠父母亲生活)等数十条词、词组,所以外来语怎么增加也动摇不了闽南方言的生命力。

在闽南方言中,早期吸收的外来词,有的仍在沿用,有的已被淘汰。如洞葛(手杖)、阿甲(估计)、谢哥米(西谷米)、加薄棉(棉花)、巴刹(市场)、榴莲(马来亚果王)等来自马来语;沤屎(球出界)、极仔(奶油蛋糕)、撇仔(碟子)等来自英语;便当(饭盒)、便所(卫生间)等来自日语;雪文(肥皂)等来自法语。这些词语,有的已被淘汰,有的仍在使用。

闽南方言是强势方言,不易消亡

闽南方言是强势方言表现在闽南方言区是福建省最大的方言区,使用人口超过全省的一半,约 2500 万人以上,它与本省的弱势方言——正在萎缩之中的闽中方言(永安、三明、沙县)截然不同,为了抢救永安方言,我们曾五次下永安,写下《永安方言志》,现在能说纯正永安话的人已寥寥无几。闽南方言区内部所属的厦、漳、泉及其所属的县市语言相当一致,区内虽有不同两片口音,但一般不影响交流,闽南方言是向心型的,有很大的凝聚力。李如龙教授在《福建方言》一书中也提出过这个观点。

闽南方言是强势方言还表现在它是超地区、超省界、超国界的扩展型的方言。闽南方言从闽南这一摇篮地流播到台湾全省、广西柳州、广东潮惠、海南、江西上饶、浙江温州、江苏宜兴乃至东南亚各国等,据统计,国内外使用闽南方言的人口约计 6000 万。令人高兴的是到闽南工作的外地人,为"入乡随俗",也积极学习闽南话,说闽南话的人数以后会再增加。

有人认为现在说闽南话的人似乎比以前少了,这一方面说明厦门引进外来人才的增加,另一方面也反映了厦门推普的成果。但我们不能只看到眼皮下的厦门就说闽南方言没生命力,而应该看到广大的闽南农村,这些地方的人至今仍用闽南话作为主要的交际工具。

魅力闽南话

令人感到遗憾的倒是孩子们说闽南话的机会和时间少了,因此我建议爷爷、奶奶、爸爸、妈妈在家里多跟孩子说闽南活,使他们不忘祖宗言,永记故乡音,在家能用亲切的方言母语,走出家门能说一口流利的普通话,这不是两全其美吗?

2001.8.25 发表于《厦门日报》

话说说话

　　何谓母语？《现代汉语词典》是这么解释的："一个人最初学会的一种语言，在一般情况下是本民族的标准语或某一种方言。"这样的解释似乎比较抽象。具体说，相对于外语，普通话是母语。这么说来，一个中国人常常会说两种语言：一种是本地话，即最初学会的方言，一种是普通话。

　　俗话说，物以类聚，人以群分。在外地、外国，家乡的语言具有无限的凝聚力。乡音来自浓厚的乡情，乡音故土，乡情至深，它把同根同脉的人紧紧相连。当你生活在熟悉的乡音环境里，会感到安然踏实，就像鱼儿在水中游，鸟儿在空中飞一样。当你远离家乡，到了一个陌生的语言环境中，尽管周围人来人往，心中还是难免感到孤独，就会想起乡音乡情及家乡的一草一木。难怪中西贯通的闽南人林语堂、周辨明教授在海外茶余饭后时，常兴致勃勃谈起家乡的方言和民俗文化，正如李白的《春夜洛城闻笛》里所写的，"此夜曲中闻折柳，何人不起故园情"。

　　普通话是汉民族的共同语。其实早在春秋时代，汉民族就有共同语，当时叫"雅言"。"雅"就是雅正之意，与方言相对。孔夫子就是说雅言的，西汉扬雄的《方言》一书提出的"通语"就是当时的共同语，清代称官话，民国时改称国语，解放后改为普通话。《中华人民共和国宪法》第19条规定："国家推广全国通用的普通话"，即"以北京语音为标准音，以北方话为基础方言，以典范的现代白话文著作为语法规范的现代汉民族共同语"。因我国人口众多，方言复杂，要学会规范的、标准的普通话非轻而易举，许多方言区的人常说着带有方言腔的普通话，如山东腔、四川腔、广东腔、福州腔、闽南腔等等。这不足为奇，是普遍的现象。有些厦门人的普通话也不够标准，多少也带点闽南腔。

为了提高厦门人的素质，塑造厦门的美好形象，厦门人必须认真学习普通话，如不要把"主力"说成"阻力"，"商业"说成"桑叶"，"发生"说成"花生"，"缝衣服"说成"红衣服"，"女客"说成"旅客"，"很热"说成"很乐"……要分清平翘舌、n 与 l、f 与 h 等，不该卷舌的音不要乱卷舌。语言是口耳之学，一就是一，二就是二，只有通过认真的学习和上口使用，才能逐渐达到标准。

闽南话（以厦门话为代表）与普通话，就是我们厦门人的两种基本语言。闽南优秀传统文化的传承必须重视闽南方言的传承和应用。"皮之不存，毛将焉附"，方言与文化是相辅相成的，作为中国人要会说普通话，那么作为闽南人，不会说闽南话是件令人遗憾的事。

多创造一些学话的空间和时间，多创造一些学话的环境，就能学好闽南话。我非常赞同百岁老先生、语言学家周有光的观点，把闽南话作为家庭和日常生活语言，把普通话作为课堂和工作语言，这样，跟家乡人、外地人交流起来就会感到十分惬意。

2006.7.3 发表于《厦门日报》

闽南文化传承也从娃娃抓起

在首届海峡两岸闽南文化学术研讨会上,厦门市第九幼儿园教师宣读的《根植沃土育新人》一文引起大家的兴趣。她们在中华传统文化教育中,不忘家乡文化、家乡方言,用最亲切的方言、最质朴音韵,编写表现人民生活中喜、怒、哀、乐等情感的《闽南民间童谣》和常见虫、鱼、鸟、兽等的知识童谣,教幼儿朗读传诵;她们还利用闽南民间文学和戏曲中的精华,对孩子们进行素质教育,为下一代继承传统文化打下基础。

闽南文化是中华文化的组成部分,闽南文化的研究不仅关系到中国优秀传统文化的保留问题,也关系到祖国统一大业问题。闽南文化传承需后继有人,因此必须从小抓起,而文化的存在依赖于语言,没有语言,就没有文化,正如美国著名人类学家怀特在《文化科学》一书中所指出的,"全部文化(文明)依赖于符号。正是由于符号能力的产生和运用,才能使文化得以产生和存在;正是由于符号的使用,才使得文化有可能永存不朽"。怀特所指的符号是人类的语言和文字,可见闽南文化的传承,需要闽南方言,因闽南方言是古文化的活化石,是闽南地区的主要交流工具之一。

据我和一些同行所知,目前闽南地区的一些城市,特别是厦门,中小学生会说闽南话的比例在逐渐减少。有的会说但不愿意开口,你跟他说闽南话,他用普通话回答你,有的听得懂,不会说,甚至有听不懂也说不出来的。其中原因可能有三:一是有人认为福建历来是"推普红旗"省份,说闽南话会影响推普;二是有的人认为说闽南话、听闽南戏属低层次,因此不感兴趣;三是担心闽南话难学,学生不好掌握,也不愿让他们学,反正用普通话交际便可。是的,福建历来是"推普红旗",特别是厦门特区推普工作在方言区中可说名列前茅,但推普跟讲闽南话并不矛盾啊!早在1958年,周总理在全国文字改革委员会的会议上就明确指出:推广普通话,全国语言才能统一。但并不是要消灭方言,外来干部努力学习地方语言,才能和当地群众打成一片。据此,闽南话与普通话并不矛盾,有时还能互相促进,特别是闽南话保留古音古义较多,在教学中,有些古词语,用普通话解释很啰唆、费解,用闽南话一对照就能一语道破,不至于产生误解。

《国语·越语》:"生丈夫,二壶酒,一犬;生女子,二壶酒,一豚。""丈夫"(dâboō)在闽南话中是指男孩,与古语相同。

《因话录》卷三:"大家昨夜不安适,使人往候。""大家"(dāgē)并非普通话的大家,闽南话和古语同指婆婆。

《水浒传》第三十一回:"为是他有一座酒肉店,在城东快活林内,甚是趁钱。""趁钱"(tànzní),即赚钱,闽南话与古语意思相同。

例子甚多,不一一列举,至于以为闽南话、地方戏是低层次的看法,那是错觉。方言、地方戏不分高低贵贱,只要能为当地人民服务,有地区的文化特色,就应当珍惜它们,传承它们。作为中国人,大家都希望学好普通话,作为闽南人,也应该会讲自己的家乡话,否则会感到十分遗憾!因为这是我们的母语,为什么不会说或不愿说呢?在海外定居的闽南人,尽管他们远隔重洋,久别百载,仍世世代代传承自己的母语,传承着闽南文化,他们"离乡不离腔,离亲不离祖"的爱国、爱乡精神值得我们学习,而我们生活在闽南文化熏陶下的地区,更应该会说自己的家乡话。有的爷爷、奶奶本身没什么文化,跟孩子说着不准确、不标准的普通话,那就会使孩子输在起跑线上,跟孩子说地道的闽南话,使孩子从小会说闽南话,这才是上策,等他们上学后,一开始就学习准确的普通话,才不至于让老师增添纠正孩子读错音的麻烦。

　　幼年是学语言的黄金时期，小孩子的可塑性很强，给他们创造学习闽南话的空间和时间是很重要的。除了在学校里老师有意识地编一些具有乡土气息的教材和制作具体形象的教具进行教学，让幼儿在兴趣中提高听说能力外，在家里爷爷、奶奶、爸爸、妈妈也可以多跟孩子们说闽南话，鼓励他们用闽南话来解释、对照普通话词语，既让他们接受双语（普通话和闽南话）的"输入"（听），又让他们经常"输出"（说），久而久之，闽南话就会学到手。让我们的下一代不忘祖宗言，永记故乡音，使优秀的传统文化后继有人。

2001.12.8发表于《厦门日报》

二 字词趣说

读 册

普通话说"读书",闽南话说"读册"。"册"是象形字,像一根根竹片,中间用绳索串起来,成为一本"册"。cīk 是文读音,cēh 是白读音。"册"古本指帝王祭告天地神祇的文书,如《新唐书·百官志二》:"临轩册命,则读册。"后泛指书。如三国魏·李唐《运命论》:"善恶书于史册,毁誉流于千载。"宋·赵彦卫《云麓漫钞》卷七:"今人呼书曰册,取简册之义。"

在闽南方言中,"册"字在前组成册仔(小本的书;特指迷信的人在神佛前烧化以求消灾的册卷)、册纸(废旧书报)、册皮、册包、册囊(lōng)[与"册簏仔"(lōk'ǎ)相同,即指书套]、册房(书房)等。"册"在后面组成的常用词有读册、教册、佮册(gāp)(包书)、旧册、古册(古书;连环画)、古早册(古书)、尪仔册(连环画)、相册(影集)、工具册、医册、户口册(也叫户口簿,即户口本)等。还有一些带册的词语与普通话是完全一致的,如手册、画册、纪念册,另外一些词跟普通话一样用"书"字,不能用"册",如书生、书香门第、书写、书面、书记、书生气、大书特书、罄竹难书等,"书呆子"也可用"册呆"表示不懂得联系实际只知道啃书本的人,"册"还用于表示整理或堆叠整齐,如桌顶的册真乱,共伊册好势(桌子上的书很乱,把它整理好)。

　　再说"读"字，读书音 tók，用如宣读、默读、读物等，说话音 ták，用如读册、读报等。它不仅指看着书本读出声或不读出声，也指学习功课，如伊咧读册（他在做功课）。读册还指上学读书，包括读大学、读小学等。有些词语文白读皆可，如读者、读音、读经等。

　　知识像汪洋大海，取之不尽，用之不绝，而"读册"是学习的方法之一，只有不断地从书中吸收知识，才能提高我们的学识水平和文化素质，这就是"读一书，长一智"的道理。"人往高处走，水往低处流"，读书成才能使自己更有前途，能为国家多作贡献。俗话说："册是随身宝，常读考艙倒（考不倒）。""读册若用心，一字值千金，读册无用心，唔知册内有黄金。"所以说读书是我们生活中不可缺少的一项活动。

　　"想知天下事，要读万卷册"，"读书破万卷，落笔（lóhbīt，下笔）如有神"，"一日读册，一日功，一日唔读十日空"。中国古代诸子百家、唐诗宋词、元曲、明清小说等经典著作积累了古人的聪明才智和中国优秀的传统文化，这些圣贤书，我们要好好解读，现代科技书以及反映优秀文化的文史哲等方面的书也要认真读。俗话说："读册无用功，等于白花工。"我们读书要用功，对于难懂的书还要多动脑筋，才能理解其义，如俗话说"食饭无哺（boô）唔（m̂）知味（吃饭没咀嚼不知味），读册无想唔知意"，"册读百遍，其义自见"。我们要活到老，学到老，而且要趁年轻时多读点书，正如俗话所说的，"补漏趁好天，读册趁后生"（趁：tàn。后生：hâosnī，指年轻时），这样到老了才不会后悔读书迟。年轻时身体好、理解快，记忆力强，是读书的好时机，只有少壮多努力，老大才不会徒悲伤。

　　现代人"读册"，也喜欢"读网"，虽然"读网"能较快取得信息，阅读、摘录的速度快，但这种方法只能浅阅读，可说是阅读中的"快餐"，不能细细地品味。闽南话"读册有味千回少"，说明看着书，慢慢阅读，仔细地品味，才是读书人的享受。1995 年，联合国教科文组织把每年 4 月 23 日确定为"世界读书日"，要把读书的事情变成一场热闹的欢乐活动，说明读书是种快乐的享受，读书是全民的需求。

"学"与"学堂"

闽南人的学生常说:"来去学堂(óhdńg)读册。""学堂"就是"学校",听起来亲切,说起来顺口,古汉语也是这么说的。北魏·郦道元《水经注·江水一》:"始文翁为蜀守,立讲堂于南城。永初后,学堂遇火,后守更增二石室。"《北齐书·权会传》:"会方处学堂讲说,忽有旋风瞥然,吹雪入户。"唐·段成式《酉阳杂俎·语资》:"单雄信幼时,学堂前植一枣树。""学"说话音óh,常用在口语中指学习,如学讲话、学行(gniá,走)路、学英文、学技术等,用于闽台谚语如"刀无磨会生铣,人无学会落后"(生铣读 snī siān,生锈)、"活到老,学到老,一生一世学艙了"(艙了读 bbuê liǎo,不完)、"木不雕不成器,人无学唔八理"(唔八读 ḿbāt,不懂)、"唔惊学艙成,只惊心不恒(hńg)"(不怕学不成,只怕没有恒心)、"学好三年,学否(pǎi,坏)三日"、"虚心的人,学十当(dǹg)一,骄傲的人,学一当十"。

闽南话的"学"(óh),还用作动词"诉说"、"喜欢学话",如"有的查某人(女人)爱学话"、"学嘴学舌"(不只是表示学别人说话,即鹦鹉学舌,还指喜欢向别人说一些不该说的话,有时把听来的原话添油添醋,挑拨离间)。所以有些人吵架就说:"你做你去学,我则唔惊"(你尽管去说,我才不怕)。俗话说,"水搬过碗会少,话搬过嘴会多",这样做就会影响人们的和谐相处。古汉语的"学"也有"诉说"、"学舌"的意思。如《金瓶梅词话》:"你就学与他,我也不怕他。"

"学"的读书音是hák,如:"学校"、"路无尽头,学无止境"、"自学成才"、"学习靠积累,聪明靠勤奋"、"海洋深处鱼仔大,书海深处学问精"、"学问学问,不耻下问"、"常学(óh)常问,便有学问"、"勤学(óh)好问,满腹学问"、"学习如赶路,呣学(ḿ'óh,不学)就退步",等等。一般来说动词用说话音,名词用读书音,但也不能绝对化,如小学、中学、大学、夜学(夜校)、偷走学(逃学)等都用说话音。

一个人生活在世上,离不开学习,在家庭、学校、社会都需要学习,而家庭是孩子最早的学堂,父母是孩子最早的老师,小学、中学、大学等学堂,主要能使孩子学到文史知识、科学知识、做人的道理等,而到了社会这个大学堂,就能学到家庭、学校所不能学到的东西。只有不断地学习、实践,才能成为既有知识、又有教养的人才。另一方面,学习也能改变一个人的命运和前途,正如宋代词人柳永的《劝学文》所说:"……学,则庶人之子为公卿;不学,则公卿之子为庶人。"

早 晏

"早晏"(zǎ wnà)是闽南人的日常用语。如"早晏会互你去北京佚佗"(迟早会让你到北京玩),这里相当于普通话的"迟早",漳州人也说"早慢"。若说"伊早晏拢无闲跙跙"(lǒng bbóyíng cīhcīh,他早晚都忙忙碌碌),这里相当于普通话的"早晚",有时方言也可说"早暗"(zǎ'àm)。古时候就是这么说的。《仪礼·士相见礼》:"问日之早晏。"《李卫公问对·中》:"早晏以顺天道。"

"早",《说文解字注》:"从日在甲上。甲象人头,在其上,则早之意也。"读书音是 zǒ,泉州音 zoǒ,说话音 zǎ,古代通"蚤"zǒ,朗诵古诗词要用读书音。如李白的七绝《早发白帝城》;杜甫《诸将》诗之一:"昨日玉鱼蒙葬地,早时金盌出人间。"(这里"早时"指往日、昔日)"晏",《说文解字注》:"从日安声,无云也。"属形声字。闽南话读书音 àn,说话音是 wnà,跟古汉语一样,本指"迟"。读书音用于朗诵古诗词。如《诗·郑风·羔裘》:"羔裘晏兮,三英粲兮。"(此"晏"指鲜盛貌)àn 用于姓,如春秋·齐有晏婴著《晏子春秋》,北宋临川人有晏殊,著有《殊玉词》、《萝轩外集》等书。

"早"用于日常口语中指早上或时间在先的,如老一辈的闽南人常用"势早"(ggáo zǎ,您早、早安)做问候语,不一定用于早晨,有时开会、聚会等活动,别人比你来得早,也可用"势早"来打招呼。"早"跟"起"组成早起、早起时,也指早上,吃早饭就说成食早起(吃中饭是食日昼、食下昼,吃晚饭是食下昏)。元·秦简夫《东堂老》第一折:"俺等了一早起,没有吃饭哩。"[这里的一早起(zítzǎkǐ)就是普通话的一上午]。若说早时(泉州又说"早年所",漳州又说"早前"），则跟古代汉语一样都指从前、以往。"早"可跟"古"字组合成古早时、古早人、古早代、古早册、古早字、古早厝、古早物、古早衫（snā）等，相当于普通话的古时候、古人、古代事情、古书、古文字、古代房子、古代东西、古代衣服，更强调年深日久。普通话所说的"早稻"，方言说"早粙（diû）、早冬、六月冬"，多用于煮稀饭，与被称为"十月冬"的晚稻有所区别。

"晏"本义为迟、晚。《广韵》："晏，又晚也。"我们常说真晏、晏来、晏食、晏起来，古汉语也这么说。如《礼记·内则》："孺子蚤寝晏起。"《论语·子路》："冉子退朝，子曰：'何晏也？'"《墨子·尚贤中》："蚤朝晏退。"唐·韩愈《崔十六少府摄伊阳以诗及书见投因酬三十韵》："有时来朝餐，得米日以晏。"宋·陆游《新晴出门闲步》："废寺僧寒多晏起，近时农惰阙冬耕。"

"早"与"晏"作为形容词时，除前加程度副词"真、野、设呔、一吨（yīt dān）"等来修饰，使程度加深外，还可以重叠使用，如早早出去、晏晏倒来（很早出去，很迟回来）。歌谣《阿达姊》："阿达姊，阿达姊，做人的新妇，八（bāt，识）道理，晏晏睏，早早起，起来梳头、洗面、抹粉、点胭脂，入大厅，洗桌椅，入灶骹，洗碗箸，亲家亲姆勥教示。"

与早、晏有关的谚语不少，如：无病早防，有病早医；早日不成天（早晴常变天）；早落早晴，暗雨牢暝（晴：zní，牢暝：diáo bbní）（"暗雨牢暝"指晚上下雨可能整个晚上下个不停）；早霞不出门，晚霞行千里；早雾日头暗雾雨；早粙出穗头戴火，晚粙出穗水淋尾（早稻成熟快，从抽穗到收成只需 20 多天。水淋尾：比喻成熟慢。晚稻成熟慢）；早睏早起身体好；早食饱，午食巧，暗顿半枵饱（晚餐不要吃太饱。枵读 yāo，饿）；晏落船，早上岸（迟下船，早上岸。从褒义讲比喻后来者居上，从贬义讲，比喻不照规矩行事，有僭越的含义）。

暗　暗

　　"早早出去,暗暗倒来"(很早出去,很迟回来),这句话常用来形容人们为了生计,早出晚归地工作,实际上"暗暗"此词在闽南话还不止指"很迟、天黑"的意思,它还有其他的方言义。

　　要谈"暗暗",先从"暗"谈起吧!《说文解字注》:"暗,乌绀切。从日,奄声,日无光也。"闽南话读 àm,一是指夜、天黑,如今仔暗(今晚)、明仔晚(明晚)、食暗(暝)顿(吃晚饭)、暗暝(晚上)、暗时(晚上的时候)、看暗场(看夜场)、规暗暝(透夜)、透暗行(夜行)等,这些是做名词用的,也可引申为量词,如睏两暗(睡两个晚上)、守暝守三暗(守夜守了三个晚上)等。古汉语已用之,如《晋书·职官志》:"车架逼暗乃还,漏已尽。"唐·韩愈《咏雪赠张籍》:"误鸡宵呃喔,惊雀暗徘徊。"二指光线不足、黑暗,或指比说话时间晚些、迟一些。如教室真暗(教室光线不足)、天要暗(天将黑)、要暗仔(快天黑)、暗头仔(天刚黑,多指天黑到七八点前后)、天拄暗(天刚黑)。若加重叠后缀或双声后缀,便成为形容词的重叠形式,用于加深程度,如暗嗦嗦、暗猫猫、暗摸摸、暗眠摸等。三指隐蔽不露的或遮掩不让人家知道某事,如暗号、暗畅(tiòng)(窃喜)、暗行(hîng)(不显露出来的心机、心术)、暗算(sǹg)、暗空(kāng)(暗地里搞的不光明正大的事)、暗囥(kǹg)(暗藏)、暗查(暗探)、暗步(暗计)、暗病(暗疾)、光来暗去(明一套,暗一套)、暗降(打麻将的一种术语,埋下四块同样的牌,如暗降"红中")。四指暗中吞没钱财等,如伊将公家的钱暗落去(他暗中侵吞公款)。此外还有一些特殊的说法。如:把下午说为暗晡(boo);把猫头鹰说为暗光鸟

（àmgōngziǎo），也用来比喻喜欢迟睡的人，普通话叫"夜猫子"。

再说"暗暗"，普通话也说，但它只指暗中或私下里不显露出来，方言除"天黑、很迟"外，也指光线不足，如房间暗暗，光线觞够（bbuêgào，不够）。

含"暗"义的谚语也不少，如：明人不做暗事；面头前讲好话，尻川后创暗空（尻川念 kācng，屁股，比喻背后）（指阳奉阴违）；日时唔通讲人，暗时唔通讲鬼（告诫人家别背后说人的坏话）；暗时觞落眠，日时无精神（晚上不能入眠，白天无精打采）；暗头活跳跳，天光死翘翘（天刚黑时很活跃，第二天天亮却死了；形容人死得很突然。跳读 tiào，翘读 kiào，押 iao 韵。）；一暗无眠，三日损神（一个晚上睡不好，三天没精神，总是无精打采。损神读 sňgsín，眠、神押 in 韵。）；外伤好治，暗病偲医（偲读 ōh，难）。

话说"古意"

说到"古意"（goǒyì），老一辈的闽南人比较熟悉，而且常挂在口中，以"古意"、"做古意人"来自勉和教育下一代，而对年轻人来说就觉得生疏，有的还会根据"古"和"意"两字分析其为"古代"的意思，那就风马牛不相及，两者毫不相干。

"古意"在闽南话里是形容词，一是形容人老实厚道；二是指热情、真挚待人，好客。它是闽南话的特有词，也是最能反映闽南人的人品、气质、热情、厚道的一个词。

何以见得呢？我们可举一两例来说明，便可一目了然。古时候，闽南人为了养家糊口出洋过番去谋生时，若是很难找到立足之地，很难找到工作，生活无依无靠怎么办呢？没关系，早期出洋已在海外有立足之地的乡里乡亲、亲堂兄弟、厝边头尾（cù bnī táo bbě，左邻右舍）等都愿意做古意人，接纳他们到家里住，给予无私的援助。他们认为帮助新客，使之安下心来找到工作渡过难关是天经地义、理所当然的，要做血汉人、古意人，不仅要讲义气，而且要讲人情，这样福大量大，才有福气。他们也是过来人，当年他们初到南洋时，也曾得到上一辈人的帮助，因此这样的好传统、好品质代代相传，怪不得人们赞美闽南人"好所行"（hǒ soǒgniá）、"势做人"（ggáo zuèláng）。"好所行"也是热情待人的意思，它跟普通话的"古道热肠"意义相近。至于"势做人"不仅指乐于助人，还指善于处理人际关系，使大家和睦相处。

今天的闽南人仍继承古人的优良传统做"古意人"。改革开放后，很多外地人到闽南来工作，为建设闽南贡献自己的聪明才智，他们觉得闽南这些地方好居住,山好,水好,人也好,虽然他们不会说闽南话,但闽南人却不为难他们,一旦知道他们不会说闽南话就改用普通话,给人方便,使人感到闽南人"真古意,真好所行,真好相处"。又比如,在生活中,上车让座已成为风气,人们主动为老人、孕妇、小孩让座觉得理所当然,不让座觉得心里难受,过意不去。有的外地人为了更好地融入这里的生活和工作,把四季如春的闽南当作自己的第二故乡,正在努力地学习闽南话,做"古意人"。

我们相信,新的闽南人和原来的闽南人一定会手挽手、心相连,一齐做"古意人",共同把闽南这美丽的家园建设得更加和谐、文明、繁荣。

话说"血汉"

老一辈的闽南人经常与大家共勉,咱着做一个血汉人,唔通做无情无义的人。现在年轻人有些已经不会讲这词,也不懂这"血汉"的意思,听起来还以为是流血流汗的"血汗"呢!"血汉"要用读书音 hiāt hàn。

"血汉"的意思是:一指慷慨不吝惜,如用钱真血汉;二指刚直不阿、敢作敢为的人,这种人讲情义,敢打抱不平。如伊做人真血汉,见义勇为,该出手就出手。

"血汉"反映了闽南人的人格气质——既讲义气又重人情,这种品质是在中国传统的古文化和闽南海洋文化熏陶下形成的。早期闽南人为了生活出洋过番去谋生时,在变幻莫测的大海上航行、经商。当时科学不发达,船上的设备简陋,再大的船也得随风漂泊,听天由命。泉州是早期的海港,是海上丝绸之路的出发点。到了元末明初时,泉州港淤塞,月港兴起。闽南人到过四十几个国家经商,有时"市通则转寇为商,市禁则商转为寇",所以人们不仅要与大自然的险情斗,还要与人斗,这样的海上生活时刻都有生命危险,真是"三分天注定,七分靠拍拼(pāhbnià,打拼)"、"行船走马三分命",所以就要讲江湖义气,敢吃苦、敢拼搏,有福共享,有难同当。

另一方面刚出洋过番的闽南人都知道"过番唔是(m̄sî,不是)去掘金",刚去的时候人生地不熟是很难找到工作,很难生存下去的,因此他们得在先去的亲戚、朋友那儿"浪邦"(lôngbāng,寄宿在别人家生活,马来语),请求他们"多朗"(dōlóng,帮助,马来语）。而早些时候去的闽南人，他们是血汉人，一点也不吝啬，他们认为都是乡里乡亲、亲堂兄弟、厝边头尾（左邻右舍），帮助他们是天经地义、理所当然的，他们也是古意人，真诚热情地帮助新来者，直到他们有立足之地。闽南人认为有量才有福，福大量大，有种福才有福气。

今天有的闽南人仍继承这种优良传统，做血汉人。前段时间在报纸上看到厦门人司机王贯中在深圳因勇于捉贼，而不幸遇害的感人事迹，两名歹徒已被警方抓到，市领导还到翔安探望厦门英雄的家属。《厦门的士之歌》这篇文章还谈到了厦门司机见义勇为、拾金不昧、爱老敬老的生动事例，他们真是当今的"血汉人"，是我们学习的榜样，我们要为之喝彩，学习他们的好精神，使厦门这座全国文明城市更加美丽！

说"家"

中国古代农业社会初期，经过了一段刀耕火种阶段，慢慢才有了简单粗糙工具，慢慢有了上层住人，下层养猪的"家"。甲骨文、金文的"家"上面是"宀"，像房子的屋盖，也是房子的象形，下面是"豕"，即"猪"的图样。

"家"，闽南话读书音是 gā，用于国家、家乡、家庭、专家、家己（自己）等，说话音是 gē，常用于口语词，如保家（包管、担保，如贷款着有人保家）、成家立业、祖家（老家、家乡）、徛家（kiâ gē，住家）、管家、扞家（hnuâ gē，把家、持家）、众大家（zìng dâigē，众人）、大家（dâ gē，婆婆）、头家（当家、老板）、家业（家产）、破家（puàgē，败家）、内家（男家、婆家）、外家（娘家）、冤家（wān gē，吵架）等。"家"漳州地区不读 gā、gē，而是读为 geē。

人们说，国家国家，有国才有家。美不美，家乡水，亲不亲，故乡人。对于"家"，闽南人体会更深。闽南俗语说得好，"金岫银岫呣值家里草岫"（呣念ḿ，不。岫念 siû，指巢、窝，比喻家），可见闽南人对"家"看得很重，尽管外面有金山、银山，不是迫不得已，他们决不远离家乡或离乡出走。早期不少侨胞迫于生计离家、离乡到东南亚、台湾、港澳等地拼搏，即使是经过几十年，甚至几代人，他们仍离家不离祖，离乡不离土，他们勤俭节约，把辛苦钱、血汗钱积蓄下来带回家乡，报答桑梓，为家乡兴土木办教育，他们虽旅居异国他乡，却总怀落叶归根之思！

俗话说："家和万世兴，家不和通世穷（兴：hīng，穷：gíng）"、"家不和，人看无"、"家丑不可外扬"，是的，家庭只有其成员和睦相处,才能兴旺发达。不过这话说起来轻巧,做起来却不易,人们说:"喙甲舌有时也会相触"(嘴跟舌头有时也会打架),何况是一家人同在一个屋檐下,磕磕碰碰总是难免的。特别是中国的传统观念是多子多福,子孙满堂,那种四世同堂的家庭里有大家、大倌(dâgē、dâgnuā,公公婆婆)、爸母兄弟、翁某同姒(āngbboǒ dángsâi,丈夫、妻子、妯娌)等,各种不同辈分、不同年纪、不同性格的人生活在一起,肯定会出现一些矛盾。所以俗话说:"一家无主不安宁","家里有贤妻(cē),生活崦陋灾(loô zē,糟透了)"。传统的闽南之家,家的中心,往往是母亲,"谁言寸草心,报得三春晖",母爱天高地厚,它像石磨的"磨仔心"(bbô'ǎsīm,石磨的轴),让全家大小围着一个中心转。一位好母亲、好妻子能把一家"难念的经","清官难断的家事"理清楚,当然还要家里的老小互相理解、互相体谅,求得和谐。

"树大分权,团(gniǎ,儿子)大分家",社会在前进,观念在变化,几代同堂的家正在改变,现在的家庭大多是两代同堂或两人世界,这是客观现实,作为长辈不要过分挂虑,"团孙自有团孙福,莫为团孙做马牛",要想得开,放得下。作为下辈,要自力更生,勤俭持家,但这并不意味着各自为政,漠不关心,儿女要孝敬父母,常回家看看,长辈要关心儿孙的成长,为儿孙奉献余力。一家人逢年过节多多团聚,人人都宽以待人,人人对家都献出一点爱,就能克服"代沟",建好美丽的家园。

闽南人的"厝"

"厝"普通话读 cuò,闽南话读书音 coò,说话音 cù。它保留古汉语的意义。《说文》:"厝,置也。"《诗·魏风·硕鼠》:"乐园乐园,爰得我直。"直者,置也。与诗中的"乐土乐土,爰得我所"的"所"义近,同为人之所居。清·黄敬叔《台海使槎录·赋饷》:"瓦厝、草厝共征银一千二百四两零。"闽南人心目中的"厝",不仅指房子,而且指家庭、家乡、村社,常读 cù。"厝"在闽南人生活中有举足轻重的地位,"起新厝,买新厝"是闽南人的第一追求,故有"富不富,看新厝"之说。

闽南人称房子为"厝",如厝地(盖房子的地皮)、厝业(房产)、厝宅("宅"读 téh。"厝宅"多指祖传的、规模较大的住房)、厝基(房子的地基)、厝场(建房工地)、起厝(盖房子)、厝骹(cùkā,指房子的墙根,也指房客)、厝主(房东)、厝税(房租)、厝脊(屋脊)、厝檐(zní)(房檐)、厝顶、厝瓦(hiâ)、厝契(kuè)(房契)、厝内(屋内)、大厝(大宅院)、大厝大宅(深宅大院)等。闽南的大厝,它的建筑艺术是出类拔萃的,既有个性,又有特性,是闽南生态文化的重要元素。闽南的大厝大多是历史悠久的古早厝(古老的房子),建筑风格上大方堂正,左右对称,层次分明,错落有致。闽南称院子为"落"(lóh),"落"分前后、左右和层次,正房旁边的院落叫"护厝埕"(hoô cùdniá),"厢房"叫"护厝"。大厝的屋脊多半是燕尾形,红砖绿瓦,而"护厝"常见马鞍脊,其间不乏精细的砖雕、彩绘、木刻、镏金描红等,它承袭了汉唐的官家气度,似乎是民间的宫殿。

闽南人称家庭、家乡为厝,如"阮厝、阮兜(ggǔn dāo)"(指我家、我的家乡）。有人说，在地球上与人类生活息息相关，给人类最为温馨感觉就应该数"家"，的确，家是狂风暴雨中的一个安静的避风港，家是寂静深夜中一点温暖的火光，所以"厝"对闽南人来说蕴含着温馨亲睦的感情，把妻子、家里人说为"厝内人"，若在异国他乡相遇，"相借问"（snā ziōhbbñg，互相打招呼）时，听着"咱厝的声音"，便是倍感亲切："恁厝伫倒落?"（lǐn cù dî dǒloh。您家在哪儿?）"阮厝在闽南。""有闲来阮兜坐。"（有空到我家坐）"有闲来阮厝食茶。""咱是共乡里。"（gāng hniūlǐ，同乡）这一问一答，说来顺口，听之亲切，让人真正体味到闽南人的"古意、好所行"（朴实、热情），真是"亲不亲，故乡人"。

闽南人喜欢用"厝"做村名，常在"厝"的前面冠以姓氏，如厦门岛内的吕厝、何（wá）厝、黄厝、曾厝垵，集美的孙厝、叶厝，同安的彭厝等。因姓是宗族的专名，这种姓氏命名的地名跟中华民族重宗族的社会心态以及跟我国姓氏渊源有关，因为古代无论是姓或氏绝大多数由"地"而得到的，即以"地"为姓，包括封国、封邑、出生地、祖籍等，这就是说姓和氏从产生的那天起，就同地名结下了不解之缘。闽南人迁移到台湾后，也带去了不少祖地带"厝"的地名，如罗厝、陈厝、林厝、何厝、孙厝、彭厝等，在历史上，同族姓的人多聚居一起，姓地名就作为宗族的标志，这可激发人们热爱家族、热爱乡土，不忘祖宗的观念。

闽南方言"厝"用于成语、谚语、歇后语也不少。成语如：厝边骹兜（kādāo）（左邻右舍）；谚语如："顶厝教囝，下厝囝乖"；歇后语如：做梦起大厝——空想、厝顶踏破瓦——有漏洞、厝边无行踏（没来往）——孤屈（形容喜欢自己一个人）、厝边草拄着挺横雨（屋边草碰到横向大雨）——连根拔、"细腻（suèlî）猫踏破厝瓦，细腻查某走过社"（动作小心的猫会踩破屋瓦，外表胆小害羞的女人竟然跑到别的社区，干了缺德事。说明人不可貌相）。

门

"门"的繁体字是"門",好像两页门扇的形状,它是个象形字。

"门",闽南话读书音 bbún,用于朗诵唐诗宋词或成语。如刘方平的七绝《春怨》:"纱窗日落渐黄昏,金屋无人见泪痕。寂寞空庭春欲晚,梨花满地不开门。"成语有五花八门、门当户对、门庭若市、左道旁门等。其他大都用说话音 bbńg。人们认为开门的声音是 yníhwnáih,就把"門"字拆开为"尸"(yníh)、"彐"(wnáih),成为方言拟声词的俗字。

闽南人很注意门面,无论是住房、店铺、庙宇的门都非常讲究,因为这门的派头似乎与政治地位、经济状况有关。门的用材、大小、结构、造型、质量等能给人第一印象并产生感觉:是富人家还是当官人家,是文人墨客还是一般干部,等等。另一方面"门风"也就是"家风、家教",反映一家或一族世代相传的道德准则和处世方法。俗语"门户破损,狗仔撞门"意思是双关的,一方面指门户破了,被狗撞门,另一方面有门风败坏、家庭不和等含义。

早期的门,特别是农村大户人家的门那是很复杂的,不过它也是古文化的一部分。如果是"大厝",一般都有正大门、双边门、后尾门(后门)、房门、灶骹门(厨房门)、将前厅和后落隔开的"屏堵门"等。如果有"护厝"的,还有"护厝门"。早期门的高度、厚度都有严格的尺寸和标准,制造工艺也很严格,有用木料的,也有金属材料的。正大门都是双扇的"门扇板"(bbńgsnìbǎn),由木板、木条、木棍三部分组成,有的还在门扇板上漆上红干漆,并写上吉祥的词语。在门外头有各式各样的门牵(bbńgkiān,门环),多为铁或铜制成的,不仅便于开关,还可听到敲门声。门里头有"门闩"(bbńgcnuà),门闩鼻可把门扣住或加锁,还有"门额(hiáh)"、"门桁(góng)"(用于加固门户的粗大横木)、"门臼(kû)"(门墩,即托住门上转轴的墩子,用木头或石头做成)、"门徛(kiâ)"(门框,指门扇四周镶在墙上的框子)、"户模"(hoôdîng,也叫门模,脚跨入门的地方)。门的形状除了长方形外,还有弯弓形的。

现在的门虽不复杂,但往往很讲究,材料非常高级,很多用不锈钢制成,门上还装饰得非常堂皇、美丽。逢年过节,闽南人喜欢在门上贴个"福"字,有的还倒贴,表示"福到",门额有横联,两边贴上对联,如横联:福星高照,对联:大吉大利长富贵,好年好运永吉祥。

话说"丈夫"

人们一看到"丈夫"这个词儿,就觉得没什么好说的,"丈夫"不就是男女两人结婚后,男子为女子的丈夫吗?是这意思的词语,厦门就用读书音 diông hū,泉州音是 diɗnghū,漳州音是 diâng hū,"丈夫"是男人充当的,闽南方言称男人什么呢?是 dâ boō,台湾、漳州说为 zâ boō,它的本字是什么呢?

关于 dâ boō 的本字众说纷纭,写法各异。有的认为古代男人是以打猎、捕捞为生,就写为"打捕";有的认为用同音字"乾埔";有的认为对男人应采用敬辞"台甫",何况这两个字也是近音。其实它的本字就是"丈夫"。

何以见得呢?我们是经过考证而得到本字的。考证方言本字并非轻而易举的事,因此不能随心所欲,它需要运用音韵学、方言学、训诂学等知识,还要联系方言的历史,特别是语音变化的历史和词义发展变化的实际情况,坚持音准义和。音准就是根据反切所切出来的音准确,还要根据此音的文白读情况,看看是否符合厦、漳、泉读音规律,音准要有韵书、《说文》的论证,若加上有古籍的用例,意义准确,那就确定无疑了。

"丈"普通话读为 zhàng,而闽南话保留古音,"古无舌上",即古无卷舌音,把卷舌音读为舌头音 d、t,所以,厦门、泉州的读书音(文读音)是 diông、diɗng(阳上调),漳州读为 diâng,用于丈夫(指男子结婚后,为女子的丈夫)、大丈夫敢作敢当;说话音(白读音)有三个:第一个厦门、泉州读 dniû、dniǔ,漳州读 dnioô,用于丈人(岳父)、丈姆(岳母)、姑丈等;第二个音读 dn̂g,用于几丈几尺;第三个是 dâ,用于丈夫。文读音和第一、二个白读音是无可置疑的,面对第三个白读音,人们也许会感到奇怪,因为它原来是阳声韵,怎么变成阴声韵了？其实，这是一种音变现象，它从diang变成dia，最后变成da，就像中央（diōng yōng。读书音），会读成dā'ng（中间。白读音）一样。

至于"夫"的读音，那就更好解释了，"夫"文读音hū，是唐音的保留，用于夫人、大夫，"夫"普通话是fū，而闽南方言保留"古无轻唇"f的特点，把轻唇音f（普通话说为唇齿音），读为重唇b、p（普通话说为双唇音），所以"夫"白读音是boō，用于丈夫（男人）、丈夫囝（儿子）、丈夫囝仔（gǐn'ǎ）（男孩儿）等，"夫"的文读就像"扶、斧、脯"等字的文读分别用于扶持、斧正、肉脯，白读用于扶悬（poó gnuái）、斧头（boǒtáo）、菜脯（càiboǒ，萝卜）一样。至于台湾、漳州读为zâboō，那是音变现象，d与z都是舌尖音，dâboō可能会变为zâboō，就像tīt tó（佚佗，即玩儿）变成cīttó一样。

词义方面，我们用《说文》和一些古籍来论证，更是一目了然。(1)指成年男子：丈夫人（男人）、丈夫囝（男儿、男子汉）。《说文》："男，丈夫也。"《孟子》："丈夫之冠也，父命之；女子之嫁也，母命之。"《韩非子·五蠹》："古者丈夫不耕，草木之实足食也。"晋·甘宝《搜神记》卷二第三十五条："闽中有徐登者，女子化为丈夫。"唐·无名氏《补江总白猿传》："……有美髯丈夫长六尺余，白衣曳杖，拥诸妇人而出。"(2)指男孩：生丈夫（生男孩）。《国语·越语》："生丈夫，二壶酒，一犬；生女子，二壶酒，一豚。"《孔子家语·七十二弟子》："昔吾年三十八无子，吾母为吾更取室。夫子使吾之齐，母欲请留吾。夫子曰：无忧也，瞿过四十当有五丈夫。今果然。"现在我们已经知道"丈夫"（dâboō）的写法，那么zābboǒ（女人）的本字是什么呢？目前无法查证其本字，先用同音字"查某"替代。

由上例子，说明闽南方言保留了许多古汉语的成分，它是古汉语的活化石，它对闽南人学习古汉语、看古籍颇有帮助。

1990.12.9发表于《厦门日报》

闽南方言的"水"字

当你看到题目时，也许觉得奇怪，"水"不就是自然界的水、江河湖海的水、人们生活中离不开的"水"吗？闽南方言的"水"又有什么特别呢？

闽南方言的"水"确实特别，它有两个读音，一个是读书音 suǐ，一个是说话音 zuǐ，zuǐ 才用于指我们生命中不可缺少的水。

闽南人称赞女人长得漂亮，常说"真水"。用 suǐ 音（当然也可称赞小孩、男人等，不过男人常用"缘投"（yándáo），小孩常用"古锥"（goǒzuī），还可以说水查某（美丽的女人）、水啙啙（形容很漂亮）、真水气（suǐkuì，漂亮的样子，也用于形容处事得当）。俗话说："水是技骨（根本），妆是无几出。"（几出，指偶尔几次）"妆水无几出，生水牢（diáo）技骨。"说明天生丽质、天生俊俏才是真美。生成水水（snīsíng suǐsuǐ）是指生下来就漂亮。suǐ 尚无找到本字，但用"水"形容美是很恰当的，水与美貌形影相随，自古以来即传唱不辍。

《诗经·秦风·蒹葭》："蒹葭苍苍，白露为霜。所谓伊人，在水一方。"把思慕的佳丽置于水的一方，而非山之巅，一来以水的阻隔刻画出思慕于女可望不可即的焦虑；二则大自然景物中还有什么比清流澄沏更能衬托出美人的冰肌玉骨，比粼粼荡漾更能映照女人的婀娜多姿？《红楼梦》里贾宝玉口中的"女人是水做的"，说明女人的情跟水一样深，跟水一样透明。唐代诗人杜甫的《丽人行》："三月三日天气新，长安水边多丽人。"今人张彻填词的《高山青》一曲中的"阿里山的姑娘美如水呀"，也可以看出闽南话形容女人的美为"水"恰如其分，当然也常用来形容物美。这种名词作形容词用的情况在闽南话里例子很多，如"鬼"（作形容词"真鬼"，指很机灵狡黠）、花（布真花，指花花绿绿不好看）、柴（人柴柴，比喻人像木头似的不灵活）等。

普通话也多用"水"来形容美，如水汪汪或水灵灵的大眼睛、望穿秋水（秋水多比喻女人的眼睛）等。"水红、水绿"（"水"读 zuǐ）代表浅红、浅绿，让人看了觉得更舒服，更高雅。

至于说话音"水"（zuǐ），用途则非常广，它是一个能产性的词，构词能力很强，它除了指自然界的河流、湖、海的水和人们的食用水外，还有多方面的含义。

（1）指大海潮水的起落：水滇（dnî）（涨潮）、水浼（kǒ）（潮落）、九降水（秋季的大潮）、赶流水（赶潮水）。把旋涡叫"趄螺仔水"（séhlé'ǎzuǐ）、"卷螺仔水"（gǎglé'ǎzuǐ）。

（2）指春季下雨转暖后湿度大：涂骸生水（toókā snī zuǐ，地板出水似的润湿）、水南天（zuǐlámtnī，闽南雨季天气，转暖后空气潮湿，也指水汽大的天气）。

（3）某些东西产生收缩状态：布勼（giū）水（布缩水）、消水（物品吹风后比较干）、勢（ggáo）食水（很会收缩；很会吸水）。

（4）用于某些名词、形容词后面作词尾，表示某类事物的状况或强调其程度：喙水（cuì zuǐ，"喙水好、有喙水"指善于交际，口才好）、面水（脸相）、钱水（钱额）、外水（额外收入）、肥水（本指农作物用的粪肥，今泛指利益或好处，如肥水无流入别人田，是比喻利益不可给别人分沾）、软水（工作轻松）、硬水（工作艰巨）。

（5）作量词，指某些动植物繁衍或收获的次数：头水猪仔生六只（第一次生六头小猪）、挑（lā）头水蛏仔（táozuǐtān'ǎ，第一次收成的蛏）、破尾水蚝仔（puà bbězuǐ ó'ǎ，指最后一次收成的海蛎）、韭菜割三水；用于成批货叫一水货；用于洗东西次数叫洗一水；用于再婚叫二水（二婚头）。

（6）水跟大自然、人们的衣食住行等方面关系密切，有的因生活习惯而称之，有的因用途而称之，也有的说不出所以然。如饺子叫水饺，水烟袋叫水薰吹，细烟丝叫水薰，雨鞋叫水鞋，毛笔叫水笔，盛热水取暖的用具叫水龟，水壶叫水鳖（bīh），水锈叫水蚶（zīp），鼻涕叫鼻水，胎膜叫水帕（pè），出水痘叫出水珠，表面有绒的棉织品叫水泥仔布，走私的货物叫水货，旧时从事走私货物或替人带信送款的商人叫水客。有关动物的如把水虱叫水虼蚤（gā zǎo），孑孓叫水蛆（cū），水螅叫水铰剪（gā zǎn），金鱼的饲料叫水蛸（sāo），水蝶叫水蚁（hiâ），青蛙叫水鸡，鸡胸叫水鸡胸（水鸡的"水"读 suǐ）。

（7）"水"重叠成水水，形容稀如水的状态，如糜（bbé，稀饭）水水、汤水水，胃肠不好拉稀说为"放屎水水"。

带"水"的词语很多，尚得深入调研。

"肥"与"瘦"

普通话说"胖与瘦"，闽南方言说"肥甲瘦"（buí gāh sǎn，古代也是这么说和写的），形容人很胖，常说"肥"，如"伊真肥"（他很胖）、"翁唱某随（āng cniù bboǒ suí），无食也肥"（夫唱妻随，不吃也会胖），若是形容人长得瘦说为"瘦"，如"千金难买老来瘦"、"胀猪肥，胀人瘦，胀人成人瘅（líndān，发育不好，过分瘦弱）"。甚至"肥、瘦"后面还可加重叠成为生动形式，如肥律律、肥车车、肥渍渍（zīh）、肥卒卒（zút），瘦卑巴、瘦抽抽、瘦巴巴、瘦蛲蛲（ggniāoh）。古汉语也是这么说的。《礼记·礼运》："肤革充盈，人之肥也。"唐·白居易《早热》诗之二二："肥者不禁热，喘急汗如浆。"唐·王梵志《童子得出家》诗："憨痴求身肥，每日服石药。"《集韵》："瘦，瘦谓之瘦。"《新唐书·李百药传》："百药待父母丧还乡……容貌癯瘦者累年。""肥"普通话只能用来形容动物，不能用于人。

时代变了，人们的审美观点也不同，人长得胖乎乎或瘦巴巴都不能惹人喜爱，闽南人特别是女性，也不喜欢人家说她长得肥，女孩子更不能说肥，因此常用委婉语来形容。对女孩子特别是婴儿最好说为"白白胖胖（pòng）的，真古锥（zuī，很漂亮）"，因婴儿忌说肥是怕孩子瘦下来，长不胖。对姑娘最好说为"肥水肥水"（肥水读为 buísuǐ，胖得适中、漂亮），或肥润肥润（肌肤丰满滋润），对中年或老年人最好用"福相"等含蓄的语言。如果用"肥甲若肥勒爷"来和老大爷开玩笑，老大爷也许会高兴，因"肥勒爷"是佛教徒所敬奉的菩萨之一，他胸腹袒露，满脸笑容，福气多多。请看旧时童谣，这是用来调侃爱哭的小胖墩儿的："肥的肥溜溜，骑马去福州。福州行(gniá,走)未到,肥的□□(kéhkéh)哭,哭到日要昼(dào,中午),瘕痀兼喊嗽(hégū giām kâmsào,哮喘和咳嗽)。”至于瘖,婴儿是最忌讳的,因为闽南人一听到“瘖”,就会联想到“瘖猴”(sǎngáo),这是一句戏谑语,把人比作像猴子那样干瘪难看,甚至还会联想到“猴损”(gáosňg,小孩因营养不良而长不大),对于女孩子最好用“苗条、瘖抽”(sǎntiū,身材长挑健美)来形容比较恰当。

“肥甲瘖”可用来形容土地的肥沃或贫瘠,如:涂肥好种作,瘖田势缩水(sǎn cán ggáo sōh zuǐ,贫瘠的田地更能吸水,比喻瘦人饭量大);“肥”用于肥料,如猪屎肥、尿肥、涂肥等,它对收成的多少很重要,如谚语“有收无收在于水,收侪(zuê,多)收少在于肥”、“五谷无沃肥,若像鱼无水”、“买卖靠喙水,种田靠肥水”。“瘖数(sǎnsiào)肥算盘”,指做小生意,虽挣钱少,但成本低,销路好,“肥算盘”指积少成多。“瘖”用于瘖啉(薄酬)、瘖滕(tín)(不是喝高档的酒,而是粗俗的酒菜)、瘖摊仔(sǎntnuā’ǎ,本指小的简陋的摊子,也比喻简陋的事物)等,都是指简单的、少量的,常作谦词。“肥”还指(肥效)高、(布质)厚实,如猪屎真肥(猪粪肥效高)、即块布布身野肥(这块布布质厚实)等。

在闽南方言中,若要说一个人长得不胖不瘦,可以用“中范仔”(diōngbân’ǎ)一词来表达,就是不胖不瘦刚刚好。

"香"与"芳"

　　说到闽南话"pāng 臭"的 pāng，人们也许会以为本字是普通话的"香"字，其实不然，"香"的读书音 hiōng，漳州地区读 hiāng，用如地名、商店名、商品名、人名等，如香港、香江大酒店、厦门妙香菜馆、黄金香肉松，又五香粉、五香豆干、五香条、檀香扇、香云纱（一种夏季布料）、云香茶等。白读音 hniū，漳州地区读 hnioō，是指祭拜的线香，用如点香点烛、烧香拜佛、香火（拜菩萨后取些"香灰"回家投入自家香炉），又驱蚊子的蠓香（bbǎnghniū，蚊香）、卫生香等。闽南方言的"香"（hniū）与民俗关系密切。如"香火"引申为指后代，有的人恶毒地骂人家"断香火"，即断子绝孙。有些人为祈求子孙平安，从香炉中取出少量香灰放入缝好的小红包，挂在小孩身上，叫挂"香火"，人们认为可驱邪纳吉。闽南人有"葛香"（guāh hniū）活动，是指民间自发组织到佛教圣地朝拜的一种进香活动方式。泉州一带在元宵节和中秋节夜晚还有"听香"的习俗，即在屋边"点香"许愿后，倾听邻居说什么话，以示吉利与否，听到好话为"吉利"，听到坏话为"不吉利"，同时也能预示自己的祈愿能否实现。个头瘦小、身体瘦弱的婴儿也可以用"香"来形容，如"香香"、"香骸（脚）香手"。

　　那么闽南话 pāng 的本字什么呢？它的本字是"芳"，"芳"读书音 hōng，用于"芬芳"、"芳菲"；说话音 pāng，用于芳花、芳草、芳味、芳料、芳雪文（香肥皂）、米芳（爆米花）、鼻（pnî，闻）芳等。"芳"后可带重叠后缀，成为形容词生动形式，如芳滚滚（香喷喷）、芳贡贡、芳冲冲（cìng）等。"芳"可用来比喻品行、名声美好，如名声真芳、真食芳等。

"芳"(pāng)也是闽南方言为古汉语活化石的一个例证。如《楚辞·九章·悲回风》："兰芷幽而独芳。"南朝梁·简文帝《梅花赋》："折此芳花,举兹轻袖。"宋·范成大《光相寺》："峰顶四时如大冬,芳花芳草春日融。"宋·郭应祥《减字木兰花·寿李茂叔》词："点检春光,百草千葩已斗芳。"

说"箸"和"瓯"

"民以食为天，食以筷为先"，这个"筷"是指筷子，古代称为"箸"。《新华字典》："箸，筷子。""箸"，厦门、漳州和台湾大部分人都说为 dî，泉州一带说为 dû，同安说 dū。《说文》："箸，饭敧也，从竹者声。"（敧，普通话读 qī，方音 kī，倾斜，用饭时，箸倾斜）。用"箸"吃饭是中华民族特有的饮食文化，箸一般是用竹、木做的，现在也可用有机玻璃、银等替代。

语言和文化是互相影响、互相渗透的。古人席地而坐，吃饭用手抓，吃肉用匕、叉来切。《礼记·曲礼上》："共饭不泽手。"孔颖达疏："古之礼，饭不用箸，但用手，即与人共饭，手宜洁净，不得临时捼莎手乃食。"随着社会的发展，人们生活习惯逐渐改变，开始使用"箸"。《广韵》记载："匙箸饭具。"南朝宋·刘义庆《世说新语·忿狷》："王蓝田性急，尝食鸡子，以箸刺之，不得，便大怒，举以掷地。"宋·陆游《野饭》："何必怀故乡，杯前借箸题筹。"直到明朝，程良还写了《咏竹箸》："殷勤好客问竹箸，甘苦乐先尝，滋味他人好，乐空来去忙。"后因普通话"箸"与"住"同音，民间忌讳"住"表示停止不前，故呼"快子"。"筷"多用竹制，"快"字加上竹头成"筷"，它是个形声字，"筷子"的说法传世至今，而作为古汉语活化石的"箸"，仍保留在闽南方言中，甚至整个闽方言区都这么称说。

闽台地区及东南亚等地的闽南人，对"箸"的使用有一些忌讳。如：不能拿箸敲碗（闽南话说为"嗯通敲碗敲箸"），因为只有乞丐才用箸敲碗，沿路讨乞；不能把箸插在盛饭的饭碗上，因为在祭拜祖先或拜菩萨时，才将线香插在饭碗上；"食饭皇帝大"，吃饭时不要边讲话边拿箸乱比乱挥舞,若不小心刺到人家的脸,不卫生又不礼貌;不能用一长一短的箸吃饭,这样既不好用,又不吉利,闽南话说"会出什么长短代志"(会发生三长两短不吉利之事);用箸夹菜时,不要在盘中乱翻乱搅,这样既不文明又不卫生,闽南话说为"否看相"(pǎi knuàsniù,不成样子,不成体统)……表面来看,这些民间忌讳有时有点儿迷信,又有点烦琐,但人们生活在世上,应该学点文明和礼貌行为,吃有吃相,坐有坐相,各方面的言行稍加注意,这样不仅能体现个人的修养,而且能入乡随俗,跟大家相处得更和睦、更融洽,避免产生一些不愉快的事。

再说"瓯"字,读为āo,古时指杯和小碗。《玉篇·瓦部》:"瓯,碗小者。"如茶瓯、酒瓯、饭瓯等。它除了作名词外,还可作量词。如南唐·李煜《渔父》词:"花满渚,酒满瓯。"《南齐书·谢超宗传》:"超宗即坐,饮酒数瓯。"宋·邵雍《安乐窝中吟》:"有酒时时泛一瓯,年将七十待何求。"元·康进之《李逵负荆》第一折:"我则待乘兴饮两三瓯。"如今的闽南方言,"瓯"字既作名词,也作量词,如茶瓯、酒瓯、饭瓯、翕(hīp)瓯(指带盖子的茶盅)、一瓯茶(一杯茶)、食两三瓯饭(吃两三碗饭)。

1999.3.31 发表于《厦门晚报》

说"半"字

　　"半",《说文》:"从'八',半物中分也。",上面"八",以前写"半",一指牛的两个角,牛很大,可以分取也,是个会意字。"半"一指二分之一,如半爿(bíng)、半斤,还指半暝(三更半暝读 snā gnī bnuà bbní,指半夜)、半工(半个工作日)、半日、半月日(半个月)、尺半(一尺半)、半囝(半子);二指半中间,如半山腰、半中央、半路、半中剿(dńg,如:代志做半中剿唔做)、半中站(中间、一半);三指不完全,如半劳力、半脱产;四比喻很少,如半句也唔讲、半项也无做(一句话都不说,一件事都不做)。比喻很少,方言还有特殊表达方法:一半＋量词,如一半尺(一尺半尺)、一半摆(一两次),方言还有一种句式指全无:无＋半＋量词,如无半句话(一句话也没有)、无半项物件(一点东西也没有)、无半人(一个人也没有)、无半项代志(一件事也没有)、袋仔无半镭(袋子里一个铜板也没有,指没钱)。方言还有一种句式叫"半……唔成……",分别用在意义相反的两个词或语素前,表示相对的两种性质或状态实际上是相差无几,含厌恶或不满意的意思,如半长唔成短(半长不短)、半新唔成旧(半新旧)、半光唔成暗(bnuà gīg m̄zniá'àm,不怎么亮)、半生(cnī)唔成熟(半生熟)等。

　　"半"方言有三字组成惯用语,如半世(sì)人(也说半世代人,指半辈子)、半老(lǒ)老(lāo)(半老、中年人,如:当时的同学即阵拢有团,拢是半老老)、半麑(tē)倒(斜着身体半躺着)、半小死(做动词补语,相当于普通话"要命",如:气甲半小死、惊甲半小死)、半楼仔(原指小阁楼,漳州叫楼屑仔,现也指室内屋顶下搭盖一块木板或水泥板放杂物)、半头生[一指煮东西煮不熟,如:饭煮甲半头生,飲食咧,也说"半生(拉)熟";二指不懂事理,行动鲁莽,如:你咧半番颠是唔,无物无代志起骹动手]、半番颠(指不懂事理或行动鲁莽的人,有时只说"半番")、半阴(yām)阳(ynú)(特指两性人)、半仿仔(混血儿)、半中长(中间、半道儿)、半桶屎(相当于"半瓶醋",指对某方面的知识或技术只一知半解,略知一二,却装出很懂的样子)、半醒眠(睡而不熟,半睡半醒)、半目仔[原指半边的眼睛,即一只眼睛,今形容睁一眼闭一眼。如:半目仔开半目仔瞎(kuēh)。我是放半目仔开,半目仔瞎,若无,伊赫尔多问题哪会过面?(我是睁一只眼闭一只眼,要不,他那么多问题哪能过关?)]、半月日(半个月)。

"半"与闽台民俗文化紧密联系,如"正月半(上元节)吃上元圆"(一年第一个月圆之日即元月十五叫上元,半年后的月圆之日即七月十五叫中元,冬季第一月圆之日叫下元)、"六月半"(吃半年圆,六月冬收成庆丰收、祭祖)、"七月半"(中元节,俗话云:七月半鸭仔唔知死,闽台民间有做"普渡"的习俗,据说是祭拜孤魂,即在各种灾难中死去的或是冤枉死的无主家神,各家各户杀鸭子祭拜)、"八月半"(中秋节拜月娘妈)。冬节虽然食冬节圆,但不是十一月半,一般是新历12月22号前后。

与"半"有关的谚语如:妇女能顶半爿天(半边天);半桶屎溢仔溢(bnuà tǎng sǎi yōh'ayōh),指两个人差不多,一个半斤,一个八两(旧制一斤是十六两),表示相差无几,不相上下;四两人讲半斤话,指不自量力,好夸口;丈姆痛团婿,团婿当半团(dniû'ḿ tnià gniǎsài,gniǎsài dàg bnuàgniǎ。意思是丈母娘疼女婿,女婿当半个儿子);半路折扁担,即担子挑到半路扁担断了,比喻中年丧偶拖儿带女,值得同情,也比喻事情做到一半,突然变故,导致失败,十分可惜。

此文原载于《厦门日报》的《说"半"和"两"》,1985年7月20日

说"老"字

　　说到"老"字，人们也许认为没什么好说的，普通话读 lǎo。是的，就普通话来说，"老"只有一个读音，可方言音并不那么简单，单读音就有好几个：厦门、漳州读书音 lǒ，说话音 lǎo、lāo；泉州读书音是 lnoǒ，说话音 loǒ（用如老鼠）、lǎo、lāo（阳上调，调值22）、lǎ，用如老鹰，即普通话的老鹰等。现分别叙述它在闽南方言中的读音和用法。

　　"老"读 lǒ。一表示年纪大，如老耄（bbnoô）、老翁（ōng）、父老乡亲、老当益壮、扶老携（hé）幼、敬老院等，谚语方面，如"家中有一老，亲像（好像）是活宝"，"少壮不努力，老大（dài）徒悲伤"；二指衰老，如长生不老；三是用在姓氏后做词尾表示尊敬，如吴老、林老。还用于老酒（特指绍兴酒）、老成（lǒsíng，形容经历多，做事稳重）、老爷（旧对有权势者的称呼）、老君岩（在泉州）、半老老（bnuà lǒ lāo，指中年人）等。

　　"老"读 lǎo。一指排行次序，如我是老大，你是老二；二作词头，用于称呼人或动物，如老王、老虎；三指陈旧的、原来的、很早以前就存在的，如古老博（goǒ lǎo pāoh，泥古）、老古旧（古老、陈旧）、老脾气、老早、老套头（陈旧的一套）、老牌、老手、食老本、行老路等，还用于老乡、老百姓等；三做形容词，指老练、有办法、有经验，如英文真老、算盘真老、伊是即行的老手（他是这个行业经验丰富的人）；四是表示用盐揉搓，即腌，做同音字用，如将咸菜老老的（腌制咸菜）。

　　"老"读 lāo。一指年纪大、泥古，如老人、我老咯、老古董、老古板;二指经历多,如老厂、老干部、老师(lâo sāi,老师傅);三指衰老,如"伊赡老,愈食愈少年"(他不老,越来越年轻)、臭老(老相);四做词头,用在某些称谓前,如老伙仔(lâo hě'a,老头子、老太婆)、老爸(父亲)、老母(母亲)、老阿伯(老大爷)、老阿婆(老大娘)、老姑婆(未出嫁的老姑娘)、老伯公(称呼父亲的伯父或一般小孩称呼年老者)、老匀(lâo wún,年老的一辈)、老門头(dàotáo)(老搭档)、老兄弟(老朋友)等;四指老人家去世了,说为"老去",这是一种委婉的说法。老人还没去世,为自己做后事准备叫"张老"(dniū lâo)。"老"后可加形容词重叠,表示非常衰老,如老洞洞(lâo kōk kōk)、老乩乩(lâo dūh dūh)、老瘼瘼(lâo bbnoōh bbnoōh)等。

有关"老"(lâo)的词语、惯用语、成语、谚语不少。表扬老人老当益壮的,如:"食老倒勇"(人老反而更健康)、"老鬃展翼"(lâo zāng diǎn sít,比喻不服老,还在为社会贡献余力)、"人老心赡老,逐项缀到够"[赡(bbuê):不会。缀(dè):跟。人老心不老,每项工作都跟着干。说明不服老,老当益壮]、"老骨有洞洞,老皮呣惊风"(lâo gūt dîng kōk kōk,lâo pé m̄ gniā hōng,比喻老了还很硬朗,不怕风吹雨打)、"人老喙无老,一顿食三瓯"(喙:嘴。人老了,一餐还能吃三碗饭)、"食老倒少年"(年纪大了,反而显得更年轻,形容老人健康,青春常驻)等。又如"活到老,学到老,一生一世学赡了(óh bbuêliǎo,学不完)"(比喻老人好学习的精神)。表扬老人虽老,但处事稳妥、老练的,如:"老步定"(也说老步在。"老人老步在,少年摇摆摆")、"老神在在"、"老人心头定,骹步稳稳行"(老人步伐稳健,比喻老人历尽沧桑,经验丰富,处事老练)、"老龟精"(lâo gū zniā,形容老谋深算的人)、"姜抑是老的辣"[抑是(āh sî),还是]、老瓜宿蒂(sīkdì)(比喻老到聪明)。形容老人体质衰弱、老态龙钟或守旧等精神状态的,如:"老瘼瘼"、"老痀痀"、"老番颠"、"老古旧"、"老头脑"、"老古板"、"老婆脞"[脞(só):爬。形容动作很慢]、"老柴槽"[lâo cá zāo，也叫老柴柿(lâo cá puè)，是对年老妇女的鄙称，也作谦词，指自己的老婆]、"老倥欺"(lâokōngkǎm，与老番颠同义，指年老糊涂，失去理智)、"老老耄"(lâolǒbbnoô)等。形容老人行为不端的，如："老风骚"(lâohōngsō，年老爱玩又有点儿风流)、"老面皮"(不知羞耻)、"老乌龟"、"老夭寿"、"老嗰死"(老不死)等，这种老人修性不善，当然该批评，但应该好好诱导、教育，违法乱纪是家庭和社会公德所不允许的。形容操心过多的老人的，如："老憋腹"(lâo bēh bāk，为家里的事苦闷、忧虑、操心)、"老否命"、"老拖磨"、"老艰苦"等。

社会在前进，人们的观念在改变，"树大分权，囝大分家"(囝：儿子)，这也是客观现象，老年人不要为儿孙过分劳累，儿孙自有儿孙福，老夫妻要善待自己，珍惜美好的时光，过幸福的晚年。最后用一位退休老人的心里话作为本文结尾："即阵真福气，生活免挂意，退休政府饲，破病公费医，佚佗有带去，日子愈过愈欢喜。"[即阵(zītzûn)：现在。饲(cî)：养。指拿退休金来维持生活。破病(puàbnî)：生病。佚佗(tīttó)：玩儿。带(dè)：地方。整段顺口溜都押 i 韵，韵字是：气、意、饲、医、去、喜]

说"爿"字

　　由整体截开而成的片状物,闽南话说为"爿"(bíng),泉州读为"bnuí","爿"普通话读为 pán。如柴爿(木片)、桃仔爿(桃片)、梨仔爿(梨片)。除此以外,"爿"还用于如下几个方面:

　　表示方位,相当于普通话的"边"。如把左边说成倒(dò)爿,把右边说成正(znià)爿;把东边说成东爿,西边说成西爿;把有关婚事的男方说为男爿,女方说为女爿;把这边说成即(zīt)爿,那边说成迄(hīt)爿,把去南洋说为去番爿;把戏曲伴奏乐队中的管弦乐部分称为文爿,打击乐部分称为武爿。

　　称说汉字偏旁部首后缀,相当于"旁",如把人字旁、木字旁、金字旁、绞丝旁等说为徛(kiâ)人爿、木字爿、金字爿、丝字爿等。

　　表示对半、一半之意,如:将一粒西瓜切对爿(把一个西瓜切对半儿),若切得不好就叫大细爿(duâsuèbíng,一边大,一边小)。此处的"爿"作量词,用于整体切开而成的部分,又如:中秋饼切做两半爿(中秋饼切成两半)。此义古代汉语也使用过,如《说岳全传》第三六回:"走上前,一斧将荷香砍做两半爿。"

　　"爿"前加不同的动词、形容词比喻不同的意思。如依仗势力大的一方叫倚大爿(wǎ duâ bíng),甚至用"西瓜倚大爿"来形容看势头随风倒,偏向、倾向一边叫倒规爿、向规爿(hnià guī bíng),歪一边也可说敧(kī)一爿,袒护一方叫娿一爿(娿:'ná)。

　　"爿"字可说是闽南方言的特用字之一,也可说是古汉语的活化石,此字在现代汉语中已消失,在闽南方言里仍活在口语中。

2002.7.31 发表于《闽南日报》

"了"字趣谈

闽南方言的"了"字读 liǎo，它除跟普通话一样有完毕、结束和明白、懂得之意，如代志做了（事情做完）、赡明赡了（不明不白），此外，还有耗费、损失之意，如了一百元（损失一百元）、白白了去一日（白白浪费一天）。"了"字跟其他字构成词表示多种意思：

"了然"(liǎolián)[除与普通话的"一目了然"一样指明白外，方言还指枉然、看破，如"伊对我不孝，我看了真了然"（他对我不孝顺，我看破了，没什么可遗憾的）]、了丁（不成才的家伙）、了仙（无用之辈）、了离、了咯（完结、完成）、了尽（穷尽）、了本（赔本）、了力（耗费力量）、了尾[指末尾、最后，如排了尾；也指后来，多指时间，如伊了尾来；还指排行最后，如了尾囝（最小或排行最末的儿子）]、了后（以后，做连接词。如我中学毕业了后无去读大学，去参加工作）。除此以外，"了"还跟"会、赡"连用成"会了、赡了"，表示可能完成或不可能完成，如食会了（吃得完）、食赡了（吃不完）。"了"跟"有、无"连用，确认是否完的事实，如食有了（吃完了）、食无了（没吃完）等。

"了"字重叠成"了了"，普通话是指明白、懂得，如"不甚了了"，古汉语还指聪慧，如《后汉纪·献帝纪》："小时了了者，至大亦未能奇也。"（小时聪慧，长大后也未必有非凡的才干）而闽南方言的"了了"却有两层意思：一指光净、穷尽，如"物件食了了"（东西吃光了）、"家贿(gēhě)输了了"（家产输光光）；二是指多，比比皆是，如"操场人了了"（操场人很多）、"伊真厚话(gâowê)，一日到暗话了了"（他很多话，整天尽说闲话）等。

魅力闽南话

　　"了"字在闽南方言还可三叠为"了了了",四叠为"了了了了"等,都是形容穷尽之意,有夸大的语气。三个"了"读的时候,前面两个"了"变阴平,后面"了"读上声,如"伊艙晓做生理,连本钱拢输了了了"(他不会做生意,连本钱都亏损掉)。读四个"了"的时候,前面三个"了"读阴平,第四个"了"读上声,如"伊博缴连家贿拢输甲了了了了"(yī buáhgiǎo lián gēhě lǒng sūgah liāo liāo liāo liǎo,他赌博连家产都输得精光)。

2001.2.28 发表于《闽南日报》

说"陈三磨镜"的"镜"字

　　闽南地方戏传统剧目《陈三五娘》的故事,几乎家喻户晓,戏里的主人公陈三爱上了五娘,他为了与五娘见面而打扮成磨镜师傅,在丫环的帮助下,借为五娘磨镜的机会与她见面。人们听了,也许感到奇怪,现在的镜子是用玻璃制成的,背面涂上水银,用于照人,为什么可以磨呢? 一磨不就破了吗?

　　非也,古代的镜子磨了非但不破,而且越磨越亮。为什么呢?因古代的镜子是青铜制成的,"镜"是"金"字旁,就是一个佐证,此汉字保留了古代物质文化,这古文化也保留在闽南方言中。

　　其实"镜"的古字是"监"(繁体字"監"),左上角是"目"的变形,右上角是"人"的变形,下部是"皿"字。"皿",《说文》:"饭食之用器也。象形。"这可说是最早的家用饮食器具,后来以"皿"为偏旁组成的字,如"盆、盂、盅、盥、盘、盖"等,大多是生活用品。故"监"字是指一个人睁大眼睛对着装水的"皿"照。《尚书·酒诰》:"古人有言曰:'人无于水监,当于民监。'"传:"视水见己形,视民行事见吉凶。"说明上古以水为镜子。后来中古时代有了进步,以铜为镜子,因铜是金属类,即用"锰(鉴)"表示"监"的本义,"监"用于"监察、监视"等。《新唐书·魏征传》:"以铜为鉴,用以整衣冠。""鉴"即青铜制成的大铜盆,用于照人,因大铜盆与平面镜不同,后来另造形声字"镜",指用青铜制成的用于照人的平面器具,这种镜子越磨越亮。虽然制镜子的材料现已改变,可"镜"字至今仍沿用。

　　美国著名人类学家怀特在《文化科学》一书中指出:"全部文化(文明)依赖于符号,正是由于符号能力的产生和运用,才使得文化得以产生和存在;正是由于符号的使用,才使得文化有可能永存不朽。"怀特所指的符号即文字,文字有最大的包容性和永久性,它把人类的历史、社会、知识和各种文化活动都记录下来,并代代传下去,可以说它是历史、文化的活化石,这活化石也保留在闽南传统剧目的"陈三磨镜"中。

1991.7.28 发表于《闽南日报》

说“无”字

闽南方言的“无”很有特色,除了它跟普通话一样表示没有,跟古汉语一样作婉辞、助词外,还具有自己的一些特点。探讨“无”的意义及其用法,不仅可以看出它是古汉语的传承,而且也可以看出地域方言的特点,以便跟普通话进行比较,纠正说普通话时的方言影响。

“无”在闽南话里有两个读音:一是读书音 bbú,用于“无后”(bbúhoô,没有后代)、“无事不登三宝殿”、“无三不成礼”、“心里无邪不怕鬼”、“无产阶级”等;二是说话音 bbó,用于“无禁无忌食百二”(没有生活、饮食等方面的一套烦琐的禁忌,使心情舒畅,可以活到一百二十岁。比喻长寿)、“老母无去”(母亲去世了。婉辞)、“有去无”(去了吗?“无”作助词,读轻声)、“无我来去”(要不我回去了。“无”作连词)等。

“无”作婉辞,表示去世,古籍中如《北齐书·神武帝纪下》:“王在,吾不敢有异;王无,吾不能与鲜卑小儿共事。”《南史·齐豫章文献王嶷传》:“萧嶷临终,召子子廉、子恪曰:‘吾无后,当共相勉励,笃睦为先。’”“无”亦用于句末,做助词,如唐朝朱庆余《闺意献张水部》(又名《近试上张水部》):“洞房昨夜停红烛,待晓堂前拜舅姑。妆罢低声问夫婿:‘画眉深浅入时无?’”这首诗是作者在将近考试之期写的。借闺房情事隐喻考试。自比新娘,把张籍比作新郎,舅姑比作主考官,把自己的作品比作画眉。作者问张籍,自己的文章好吗?能使主考官满意吗?古代把公婆称为舅姑。《礼记·内则》:“妇事舅姑,如事父母。”意指媳妇侍奉公婆如侍奉父母。又白居易《问刘十九》诗:"晚来天欲雪,能饮一杯无?"闽南方言日常口语中常用的有"有无"、"有水(suǐ)无"(漂亮吗)、"有来无"(来了吗)。

由"无"组成的方言词语如"无厚"(不厚)、"无人色"(没有活人的气色)、"无日"(没有太阳)、"无来"(没来)、"无影"(不真实的,不存在的)、"无定着"(bbó dniâdióh,不一定、不固定)、"无加无减"(没有增减)等在古籍中都可以找到例证。下仅举几例说明:《庄子・养生主》:"彼节者有闲,而刀刃者无厚,以无厚入有闲,恢恢乎其于游刃,必有余地矣。"《史记・李将军列传》:"会日暮,吏士皆无人色。"宋朝苏轼《闻辩才法师复归上天竺以诗戏问》:"昔年本不住,今者亦无来。"唐朝杜甫《石龛》诗:"天寒昏无日,山远道路迷。"《古今小说・明悟禅师赶五戒》:"子瞻道:'你那学佛是无影之谈'。"金・董解元《西厢记诸宫调》卷六:"平生踪迹无定着,如断蓬。"

"无"在闽南方言中的特有义非常多:如表示不能达到一般的数量、程度的"无额"(bbóggiáh,不出数)、"无穿"(不耐穿);表示"不上"、"不到"的"食无饭"(吃不上饭)、"叫无人"(叫不到人);表示"没、不"的"无去"(没去)、"无红"(不红)、"无清气"(不干净);表示没达到某种程度或效果的"听有看无"(听得见,看不清);形容胆子小的"恶人无胆"(谚语。喻外强中干)。

以上方言词和特有义常被闽南人不自觉地带进普通话的口语或书面语,如"你有去没有"(你去了吗)、"他坐在旁边,听有看没有"(他坐在旁边,听得见,看不清)、"无势力定定互人欺负"(bbó sèlík dniâdniâ hoô lang kīhû。没有势力和地位常被人欺负)等。找出原因后,就能有意识地纠正方言影响,使普通话说得更正确。

2000.11.21 发表于《闽南日报》

说"钟"字

"钟"今指计时器具,古代的钟指什么?古代的"钟"指打击乐器,常写为"鐘"。它历史悠久,陕西省长安县客省庄龙山文化遗址出土有陶钟。商代以来的钟为青铜制,中空,用木槌敲击发声。单独悬挂的称特种,大小相次成组悬挂的称编钟。从《诗经·周南·关雎》"窈窕淑女,钟鼓击之"里,可看出"钟"在商周时代是一种乐器。1978年5月22日,在湖北随县城郊的一个小山包下沉睡2430年的曾侯乙编钟出土了,这宝藏重新发出雄浑而又浪漫的千古绝响,充分证明了中国古代乐器"钟"的先进,也可看出中国古代灿烂辉煌的文化。

汉魏以后,佛教文化传入我国,"钟"指佛寺挂的钟。唐朝杜甫《游龙门奉先寺》诗"欲觉闻晨钟,令人发深省"、张继《枫桥夜泊》诗"姑苏城外寒山寺,夜半钟声到客船"以及唐朝诗人李咸用《山中》诗"朝钟暮鼓不到耳,明月孤云长挂情"等所指的都是寺庙的钟,此义今仍沿用。在佛教中,"晨钟暮鼓"乃是举行佛事活动,与时间有点关系,但这时的"钟"不指计时器。"钟"指计时器的意义是在明末西洋钟进入中国后才有的。

闽南方言的"钟"读书音 ziōng,用于读诗词和指感情的词语,如"钟情、钟爱"等,说话音 zīng,用于计时器具和指钟点时间。

2000.7.10 发表于《厦门晚报》

从"品"字说起

"品"字，《说文解字注》是这样解释的："众庶也。从三口，人三为众，故从三口……多言也。"它是个会意字，方言读 pǐn。像这样三个字叠在一起的字，汉字不少，这也是汉字造字方法之一吧。如我国古代思想家用"金、木、水、火、土"五行来说明世界万物的起源，它们三叠后构成鑫（普通话读 xīn，方言 hīm，指财富兴盛，多用于人名或字号）、森（sēn/sīm，形容树木多。斜线前是普通话，斜线后是闽南话。下同）、淼（形容水大，miǎo/bbiǎo）、焱（yàn/yâm，火花、火焰，多用于人名）、垚（yǎo/yǎo，土积累而上，人名用字）等。中医用五行来说明生理、病理上的种种现象，民间用五行相生相克来为人取名或推算人的命运。除此之外，还有晶、众、犇（bēn/būn，牛受惊奔跑）、磊（lěi/luǐ，石头多，又表示光明磊落，指心地光明坦白）、劦（xié/hiáp，同力也）、猋（biāo/biāo，犬走貌）、贔（bèi/bî，负重用力貌）、羴（shān/siān，羊臭也）、麤（cū/coō，是"粗"的繁体字）、焱（ruò/liók，焱木，东方自然之神木）、毳（cuì/cuì，鸟的细毛，也指什么也没有）、惢（ruǒ/lǒ，心疑也）、蟲（"虫"的繁体字，chóng/tióng、táng）、矗（chù/tiōk、cāk，高耸）、聶（niè/liāp，姓）等。这种品字形结构的字，有些是字义的加强延伸，如"众、鑫、森、淼、焱"等，有些却不是，不能以此类推，如"犇"不是很多牛，而是奔跑，"羴"不是很多羊，而是"膻"味，像羊肉的气味，"麤"不是很多鹿，而是质地粗糙。据说古时候有一家酒楼叫"犇羴麤"酒楼，店主以为这三个字有家畜，又有野味，字形又别致，一定能招徕顾客，没想到它的真正意思是牛奔，羊有膻味，鹿肉又很粗，结果酒楼倒闭了。

现言归正传,谈谈有关"品"的方言特有义。"品"在闽南话里除跟普通话一样指商品、产品、次品、人的品质外,还用于商谈或当面商定,如双方事先或当面说好、说清楚叫明品,双方说好叫"对头品好势";表示品评,如品头品尾、品骹(kā,脚)品手、品长品短、品东品西、品甲无一位好(品评得无一处好);表示评估,如品食、品货物、品生理(生意)等;表示倚仗,凭借某种权势而夸饰,如品势头、品伊有钱、品棒(pīnpǒng,吹嘘)、品皇(夸耀、炫耀)、品功、品有力等,反对吹嘘夸耀就说"免品";表示体味、亲自去试试,如品茶、品酒、品味、品真假;表示颜色,如大红、正红叫"品红",紫蓝叫"品蓝",翠绿叫"品绿",浅黄色叫"品黄",浅蓝色叫"品月"(ggéh),甚至把笛子叫"品仔"(pǐn'ǎ)。

钱　银

　　"钱"是形声字,闽南话读为 zní,常称为钱银、纸字仔、镭(zníggún、zuǎlî'ǎ、luī)等。人们也许感到奇怪,钱是纸做的,为什么用"金"字旁呢?这就得从中国货币谈起。秦以前,中国用贝币,后因真贝不够用,遂有骨贝、蚌贝、石贝、铜贝等,这种贝币的历史从闽南方言的歌谣和民俗中可以找到遗存。以往每逢除夕围炉得吃蚶,散席时,小孩把蚶壳洗净撒在床铺下,边撒边念:"掖蚶壳钱,明年大趁钱"(yâ hāmkāk zní,bbnélní duâ tànzní,撒蚶壳钱,明年大赚钱),现在带有"贝"偏旁的一些字都常有钱的意义。如表示买卖、钱财的"贩、贸、费、财、贿、贫、贪、购"等;表示抵押、赔偿的"赔、质、赘";表示借债的"贷、赁、赊、债";表示送礼的"赠、赆、赂"等。这些都体现了贝币的踪迹。自秦以后废贝行钱,因"钱"是金属铸成的,故用"金"字旁,战国时期有周方孔形之钱,《淮南子》称有"天圆地方,道在中央"之意。本用于货物交易,后制成铜制货币。因其形圆状,中间有方孔,故普通话称钱为"孔方兄",闽南人戏谑擅长赚钱又贪钱如命的人为很会"钻钱空"(zǹgzníkāng)。到唐代,因做买卖需大量货币,铜钱在携带、使用上不方便,才改用纸做的"飞钱"。到 1300 年后我国就使用纸币,尽管"钱"的历史在不断变化,但汉字"钱"的古义仍保留在闽南方言中。

　　闽南方言中有关钱的词语不少,财源叫"钱财、财力",钱数叫"钱水、钱声",款项叫"钱项",银根叫"钱银",金额叫"钱额",工资叫"工钱",每月的固定收入叫"活钱",吃祖产(方言称"祖公业")叫"死钱",存款叫"存钱",拖欠人家钱叫"侵钱",钱数额少叫"小可

（kuǎ）钱”，赚钱叫“趁（tàn）钱”，蚀本、亏空叫“了钱”（liǎozní）、零钱叫“散钱 、零星钱（lán sānzní）”等。

“钱”还引申为指迷信品，如清明节给死者扫墓叫“䂬（dè）纸钱、献纸钱”，给丧家送的金银礼叫“金银钱”。

有关钱的俗语很多，如“有钱使鬼会挨磨”（wû zní sǎi guǐ ê wē bbô。有钱使鬼能推磨。把钱看成万能的）、“一圆（yní）拍四十八结”（形容小气、吝啬）、“钱无两圆䬲（bbuê）瞋（dán）”（形容一个巴掌拍不响）、“钱银千千万，唔值团孙有才干”（钱多虽然好，但子孙出人头地更重要）、“钱银人人爱，唔通乱乱来”（警告贪官污吏、为非作歹的人不要为贪钱损人利己、违法乱纪。即“君子爱财，取之有道”）、“趁（tàn）钱有数，性命着（dióh）顾”（不要为赚钱而不要命）。见利忘义叫“见钱心变”，挥金如土叫“用钱若涂”，不义之财叫“无良心钱”，行贿叫“揳（suēh）钱”，贪污叫“食钱、吞钱”，罚款叫“罚钱”，掏腰包叫“掩钱”（yāmzní）等。

有一首新民谣这样写：“钱啊钱，钱咬钱，钱生钱，钱滚钱，愈（lǔ）用愈大圆；钱啊钱，囥（kǹg、藏）死钱，䬲咬钱，䬲生钱，䬲滚钱，愈用愈细（suè）圆（yní）。”这是教人如何去生财的道理。当今社会，金钱绝非万能，但无钱却万万不能，正如闽南话所说的，“有钱行有路，无钱无变步”。但是，要生财必须靠勤劳拼搏和聪明才智，这样才赚之有方，用之无愧。“钱财身外物，生不带来，死不带去”，《增广贤文》说得好：“钱财如粪土，仁义值千金”、“知足常足，终身不辱”、“知止常止，终身不耻”。

2004.2.27 发表于《厦门日报》。由原文《掀蚶壳钱》修改而成。

"食"字的妙用

在厦大举办的闽南话培训班里，一位外国留学生问我："林老师，闽南人说'食后生'（hâosnī，儿子）是什么意思呢？"我觉得他这个问题问得很有趣。不懂闽南话的人，一听起来，还以为把儿子也吃掉呢！

闽南话的"食"，读书音 sík，说话音 sít，用于"食堂"、"食品"等，另一说话音 ziáh 用于"食饭"、"食糜（bbé）"（吃稀饭）、"讲长讲短，讲食煞尾（suāhbbě，结尾）"等。"食"是古汉语的保留。《礼记·大学》："食而不知其味。"《诗经·小雅·绵蛮》："饮之食之。"就是给他喝、给他吃，故"食"就是普通话的"吃"。但闽南话的"食"并不与"吃"完全相等，它除有"吃"的本义外，还有许多引申义、比喻义，用得很广、很妙。就拿那位留学生问的"食后生"来说吧，类似这样的用法还相当多，如食爸食母、食头路（工作）、食薪水、食头家（老板）、食番爿［番爿（bíng，南洋一带）、食软路（轻松的活儿）。还有流行在闽南、台湾的俗语：'外甥食母舅，好像猪母哺豆腐；母舅食外甥，好像猪母哺铁丁"、"骨力食力，贫惮吞澜（bíndnuâ tūn lnuâ）"（勤劳的人依靠力气吃饭，懒惰的人不得食，只能咽下唾液）、"第三查某囝食命"（第三个女儿命运特佳）等。这些词语、短句中的"食"，是指依靠某人、某种工作或某件来维持生活。

"食"的本义、引申义和比喻义较常用的还有以下几方面：

（1）饮；喝：食茶（喝茶）、食酒（饮酒、喝酒）。

（2）抽：食薰（抽烟）、食鸦片（抽鸦片）。

（3）呼吸；吸着：食色、食奶、食墨、食日（皮肤吸收阳光）、食油、食空气（吸收新鲜的空气）。

（4）赴（宴）：食桌。

（5）受；享受：食碗内洗碗外（吃里爬外）、食糜坩（knā）中（比喻吃现成饭）。

（6）承受：食罪（受罪）、食衰（遭殃）、食碰饼（受斥责）、食艉倒（承受不了）、食会倒（承受得了）。

（7）承担；担负：食认（承认）、食额（ggiáh）（承担责任）、食坐（承担赔偿）。

（8）接合：相（snā）食黏（互相黏合。原为木工用语）。

（9）治；医治：食感冒、食落屎（làosǎi）（医治拉肚子的药）。

（10）信仰：食佛（信仰佛教）、食教（信仰基督教）。

（11）耗费；损耗：食工（耗费工力）、食力（费力、吃力）。

（12）欺侮：食人伤（sniū）够（欺人太甚）、食软惊硬（欺软怕硬）、食倯（sóng）（欺生）。

（13）贪污；侵吞：食钱、食钱官、食秤头（侵吞重量，使不足）。

（14）利用；假借：食声（假借名义，虚张声势）、食名（冒名；应名儿）、食名声（凭借名声）、食势（仗势；趁势）。

（15）激发；激励：食志、食气。

（16）活；长：我食到迣尔（ziāhlnǐ）大汉，唔八看着。（我长了这么大，不曾看过）

以上列举了"食"的十六个义项，若再加上"依靠"义和它的本义就有十八个。"食"双叠成"食食"，有催促人家快点吃的意思。若双叠后加"去"成"食食去"，是指请人家把东西吃光；双叠后加"叫"成"食食叫"，却是对口口声声要吃要喝的人表示不满。可见闽南话的"食"字用处何等之妙！

1991.7.21 发表于《闽南日报》

食薄饼，讲浒苔

说到薄饼(bóhbniǎ)，人们就会联想到闽台人三月节、清明节食薄饼的风俗，现在薄饼已成为闽台有名的风味小吃，所以不仅餐桌上有它的位置，大街小巷也都在卖，人们随时都可以去品尝。

薄饼的做法，首先得谈烙薄饼皮，那可是一种能吸引人围观的很精彩的手艺。师傅手攥着柔软的面团子，手掌分秒不停地抖动着，等到锅热时，师傅拿面团往平底锅轻轻旋揉一圈，一张薄如纸片的薄饼皮立刻呈现，这时面团又收回师傅的手掌心，如此循环，一张张白色薄饼皮便出炉了。薄饼皮湿而不燥、润而不黏，所以闽南人也称它为"润饼"。

再说薄饼馅，自家料理，品种可多可少，常用高丽菜、胡萝卜、豌豆等切成细条或丝状，另加豆芽、韭菜、豆干，若再放些肉丝、蛋丝、虾仁、香菇更好，熬煮后作馅。另一种很有特色的作料，那就是浒苔(hoǒtí，海边的海苔)，是海藻的一种，采之海边，洗净后曝晒，搓碎后又经热锅微火焙燥即成。浒苔味道鲜脆，加上这种作料，使薄饼吃起来别有一翻风味。

吃的时候，把一种种的作料置盘里放餐桌上，人们可像吃自助餐似的，爱吃什么就拿什么来用。包时把薄饼皮摊开在盘子上，先放些浒苔，加点贡糖末或花生末、芫荽等，然后放上已做好的馅，最后把薄饼卷成筒状来吃，真是味道好极了，有时一连吃上好几卷都不腻。它是一种健康食品、绿色食品，不上火，与春卷不同，春卷要经油炸再吃，比较上火。

中西贯通的文化名人林语堂，是漳州人，他虽远离家乡，走遍欧美等地,但仍然喜欢吃家乡的薄饼。1926 年至 1927 年他在厦门大学任教时,有一次他的夫人亲自下厨做薄饼,想方设法去买浒苔做佐料,请鲁迅先生和其他客人到家里吃饭,当时林夫人卷了个小枕头似的薄饼,递给鲁迅先生,鲁迅先生左咬一口,右咬一口,中间又一口才吃下去。多少年过后,鲁迅先生回忆起吃薄饼的场面,感到十分有趣,薄饼也做得很好吃。林夫人廖翠凤出身鼓浪屿富商之家,对于烹饪很有研究,特别是对闽南的风味小吃很感兴趣,她还与第三女儿林相如合著出版了《中国食谱》等书。据林语堂次女林太乙回忆:"在厦门的小吃中,没有什么比她妈妈做的薄饼更好吃了。"

有人称厦门薄饼为"夫人薄饼"。据说明万历年间同安人蔡复一夫人首创薄饼,以后家庭食用时,一般由主妇主持包制。要包得大而又不破,应先把佐料的水分滗干,包的时候先中间,后左右,然后卷起来,有的人怕包起来会破,就干脆用两三张薄饼皮来包,听说还有人用包薄饼的技术来测试新娘的手艺呢!

食茶饭

　　提起"茶饭"，我以前一直认为"茶饭"顾名思义就是指茶和饭，泛指饮食，汉语中就有"粗茶淡饭"、"茶饭不思"等词，正如白居易诗云："食罢一觉醒，起来两瓯茶。"然而在不久前的一餐饭之后，我发现了"茶饭"的另一种解释：真的是用茶水做成的饭。

　　今年秋天，我有幸应邀往马来西亚吉隆坡作短期讲学。有一次，东道主邀请我到中华大会堂一侧的"紫藤茶坊"用餐。茶坊布置得古香古色，一走进茶坊，就被中国茶文化的意境所熏陶：茶坊的西侧有副"多日茶餐延福寿，少吃油腻益健康"的对联，墙上西晋张载的茶诗映入眼中；书橱里摆满唐代陆羽的《茶经》、宋代蔡襄的《茶录》等历代有关茶的著作；各式各样包装精美的安溪铁观音茶、武夷岩茶、西湖龙井、洞庭碧螺春、黄山毛峰、庐山云雾等摆设得井然有序；古朴精致的茶具小巧玲珑，更使你爱不释手……我们就是在这样一个茶香浓郁的茶坊里吃茶饭。茶饭是用上好的大米和茶水煮成的，饭呈茶色，喷发出清香的气味，吃了更倍感口鼻生香、清淡味甘，加上可口的中国菜，平时只吃一碗饭的我，顿时食欲大增，也跟着大家多添了半碗。

　　由于好奇，我向厨师请教了这茶饭的配方，他们说，如果要煮500克大米，就把25克茶叶装入洁净的布袋中，扎紧袋口，再把茶叶袋和清水放入锅中煮开，十分钟后取出茶叶袋，然后把茶水放入大米中，加少许精盐，用旺火煮开后，再用文火焖十五分钟即可食用。

　　据说到这茶坊来品茶、喝茶、吃茶饭的已不仅是华人，而且有西方人、马来人、印度人,不论男女老少、职业类别,他们对品中国茶、吃中国茶饭的兴致不减,他们在品茶和吃饭中,陶冶情操,领略中国茶文化,同时在平淡中享受生活的乐趣。

2000.12.15 发表于《厦门日报》

说"头"字

"头"闽南话读书音为 toó,泉州音为 tió,说话音为 táo,读书音用于朗诵诗词,如大家所熟悉的唐代诗人李白的《静夜思》:"举头望明月,低头思故乡。"táo音用得较多,日常口语词都读 táo。

"头":一用于身体部分,如头壳、头额(额头)、扩头("扩"读 kōk)。头的前部突出叫"前扩",后部突出叫"后扩",俗话说,"扩头食四方")、圆头、扁头;也用于指头发或头发的样式,如头毛(头发)、头鬃尾仔(辫子)、剃头、洗头、电头毛(烫头发)、剪头、芋颅头(芋圆头,指光头)、胖(pòng)头等。二指物体的顶端或末梢,如顶头(上面)、山头、笔头[也用于比喻,如"笔头或笔尾真利(lāi)",即很会写文章之意]等。三指事情的起点或终点,如起头(开始)、提头、头尾(从头到末尾)、破头(开头)、到头(到顶了)、"掠话头,跋(snāh)话尾"(没听清楚人家的话意而断章取义)。四指物体的剩余部分,如布头布尾、铅笔头。五指头目,如头哥、头人、头手、头兄、否鬼炁(cuâ)头等。六指领头的、次序在先的,如头前(前头)、头名(第一名)、行头阵(dîn)(先锋)、头养(cniû,头胎)。六用在"年、日"前,表示时间在先的,如头年(第一年)、头日(第一天,普通话只用在"年"的前头)。闽南话把普通话中的瘌痢头叫臭头。以上各义项跟普通话意思相同,只是说法和读音不同。

"头"在方言里的意义非常丰富,词语也很生动,有的还保留古汉语的用法。如:日头(太阳,也叫"日头公")、出头("出头天"指从困苦环境中解脱出来;"出头"也指出人头地,还有剧目的意思,如演什么出头)、大粒头(大人物)、细粒头(小人物)、大箍(koō)头

（大块头）、房头（大家族的房派、派系）、标头（文章的标题；特指商标）、嘌（bbák）头（商标）、汤头（药剂、方剂）、店头（商店）、鬥（dào）头（搭档）、头拄仔（刚才）、豆头（豆渣）、抽头（回扣）、力头（力气）、头家（老板，有时也指领导、丈夫）、目头（眉头，如目头真悬，形容架子大，瞧不起人，"悬"读 gnuái，高）、头目（头头；如果说头目鸟、头目鸡仔是指喜欢出头露面的；也指靠近根节的那一节，如头目甘蔗；头目金鸟是指能见机行事的人；头目知重是指能看出事情的成败得失）、头白（死者亲属为表示哀悼而戴在头上的白布）。关于保留古汉语词义的，如以下例子。（1）头尾：①从头到尾。五代·齐己《庚五岁九日作》诗："乱离偷过九月九，头尾算来三月三。"②全过程。如头尾我拢知影。《红楼梦》第八十五回："此时事情头尾尚未明白，就只听见说，我哥哥在外头打死了人，被县里拿了去了。"（2）头风，如老人爱着头风病。《三国志·魏志·方技传》："太祖闻而召佗，佗常在左右，太祖苦头风。每发，心乱目眩。佗针鬲，随手而差。"（3）头先，如头先有人来。《水浒传》第二十八回："看着天色晚来，只见头先那个人，又顶一个盒子入来。""头先"方言还指先，如我头先来（我先来）。（4）头名，如伊考头名。《儒林外史》第二回："顾老爷相公家请的一位先生……前任老爷取他个头名。"（此指县试第一名）（5）头毛，如头毛真白（头发很白）。元·郝经《听角行》："汉家有客征海北，睫毛落尽头毛白。"

　　"头"作名词词尾，意义跟普通话不同：一表示某些物体短、小，且在形状上是方形或块状，如柴头（短的木头）、树头（树墩子）、椅头（方凳）、砖头（砌成方块的砖）；二表示某些东西是次等或下等货，如番薯头（地瓜渣）、涂头（土块）、灰头（灰渣）、豆头（豆渣）；三表示所指方位的范围，如顶头（上面）、角头（角落儿）、边头（旁边儿）、东头（东边儿）、底头（低下）、外头（外面）、内头（里面）；四作名词的标志，如秤头（秤）、岁头（岁数）、担头（担子）、症头（病症）、号头（尺码，商标）、灶头（灶台）、胸头（胸脯）、水撰头（阀门、水龙头）、车头（车站）、心肝头（胸口、心里）、傢俬头（专指工具）。用"头仔"作复合词尾放在名词后表小，如石头仔、桌头仔、拃（zňg）头仔（手指头）、店头仔等，有时还可用复合词尾"头仔囝"（táo'ǎgniǎ）表更小，如石头仔囝、椅头仔囝等。

含"头"字的词特别多，有三字格、四字格的惯用语、成语、形容词以及谚语等。

三字格的如：半头生（食物夹生、半生不熟，也指人稀里糊涂，言行使人感到好笑）、有（dīng）头烂（有的烂，有的不烂，不均匀）、剃光头（不仅指芋颅头，也指运动场上没有得分）、出头天、头拄仔（刚才）、头前先（先期）、风火头（风头，指政治运动，也指人正发脾气）、蛮柴头（顽固）、硬骨头（坚强）、软骨头（软弱）、否症头（恶疾）、比拳头（比赛谁胜）、死对头（作对）、老门头（老搭档）、尫仔头（āng'ǎtáo，玩具，也指瞳人儿）、徛（kiâ）户头（到银行开户）、牙槽头（指上下颌之间的关节）、否剃头（事情不好办或指不好对付的人）、好彩头（吉祥的预兆）、否彩头（pǎi cǎi táo，不好的预兆）、重头轻（担子一边轻一边重）、无头神（比喻健忘）、头路直（也说"条不二直"，指直截了当、干脆）等。

四字格的如：添头贴尾（少量补贴）、掠无头总（也说捎无头总，指不得要领）、摸无头总（茫无头绪）、欢头喜面（满面春风）、头兴尾冷（虎头蛇尾）、清头清面（cìn táo cìn bbīn，冷脸子）、唔知头天（蒙头转向，不了解情况）、头目知重（能看出事情的成败得失）、头目金鸟（善见机行事的人）、鸡头鸡触（dāk）（爱出风头、爱管闲事）、头眩目暗（táo hín bbák'àm，头晕眼花）、茹头鬖髻（lú táo sàm gè，衣冠不整，头发很乱）、厝边头尾（左邻右舍）、好头好尾（有始有终）、有头有尾、无头无尾、菜头菜尾（剩菜）、秃头秃脑、无头无脑，等等。

谚语方面的如：掠话头跋（snāh）话尾（断章取义）；大箍菜头磅心（duâkoō càitáo bôngsīm，大棵萝卜中间松脆。比喻外强中干、华而不实）；甘蔗无双头甜（头甜尾巴不甜，比喻事物不可能十全十美）；一个剃头，一个扳耳（多费工夫，多此一举）；刣头（táitáo，杀头，比喻危险）生理有人做，蚀本（síhbǔn，亏本）生理无人做（为赚钱冒着生命危险做生意）；头甜尾甜，快活万年（婚宴的祝贺语）；出头着损角（cūt táo dioh sǒg gāk，与"枪打出头鸟"义近）；食果子（gězǐ，水果），拜树头（与"饮水思源"义近）；拳头收�手裓内（gúntáo siū dî ciǔ'ňglâi，真本事藏着不露，等时机一到就露一手，让人感到意外）；年尾栽竹枝枝绿，年头种树丛丛（záng，棵）青（说明根据季节种植，成活率高）。

　　还有歇后语，如：痪疴拍拳头（ňggū pāh gúntáo，驼背的人打拳）——食力无讨好、胡蝇戴龙眼壳（hoósín dî ggíngggǐng kāk，苍蝇戴龙眼壳）——勘头勘面（kàm táo kàm bbîn，不懂事理）、风头松柏（zíngbēh）——枝骨硬（骨架子硬朗）、六月菜头（càitáo，萝卜）——半头青（不懂事理）。

说"面"字

"面",《说文》:"颜前也,从自,象人面形。"闽南话读书音bbiân,说话音bbîn。

也许人们会觉得奇怪,"面"指头的前部,从额到下巴,有什么好谈的呢? 其实不然,"面"字的内容很丰富。

一是普通话说"脸"的,方言大多要说"面"(bbîn),如面色、面皮、洗面、面盆、变面、无面见人等。二是"面"还指相貌、样子,如瓜子面(瓜子脸)、马面(马脸)、斯文面(书生脸相)、小七面(小丑脸)、沤屎面(ào sǎi bbîn,丑陋样)、虎猫面(脸上乱画)、乞食面(可怜相)、孝男面(哭丧脸)、守寡面(愁眉不展、毫无笑容)、横肉面(凶神恶煞的脸相)、番汰面(傻里傻气的脸相)、做官面(脸方正、长耳朵)、鸟屎面(雀斑多)、阴琛面(指表面不声不吭,心里藏着不善或毒辣的诡计)、铁板面(毫无笑容)等。三是脸色、面子、情面等。如面色红牙(脸色红润)、死人面(脸色苍白)、红面关公(酒后变红脸)、好面昌(cniū)(笑容满脸,相反的叫否面昌)、面皮幼(脸部皮肤细嫩)、面皮粗、惜面皮、惜体面(爱面子)。面皮、面色,古代也是这么说的,如《太平御览》:"何以剥人面皮?"宋·文天祥《纪事》诗序:"汝叔侄皆降北……更敢有面皮来朝士?"又《新五代史·杂传一》:"弘信状貌奇怪,面色青黑,军中异之。"四比喻情况、形势、情绪好坏,如看头家面色做代志(看老板的情绪办事)、看势面赡否(看形势不错)、好势面(形势好)。五指用具及其他,如面巾(毛巾)、面桶(脸盆)、面油(擦脸的油脂)、面罩,还有店面、路面、鞋面、地面、正面、反面、外面、口面(kǎobbîn,外头、外面)、见面礼、好面神、过面(脱离危险)、起挽面(kǐ bbǎnbbîn,耍赖)等。六借用作量词,如一面涂(一脸泥土)、见一面(指会面的次数,见一次面)。

关于面的成语有大头大面(大模大样)、清(cìn)头清面(灰头土脸、不理不睬表情)、欢头喜面(hnuā táo hǐ bbîn,笑逐颜开)、忿(ggông)头忿面(愣头愣脑)、忧头苦面(愁眉苦脸)、笑头笑面(眉开眼笑)、出头露面等。谚语如:拍狗也着看主人面(打狗也得看主人的面子)、一面抹壁双面光(喻两面讨好,做人圆滑)。

普通话把"面"和"麵"都简化为"面",因读音相同,问题不大,而闽南话保留古音,文读音都读 bbiân,说话音"面"读 bbîn,"麵"读 bbnî,因此,若说"食面",就变成把"面"(bbîn)吃下去,所以若写方言字,要写为"食麵"(ziáhbbnî)。

说"目"字

"目"是个象形字,古代"目"就指眼睛,闽南方言保留了这古音、古义,何以见得呢？如《易·鼎》:"巽而耳目聪明。"汉·王充《论衡·命义》:"非正色目不视。非正声耳不听。"《国语·吴语》:"(伍子胥)将死曰:'而悬吾目于东门,以见越之入吴,国之亡也。'"清代吴谦等主编《医宗金鉴·刺灸心法要诀·周身名位骨度》:"目珠。"原注:"目珠者,目睛之俗名也。""目珠"即方言 bbákziū("珠"读书音 zū,说话音 ziū)。眼睛是灵魂的窗口,闽南俗语"溜溜秋秋食目珠"比喻眼睛滴溜溜转,指善于察言观色,"目珠真金"指眼睛明亮。我们把眼睛说为"目珠"、眼球说为"目珠仁"。甚至古代把孔眼说为"目",把竹节也说为"目"。汉·桓宽《盐铁论·诏圣》:"夫少目之罔不可以得鱼,三章之法不可以为治。"唐·高适《咏马鞭》:"龙竹养根凡几年,工人截之为长鞭,一节一目皆天然。"闽南方言仍保留这一用法,如网目(bbângbbák,网眼)、米筛(tāi)目(筛眼儿)、竹目(dīkbbák,竹节)、柴目(cábbák,木头节)。

"目"的读书音是 bbók,用如"有目共睹(yiǔ bbók giông doǒ)、历历在目、一目了然、目不识丁、目不转睛、目无全牛(ggiú)、目中无人"等成语;说话音为 bbák,用在口语中,使用频率较高。

"目"用于眼睛部位的有目箍(bbákkoō,眼眶)、目(珠)仁(眼珠儿)、目珠皮(眼睑)、目角(眼角)、目睫(ziāh)毛(眼睫毛)、目眉毛(眉毛)。用于眼睛生理现象或神采、眼神、眼色的有目屎(眼屎)、目油(眼液)、目沙(沙眼)、目蚶(hām)(眼睑轻微红肿)、蚶目

（厚眼皮）、目针（眼睑长出粒状肿毒）、红目（眼球发炎）、老花目（老花眼）、目神（眼神）、目识（眼力，如目识巧，指眼力好，一看就记住了）、显（hniǎ）目（显眼）、目光光（眼睁睁）、合（gàh）目（顺眼、中意）、顺目、碍（ggài）目（不顺眼）、柴目、目珠柴柴（眼神呆板）、瞇（lnīh）目（眨眼）、目捎是（bbáksāsî，眯眼睛）、目箭（znì）（比喻眼波，如捽目尾、捽目箭，"捽"读 sūt）。瞧不上眼说为"看无目、目地（dê）无"，翻脸不认人叫"反目"，眼红、眼馋叫"红目、赤目"，愤怒的眼光叫"觌（dàng）目"，偏心叫"大细目"，哭红眼叫"目箍红红"（bbāk koō áng áng）。

　　有关眼睛的成语、谚语也很生动，下面举数例，如："眉清目秀"（眉目清秀）、"喙（cuì，嘴）笑目笑"（眉开眼笑）、"目眉拍结"（愁眉不展）、"目金手捷（ziáp）"（眼明手快）、"字目真透（tào）"（文字精通）、"目珠起花"（眼花缭乱）、"无鼻无目"（视若无睹）、"无面无目"（不知羞耻）、"看艁落（lóh）目"（惨不忍睹）、"目佋（siáo）无剾（kāo）"（不识时务）、"面目拢变"（面目全非）、"四目对相"（面面相觑）、"头眩目暗"（头晕眼花）、"目珠互屎糊咧"（比喻视而不见）、"目珠插五彩旗"（眼花瞭乱，视线模糊）、"目珠金金，搦（téh，拿）去食点心"（比喻眼疾手快）、"目珠艁贮（duě）一粒沙"（比喻心胸狭小）、"目珠花花，蟑蜍（zniūzú）看作水鸡（suǐguē，青蛙）"（眼力不好认错东西）、"目珠生伫（dî，在）头壳顶"（眼睛长在头顶上。比喻不自量力，骄傲自大）、"看人大细目"（看人大小眼，即对人不公平）、"食人目色过日子"或"食人目色做人"（寄人篱下，日子难过）、"天若（lnâ）有目，五谷艁曝（pák，晒）"（旱天盼下雨）……

　　由于"目"可指网、节，所以也就把小结、小疙瘩说成"目"，这种引申和比喻也是很生动、恰当的，如骸目（脚踝骨）、骨目（骨节）、鸡仔目（鸡眼）、竹目（竹节）。也引申作量词，如甘蔗一节叫一目，用法相同的还有布目（布的经纬之间的空隙）、字目（一个个字儿、字眼），如字目八（bāt，识）真深或是字目八真透，是指很有学问等。

说"鼻"字

普通话的"鼻"在闽南话里有 bít 和 pnî 两个读音，bít 只用于"鼻祖"（bítzoǒ），这个词是开创之义，其他都用 pnî 音，它除了跟普通话一样指鼻子和器物上突出或带孔的部分外，还有自己的特殊义，这些特殊义中有的是古义的传承。

"鼻子"闽南话说为"鼻"或"鼻仔"，鼻梁叫"鼻刀、鼻颈（wnā）、鼻腰"，鼻尖叫"鼻头"，鼻孔叫"鼻腔（kāng）"，鼻毛叫"鼻腔毛"，鼻息叫"鼻腔风"，鼻窦叫"鼻齆（àng）仔"，鼻翅儿叫"鼻翼（sít）"，概括人的面貌用"鼻目喙"。鼻子的形状有鹰哥鼻（鹰鼻）、啄（dōk）鼻（鹰鼻）、蛙（ziù）鼻（鞍鼻）、酒糟鼻、狮仔鼻（展鼻）等。"鼻"指器物方面的有"针鼻"（针鼻儿）等。

"鼻"的方言特殊义：一作名词，指鼻涕，如流鼻（流鼻涕）、鼻水、鼻屎、鼻蚝（ó）（鼻涕）、鼻痰澜（pnî tám lnuâ，鼻涕、唾液、痰一类的东西）。二作动词"闻"，如鼻芳（pāng）（闻香味儿）、鼻狮（比喻嗅觉灵敏叫好鼻狮）。俗语说："品茶评茶有学问，看色鼻芳比喉韵。"此义是古义的传承。明·刘基《郁离子·牧豨》："鼻粪壤而食腥秽。"清·李渔《闲情偶寄·种植下·草本》："此皆言其可目者也，可鼻则有荷叶之清香，荷花之异馥。"三是重叠后表示黏糊状，如"屎鼻鼻"（大便黏糊状）。

把"鼻尖"说为"鼻头"，发音不清、鼻道阻塞说为"鼻齆（àng）"（齆声），"鼻塞"说为"鼻窒（tāt）"，这些也是古代说法的传承。如《南史·曹景宗传》："觉耳后生风，鼻头出火。"（形容上火）唐·白居易《自觉》诗之二:"结为肠间痛,聚作鼻头辛。"唐·玄应《一切经音义》卷七:"鼻齆,鼻病也。"《素问·五常政大论》:"……咳嚏鼽衄鼻窒,曰疡,塞热胕肿。"明·李时珍《本草纲目》:"久聋,欬逆,毒气出刺出汗,气味疗鼻窒,治呕逆。"

　　伤风、感冒常会咳嗽、流鼻涕,春夏之交的时候,有些年轻人"爱水唔惊流鼻水"(ài suǐ m̀gniā láo pnîzuǐ,爱漂亮不怕流鼻涕),穿得很少,不注意身体健康,这样不好。俗话说得好,"未食五月粽,破裘(hiú)唔通放",一般来说,端午节过后,才进入夏天,所以还是要注意季节的变化,注意穿衣,以免着凉。

说"喙"字

普通话的"嘴"（zuǐ），闽南方言读为 zuǐ（第三声高降调53），因音不准，所以不是它的本字。从音准义同角度来考虑，它的本字是"喙"（cuì）。此字本指鸟的嘴，如鸟（ziǎo）喙、鸡母喙，后借指人的嘴，它是个形声字，闽南话沿用古字。

"喙"闽南话一指嘴巴；二指开关或作用像嘴的东西；三指孔、小洞；四作量词用。

嘴巴叫喙、喙斗，口腔叫喙腔（kāng），嘴唇叫喙唇，牙齿叫喙齿，口舌叫喙水，口水叫喙澜（lnuâ），兔唇叫缺（kīh）喙，胡子叫喙须（ciū），嘴唇向上叫翘喙，嘴唇微拢叫觅（bbīh）喙，脸颊叫喙䫌（puě）。

由嘴的形状和作用引申指某些器物的口，如：薰（hūn）喙（烟嘴）、风喙（气门心）、矸（gān）仔喙（瓶口）、喷喙（喷嘴）、刀喙（刀口）、喙琴（口琴）、喙罩（口罩）、奶喙（乳头）、裂喙（裂口）、领喙（领口），等等。

指孔、洞的如空喙（口儿）、伤喙（伤口）等，至于量词，如吃一口饭（菜、水、奶、药等）叫"食一喙"。"喙"的引申义也很有趣，它可指口味，如适合口味叫"合（gāh）喙"，不合口味或不顺口叫"咬喙"、"刮喙"、"喙苦苦"、"喙涩涩"，胃口好不挑吃叫"好喙斗"，胃口不好不想吃叫"喙白"、"喙痛（poō）"。"喙"还引申为"话"，为了讨好人就要"共人好喙"，人与人的争辩叫"诤（znì）喙"，对某事赞成叫"赞喙"、"助喙"，改变话题叫"转（dǐng）喙"，泄露机密叫"走喙"、"漏喙"，言语粗野或骂人叫"否（pǎi）喙"、"瞥（cōh）粗喙"（骂粗话），从中插别人的话叫"插喙"，小孩跟着或仿效别人的话叫"缀（dè）喙尾"、"世（suà）喙尾"（"世"也用"续"），小孩听话叫"听喙"，不听话随便顶嘴叫"应喙应舌"（yìn cuì yìn zíh），说话不实现叫"空喙哺舌"（kāng cuì boô zíh），比喻口才好用"有喙水"、"喙花"，能言善辩叫"喙尖舌利（lâi）"，劣口笨舌叫"钝喙钝舌"，搬弄是非叫"搬喙锦"、"加喙加舌"，口才不好不懂言语和礼貌叫"有喙无舌"、"无喙无舌"，直心肠、无意中出口伤人叫"有喙无心"，白费口舌叫"磨喙唇皮"，油腔滑调叫"花婆喙"，花言巧语叫"媒人喙"〔如媒人喙，胡累累（m̂láng cuì hoó luì luì）。媒婆嘴胡说八道〕，说谎叫"白贼喙"、"嚣（hāo）六喙"，哑口无言叫"变鸭母喙"，鹦鹉学舌叫"学人喙舌"，叫小孩子不要多话叫"囡仔人有耳无喙"（gǐn'ǎ láng wû hî bbó cuì），等等。

"喙"还用在抉喙酺（guāt cuìpuě，打耳光）、搧（siàn，用手掌打）喙酺、批（puē，用力斜着打）喙酺；发狠、忍痛、咬牙叫"咬喙齿根"；行贿，给人财物金钱或封住别人的口不让讲话叫"窒（tāt）喙空"；计算家庭人口也用"头喙"，如阮兜有五个头喙，指五口人。谚语如"有喙讲甲无澜（lnuâ，唾液）"（指苦口婆心地劝说）、"否心无人知，否喙上利害"（有的人出口不善，会得罪人。"上"读"siông"，上利害即最厉害）。还有一些形象的比喻，人们在使用中可以不断地发现。

说"耳"字

我们已经说过人体五官中的鼻、目、喙（嘴），这里要说另一官，先猜一条谜语："一丛树仔两片箬，斡来斡去看𣍐着。"（zít záng ciû'ǎ lñg pnì hióh，wāt lái wāt kì knuà bbuê dióh。一棵小树两片叶子，转来转去看不着）。它的谜底是什么呢？你猜着了吗？它就是你的两只耳朵。

"耳"是象形字，普通话读 ěr，闽南话读书音为 lnǐ（漳州音为 zznǐ），用于形似耳朵的木耳（黑、白木耳）、成语耳濡目染（lnǐ lú bbók liǎm），说话音 hî，不仅用于耳仔（耳朵），还用于形似耳朵的量词，如担涂（toó，土）粪箕有三耳、蚵仔有五到七个耳仔等。

别小看"耳仔"，文章不少。耳仔也叫耳腔（hîkāng，耳朵），有耳膜、耳镜（耳鼓）等，外耳有耳唇、耳仔箬（hî'ǎhióh，耳廓）、耳仔墘（hî'ǎgní，耳廓的边缘、耳轮）、耳珠（耳垂。方言也叫耳坠。耳廓的一部分，在耳轮下面，呈瓣状，下垂）、耳瓮仔（hî'àng'ǎ，耳朵里的腔，也指耳朵里流出来的液状物）。耳朵若要带上装饰品得钻耳空（zǐg hîkāng，钻耳、耳钻孔），这装饰品叫"耳钩"（耳环）、"耳钩"下面的坠子叫耳钩坠（hî gāo duî，耳环坠子）。

民间给了耳朵很多形容语、比喻语，如，耳仔互屎糊（比喻耳塞，听不见），耳腔吼、瞋[吼（hǎo）、瞋（dán）指声音。耳鸣]，耳仔真灵、真尖（耳灵），耳仔重重、重耳（耳背），耳仔沊沊（kǐn）、轻耳（耳朵软、耳食），耳仔促促（zāk）（刺耳），耳仔塞塞（tāt）（耳塞，听不见），耳仔熟熟、熟耳（耳熟）、生耳（cnī）（耳生），耳仔痒痒（zniû）（人们想念他或遭骂），耳腔话（耳语），耳腔鬼（耳报神、暗中报告消息的人），老人耳仔佫（gōh，又）真利（lāi，耳灵）。

俗语方面："耳腔塞破布"（闭耳塞听）、"亲耳听唔值亲目看"（百闻不如一见、耳闻不如一见）、"亲耳听不如亲目看"（眼见为实）、"耳听四方，眼见八方"（见多识广）、"亲耳听着，亲目看着"（耳闻目睹）、"囡仔人有耳无喙"（gǐn' ǎláng wû hî bbó cuì。指大人讲话时，小孩儿随便插嘴是没礼貌的，用耳朵听就好）。方言还可以被用来指把柄，如"无耳通互汝摸"（bbó hî tāng hoô lǐ kiǔ。没有把柄可让你抓）。

耳朵有焦（dā）耳、澹（dám）耳，即干和湿两种。人们要注意耳朵卫生，经常用钩耳仔（gāohî' a，耳挖子）、小棉签来清洗，当然要轻点才不会把耳膜刺破，这样才能保持耳聪目明、耳朵精灵。

说"手"字

"手"闽南方言文读音为 siǔ,用如亲如手足(ziōk)、手足无措,大多数的词语都念白读音 ciǔ。

"手"除指手的部位外,还从手的动作引申出一些相关的动作、物品等。

从手的部位看,有正手(znià ciǔ,右手)、倒手(dòciǔ,左手)、手骨(胳膊)、手甊(gǒng)(手臂)、手顶节(上臂)、手下节(下臂)、手肚肉(上臂凸出的那块肉)、手后臼(kǔ)、手后靪(dnī)(胳膊肘儿)、手跷(kiāo)(手向外突出的部分)、手笆(bé)(巴掌、手掌)、手心(手掌)、手盘(手背)、手指(znǎi)、拃(zǒng)头仔(手指头)、手脶(lé)(手纹螺旋形)、粪箕(手纹开形的)。民间就有关于脶的歌谣:"一脶坐咧坐(dē)(坐咧坐指坐着享受),两脶走骹(kā)皮,三脶无米煮,四脶有饭炊(cē),五脶五耀耀,六脶做乞食(kītziáh,乞丐),七脶富(bù),八脶起大厝,九脶九上山,十脶去做官。"手指甲叫手拃甲(ciǔzǒnggāh),手汗叫手液(sióh),因干粗活手结的茧子叫手鳞(lān),洗手脸泛指洗面、洗骹手(洗手脚)。

由手的动作引申出来的意义相当丰富,如带点礼物去访亲探友叫带手,帮助别人做事叫鬥骹手(dàokāciǔ),手艺高叫悬(gnuái)手,手艺熟叫熟手,手气好叫好手气,手气不好叫否手气,手艺和手段都可说手路,第一把手叫头手,上手叫顶手,下家、底下人、助手叫下骹手(êkāciǔ),做手脚搞小动作叫做手,慷慨叫有(pnà)手、献(hiàn)手、大出手,扒手叫三支手,手头冗(lîng)指经济宽松,手头紧指经济不好、收入少,人的动作敏捷、快手快脚叫紧骹紧手，碰到麻烦事处理完了叫过手，“过手”（gèciǔ）还指时间过后，如过手煞（suāh）肣记的（过后就忘记了），把自己的对象叫牵手，贿赂叫揳（suēh）后手、揳空，遇事不果断叫软手，靠现有的财物维持生活或靠手工糊口叫手面趁食，眼下的活儿或手工活儿叫手面功课（ciǔbbîn kāngkè）。

带上“手”字的物品也不少，如手指（ciǔzǐ，戒指）、手环、手链、手䘴（ňg）（手袖）、手束（sōk）（手套）、手巾（手帕）、咼（kuà）手（椅子的扶手）、车手（车把手）、手禁（自行车的手刹车）、手电（手电筒）、扳手（bǎnciǔ）等。

“手”还用于“一手好字、一手好手艺、一手好牌”。“手尾”本指人的手掌、手指头部分，用如手尾力，但也可指先人的遗物和手迹。

关于“手”的成语不少，常跟脚配搭，如比骹比手（指手划脚）、骹酸手软（手脚乏力）、缠骹绊手（dní kā bnuâ ciǔ，碍手碍脚）、勼（giū）骹勼手（缩手缩脚）、尖骹幼手（ziām kā yiù ciǔ，指手脚细嫩，比喻文质彬彬）、骹步手路（手艺、技术、方法步骤等）、起骹动手（动手动脚）等。

说"骹"字

　　我们经常说："会肥肥 kā 腿，鲙肥肥面水。"这个"kā"该写哪个字呢？你也许会说那不就是普通话的"脚"字吗？其实不是，因"脚"的读书音是 giōk，说话音是 giōh，用如脚数（giōhsiào，角色）、脚仔工（以前从事体力劳动的工人，如搬运工），"kā"的本字是"骹"。《说文》："骹，胫也。从骨，交声。"方言是指整只脚，普通话说"手脚"，闽南话说为"骹手"，两个词素颠倒。有古文为证：宋·金盈之《新编醉翁谈录》卷六："因礼拜顿悟伸骹，悔和尚儿成弹指。"

　　闽南话"骹"指整只脚，脚上部叫骹腿、骹大腿，小腿，也叫骹骫（gǒng），腿肚子叫骹后肚（doǒ），腿肚子肉叫骹肚肉，膝盖叫骹头趺（kātáohū），膝盖骨叫骹头趺骨或者灯心碗，脚板叫骹笆（bé），脚面叫骹盘，脚心叫骹心，脚指头叫骹拊（zǒ）头仔，脚尖叫骹尖，脚后跟叫骹后靬（kā'âodnī），小腿胫骨叫骹鼻廉（liám）。裹脚叫缚（bák）骹，拐脚叫跛（bǎi）骹，瘸腿叫瘸（ké）骹，起步叫起骹，散步叫行骹花，蹺腿叫骹叠跬（kún），跷二郎腿叫跷（kiāo）骹。

　　"骹"还用于与脚有关系的词语。如：洗脚桶叫骹桶，擦脚巾叫骹巾、骹布，自行车叫骹踏车，足球叫骹球，地板叫涂骹，厨房叫灶骹，墙脚叫墙骹，房客叫厝骹，城根叫城骹，上面叫顶骹，下面叫下骹，楼下叫楼骹，桌脚、床脚、山下、阳光下分别叫桌骹、床骹、山骹、日头骹。落脚或逗留叫羁（guā）骹，客居叫寄骹，歇脚叫歇（hiōh）骹，港口叫港骹，露出马脚说为五骹胫（só）出来，戏曲演员表演的身段和姿势好叫骹步手路好，也比喻手艺、技术好。

　　此外还用于指人手多少，骹手少指人手少。牙龈痛说为齿骹痛(tnià)，腿病、风湿症说为骹风。另一个词叫骹俏(sāo)，有多层意思：一指脚底表皮脱落下来的碎屑；二指脓包、无能，也比喻无用的人，如即号(lô)骹俏货，飈做半项代志；三指地位或身份低微，如咱(lǎn)即号骹俏甲人飈比咧；四跟闽南话"鸭味"(āhbbî)一样(本指鸭的味道，后用来形容差劲、无能)，如汝真骹俏，大人输囡仔(gǐn'ǎ)(你真无能，大人输给小孩)。

　　"骹"还用作量词，如缴(giǎo)骹(赌客)欠一骹(赌博缺一人)、四骹桌、四骹椅等。

　　关于骹的成语、谚语、歇后语也不少。成语如：骹手立(liáp)捷(ziáp)(手脚勤快，动作敏捷)、骹手含慢(手脚不灵)、起骹动手(动手动脚)、缠(dní)骹缀(dè)手(碍手碍脚)、骹酸手软(精疲力尽)。谚语方面如：跋折骹骨倒勇(比喻因祸得福或坏事变好事)、骹踏马屎傍(bñg)官气(形容依仗权势)、双骹踏双船(脚踩两只船，指三心二意；有时也指见机行事)、骹痛皇帝命(坐享其成)。歇后语方面如：三骹椅——飈稳、跛骹演铁拐李——免装、五骹记行棋——室路(tātloô，挡道)、骹踏车黜(lūt)练——无采(与"没踩"谐音)。说到五骹记(骑楼)，这是厦门的一个特色，中山路、思明路、大同路等都有，夏天遮阳，冬天挡风，雨天遮雨，确实好处多多，这是不露天的人行道。

　　闽南有一种民俗，正月十五夜张灯结彩举行灯会，对于刚结婚的新娘来说，乃有"钻灯骹，生卵脬(lânpā)"(穿灯下，祈求生男孩)的说法。这是一种旧俗，其实现在观念在变化，生男生女一个样，主要在于父母对孩子的培养，男人可以成龙，女人也可以成凤。

"尾"字的妙用

　　"尾"厦门话读 bbě，泉州话读 bbǎ，漳州话读 bbuě。"尾"在闽南话里用处很多。

　　一表示尾巴，如狗尾、羊尾、鸟鼠尾（老鼠尾巴）、牛尾。

　　二表示末端、末尾的，如年尾、月尾、尾仔囝、尾仔叔、尾仔指（小拇指）、尾水猪仔、尾水龙眼（最后一次收成的）；指末尾的，如尾后、了尾、上（siông）尾、尾溜、后尾、押尾（āh bbě）、尾仔溜（末梢）、尾尾尾（最末尾）；常用来指最后部分，如尾个、尾股、尾骹（最后一个）、尾名、尾一名、最尾名（最后一名）、尾排、尾位、尾步（最后一步）、尾过（gè）（最后一次）、尾捣、尾摆（最后一次或最后一回）、尾声〔最后一次，尾声还指戏曲等最后的曲子或交代，也指言外之音，如听伊的尾声着知影伊的意思（tniā yī'e bběsniā dióh zāiynǎ yī'e yìsù），即听他的话语，就知道他的言外之音〕、尾力、力尾、尾气（kuì）、气尾（最后力气）、尾流、尾出、煞尾、尾阵（zūn）、到落尾（gào lókbbě，最后时刻）、扫尾（结束最后部分工作）、结尾（最后结束）、尾局（giók）（最后结局）、尾抠（kāo）（最后一份）、尾牙（ggé）（一年里最后一次的牙祭，在农历十二月十六日，祭土地公）等。

　　三指余留的，如啄尾（吃东西留下的余味）、话尾（话中留下的余意）、屎尾（比喻留下的烂摊子）、分手尾（在死者丧葬后当场把其留下的遗物分给直系亲属）、苦尾（吃后余留的苦味）、甜尾、货尾、火尾（余留的微火）、好尾景或否（pǎi）尾景（分别指晚年处境及结局的好坏）等。

　　四指零散的、不集中的，如布头布尾、伸头伸尾（cūn táo cūn

bbě，剩下的零星东西）、乡里尾（处于乡村偏僻的地方）、耳腔尾
（hîkāng bbě。无意中零星听到的话语）、数尾（siào bbě，结账后
剩余的小数目）、钱尾、尾数、尾钱等。

　　五指人体的部位，如尾椎骨（尾骨）、尾豹头（腰眼，即腰后胯骨
上面脊椎骨两侧的部位）、尾坐（zê）（臀部接近尾骨的部分）、手尾
（手的最末端）、拃头仔尾（zňgtáo'ǎbbě，指头末端）、手尾力等。

　　六用作量词，如一尾鱼、一尾蜈蚣、一尾虾、一尾虫等。

　　其他方面如：兔仔尾（哭丧棒）、茶尾（茶渣儿）、薰尾（烟蒂）、刀
尾（刀锋）、笔仔尾（笔杆子）、使（sǎi）目尾、摔（sūt）目尾、觖（dàng）
目尾（使眼色）、尖尾（尖端）等。

"成"字有几读?

　　每当人们说到闽南方言读音的复杂性时,总喜欢举"成"为例,这是因为"成"字通俗易懂,它的几种读音在日常生活中使用频率较高。

　　"成"读书音为 síng,说话音为 zniá、cniá、sniá、siáng。现分别叙述它们的用法。

　　síng:一指完成、成功。如:即项代志会成猃(这件事情能成功吗)、画成啊(画完成了)、大功告成,等等。除此义项外,来自普通话的一些成语及基本词语,大多读 síng,如成人之美、一事无成、成功、成熟、成长、成见等。二指相似、相像。如:画甲真成(画得很相似)。有时读 siáng,俗写为"徜",如:两个兄弟仔生成真成(兄弟俩长得很相像)。

　　zniá:一指成器、成材。如:我映(ǹg)望你会成人(我希望你能成材)、唔成囝(不成材的孩子)、唔成材(不能做材料。比喻没出息)、唔成款(不成样儿)、唔成物(不成材)、真成材(长得一表人才)。《红楼梦》第八十一回:"如今论起来,你也该用功了。你父亲望你成人,恳切得很。"还用如成天(zniá tnī,好天气,常用于否定式唔成天,指天气不好,也比喻不成气候)、成眠(zniábbín,睡得好)。二是加在年、月、日、百、千、万、里、丈、尺等数量词前头,表示将近达到某一个数量。如:成十个(十来个)、成个月或成月日(个把月)、成里路(里把路)、成万银(万把块)等。

　　cniá:一指成全、扶持,使成长。如:成互伊大汉结婚(cniá hoô yī duāhàn giāthūn。培育、扶持,使他长大结婚)、成家(扶持、操持家庭）。《论语·颜渊》："君子成人之美，不成人之恶。"《三国志·魏志·田畴传》："是成一人之志，而亏王法大制也。"《隶释·汉金广延母徐氏纪产碑》："夫妇勤苦，积人成家。"《辽史·后妃传·景宗睿智皇后》："（后）北府宰相思温女。早慧。思温尝观诸女扫地，惟后洁除，喜曰：'此女必能成家'。"《魏书·儒林传·常爽》："允曰：'文翁柔胜，先生刚克，立教虽殊，成人一也'。"二指继续做，使完成。如：成尾（把剩下的收尾工作做完）、成命（促使致命）。

sniá：一数为另一数的几成。如：成数（sniá soò）、即块金仔是八成金（这块黄金是八成金，不是足金）、即领衫五成新（这件衣服五成新）。

有些词语用读书音或说话音能区别意义。如：

成人 síng lín（成年人）

　　zniá láng（长大成人）

　　cniá lang［女子许配给人家。也说"做人"（zuè lang），
　　"lang"要读轻声。］

成家 síng gā（成为专家）

　　síng gē（男子结婚，建立家庭）

　　cniá gē（扶持、操持家庭）。

成年 síng lián（成年人）

　　zniá lní（将近一年）。

"成"的读音，你清楚了吗？人们说："讲破唔值钱。"（góng puà m̂ dát zní）把道理说出来，人们理解了，就不希罕。

"落"字有几读?

"落"在闽南话里有几种读音呢?一共有四种读音,读书音为lók,说话音为lāk、lào、lóh、láoh,每种读音各得其所,有的读音的意义保留较多古义。下面分别叙述。

lók:大多用于从普通话吸收过来的词语或成语,如落后、落实政策、落选、落成、落花流水、落叶归根、落井下石、落花生(lók huā sīng,快读合音是 luā sīng)等。

lāk:一指掉下,如落落来(lāk loh lai,掉下来)、落喙齿(lāk cuìkǐ,掉牙齿)、落头毛(掉头发)等;二指丢失,如物件落无去(东西丢了);三指下降,如厝落价(房子降价,"落"也说 lóh)、对头名落到尾名(从第一名下降到最后一名)。

lào:一指掉落,如落下颏(lào êhái,下巴脱臼)、交落身(gā lào sīn,流产)、交落枕(落枕);二指脱落、掉色,如落字(书写时遗漏字)、落色、落胎(lào tē,流产);三指泻(肚子)等,如落吐(霍乱)、落屎(拉肚子)等。其他的还用于落气(làokuì,泄气、丢脸)、落风(漏气或因牙齿空缺而走音)、落空车(不载旅客或货物,空车回程)等。还用于形容词后缀,如旧落落、旧落扫(指东西很陈旧)。

lóh:一指下降,如落雨(下雨)、落价(降价)。《尔雅·释诂上》:"陨、硕、湮、下、降、坠、摽,落也。"三国魏·应璩《与从弟君苗君胄书》:"云重积而复散,雨重落而复收。"宋·苏轼《后赤壁赋》:"山高月小,水落石出。"二指从高往低处走动,下。如落楼梯(下楼梯)、落车(下车)、落船(下船)、落乡(下乡)、落命令(下命令)。《初刻拍案惊奇》卷十五:"或往青楼嫖妓,或落游船饮酒。"三指放入、承受、进入。如落米（把米下锅）、落眠（进入睡眠状态）、食赡落（吃不下，肚子承受不了）、落子（zǐ）（着棋下子）。晋·陶渊明《归园田居》诗之一："误落尘网中，一去三十年。"宋·苏轼《六观棋》诗："谁欤棋者，户外屦二，不闻人声，时闻落子。"四指砍伐。如：落几丛（záng）竹仔做料（砍几根竹子做材料）。五指分成（若干份）。如：买厝的钱落做三份（买房子的钱分成三份来分摊）。六指（情意）投合。如：落人的意（投合人家的意思）。七原指院落，又作量词"座、所、进"（用于房子）。如：顶落（平房一宅之内分前后几排，一排叫一落。"顶落"是指上一排房子）、后落（指后一排房子）。《后汉书·循吏传·仇览》："庐落整顿，耕耘以时。"李贤注："今人谓院为落也。"唐·杜甫《兵车行》："君不闻汉家山东二百州，千村万落生荆杞。"方言还用于落下个月生（在下个月分娩）、落后日（大后天）、落前年（lóh zún lni，大前年）、落后年（lóh'âo lni，大后年）等，有时也用作量词"桩"，如一落代志（一桩事情）等。

　　láoh：用于拍交落（pāh gā láoh，掉了、丢掉，有时用 gā láoh 也行。交落物件，即丢了东西）。

　　"落"的读音和用法比较复杂，所以在运用时要对号入座，以免用错。

闽南方言的"猫"字

"猫"字是形声字,闽南话读为"Iniāo"和"bbá"。一般的家猫,闽南话说为猫仔、猫咪(bbí),公猫说为猫公(gāng),母猫说为猫母,泉州话为"猫娘(Iniú)"。另一说法是"猫猫"(Iniāobbá,方言也用于骂人的话)。《狸猫换太子》故事中的"狸猫",以及野猫,方言称为山猫。

在闽南方言中,"猫"常用来形容和比喻吝啬、小气,如"猫神"、"猫气"、"真猫"、"太猫"、"猫死死"、"猫卵(Iân)"等,有时人们会说"伊真猫神,一圆(yní)拍册八结";也用来形容麻脸,如猫面、猫的(e)、猫比霸、面猫猫;有时用来骂不正经的女人,如猫猫(Iniāobbá,也写为猫媌)、猫婆等;有时用来形容人打扮得花俏,说为"花猫猫";布太花,装饰不够朴素也叫"花猫猫";黑得可怕叫"乌(oō)猫猫";鬼画符叫"画虎猫";分辨不清叫"若(Inǎ)虎若猫";一毛不拔叫"猫神猫触(dāk)";杂乱不堪说为"花巴哩猫"等。有时候为了吓唬小孩,闽南人会说"虎猫来啊"。

"猫"用于谚语的特别多,如"猫急上树,狗急跳墙"(指急中生智或临危逃脱)、"猫亲情,狗断路"(借用来比喻人际关系,猫比较重视情义,喜欢交往,而狗无情无义,不喜欢交往)、"猫无暝,狗无昼"(猫夜间捕食老鼠不眠,而狗白天外出没吃中餐,常比喻生活无规律)、"饲猫富(bù),饲狗起大厝"、"爱猫惊猫扒,爱狗惊狗咬"(既爱又怕,实在矛盾)、"好猫嘛乱吼(hǎo,哭叫),好狗嘛乱走"(借指家教,表示教育有方的孩子比较循规蹈矩)、"死猫吊树头,死狗放水流"(民间习俗,不过这种习俗不文明也不卫生,现在移风易俗后，这种现象已比较少见）。"猫"跟"老鼠"是仇人，"老鼠见着猫惊半死"（老鼠见到猫怕得要命。这是双关语，也比喻有些人害怕权势的恐惧心理）。又："好猫管百家"（本指善于捕捉老鼠的猫能为邻居除害，后来用以讥讽好管闲事的人）、"细腻（suèlî）猫踏破厝瓦"（即使是小心谨慎的猫也会踩破屋瓦。比喻再小心还是有失误，也讽刺那些表面上客气、害羞，背后却干着不可告人坏事的女人）。

"糕"和"粿"

"糕",米字旁,羔音(繁体字"餻"),闽南方言读为 gō。"粿",食字旁,果音(也可写为"粿"),文读 gǒ,白读 gě(厦)、guě(漳)、gé̃(泉)。"糕"种类很多,糕点是日常生活中常见的食品,说到"粿"人们就会联想到一首闽南童谣:"挨啰挨,挨米挨栖来做粿。"(wēlowē,wē bbǐ wē cuè lái zuè gě)闽南早期做粿,都是用石磨把米磨成栖(cuè,普通话读 xī,米浸水后磨成浆,经过滤而成湿块状,用来蒸年糕和搓汤圆)。过年过节蒸年糕做龟粿是闽南的民俗,闽南说为炊粿(cēgě)。

闽南方言的粿,普通话说为"糕",普通话的糕,相当于闽南方言的糕和粿两大类:鸡卵糕、绿豆糕、杏林糕、茯苓糕等属糕类;甜粿(年糕)、发粿(经常是正月初九祭拜天公用)等属粿类。蒸发糕是很有讲究的,如歌谣:"炊发粿,发若(lnâ。如果)好,逐家拢阿咾(dákgē lǒng ōlǒ。大家都称赞),发若否(pǎi,不好),逐家喝无采(dákgē huāh bbó cǎi。喝:喊、叫。大家认为很遗憾,太可惜了)。"意思是发糕发得像一朵花似的,象征新年吉利发财,发得不好,就感到可惜。还有龟粿(做成龟形,如红龟、寿龟)、麦粿、膨粿(pògě,发糕的一种,比较松脆)、菜头粿(萝卜糕)、金瓜粿(南瓜糕)、咸粿、芋粿、碗糕粿(晚米洗净后磨成浆,掺进苏打发酵后,再加上白糖或红糖搅拌均匀,把米浆倒在一个个小碗中,放进蒸笼蒸熟即可)。还有一种粿经过煮、炒才可以吃,如白粿、粿条(广州人称为河粉、沙河粉,因出产于沙河故名)。

有一些闽南话称为粿、糕的,实际上名不符实。如油炸粿,它不是用大米做的，而是用面粉做成的，它也不是用蒸的，而是做成螺旋条状，往油锅一炸，马上吃很香脆。据说此名来自广州话的"油炸鬼"，因南宋奸臣秦桧害死岳飞，人们要油炸"秦桧"，故得名。"桧、鬼、馃"音近，闽南话说为油炸馃（yiúzàgě→yiúziāhgě），普通话称为油条。还有一些喝茶的茶配，如马蹄糕、榴莲糕，若按其做法应属馃属，因近期受普通话影响也称为糕。

俗话说："时节做时馃，时人讲时话。"闽南每一个民俗节日做什么样的馃，都是很有讲究的，这句话用来比喻人们要不断地学习，才能与时俱进，言语行动才能跟上时代的节拍。据说蒸馃的时候要多久才能蒸熟也是有讲究的，否则蒸出来的糕不熟，会"咬喙（咬喙：由于年糕是糯米做的，带有黏性，蒸得不熟、不透，吃起来会粘住上颚）"，不好吃，所以说"紧炊无好馃，紧嫁无好大家"（大家读dâgē，指婆婆），还用"食紧馃，食躁粕（sòpōh，急躁）馃"来比喻急功近利，操之过急，其结果是欲速则不达。

从"否势"谈起

有一次，我到一家超市买东西，忽然见到一个收账柜台前，有两三个人正在大声地说着什么，好奇心驱使我上前问个究竟。原来是收银员算错了一位顾客的水果钱，引起顾客不满，而那位收银员连声说："否势！否势！"（pǎi sè）表示道歉。那位顾客是北方人，不知"否势"啥意思，连忙问他的同伴，那位同伴解释说："闽南话'否势'是不好意思。"那顾客一听却高声大喊要投诉："你们算错了账，多拿了我的钱，就应该说'对不起'！没有什么不好意思的！"这位收银员急忙说："对不起！对不起！"向他道歉，这场争吵才平息下来。这是一场礼貌用语用得不当造成的误会。很多年轻人都以为"否势"就是表示道歉，其实这是一句自责的话，表示自己做错了事感到害羞、不好意思，若是要向人家道歉，应该用"对不住"（duì būt zû），"否势"与"对不住"是不能等同使用的。

从"否势"我联想到闽南方言经常使用的礼貌用语：早上与熟人相遇时要"相借问"（snā ziōh bbīng），说一声"势早"（ggáo zǎ）、"你也势早"表示"你好"或"早安"，就像广东人说"早上"一样表示友好，"势早"也可用在开会、上课时，问候来得比你早的人；路上相遇打招呼比较自由，各取所好，可说"你要去倒落"（你要上哪儿）、"真久无看着你"（很久没看到你）；若用餐时间，问一声"你食未"（你吃了吗）那也是很自然的；客人来访时应说"请入来"（cniǎ líp lai，请进来）、"请坐"（cniǎ zê），然后请客人"啉茶（līmdé，喝茶）"或喝其他饮料，若是比较熟悉的朋友，还得先征求对方的意见"要啉茶抑是啉咖啡"（bbēh līmdé āhsî līm gōbī。要喝茶还是喝咖啡），客人接受招待时应说"多谢"（dōsiâ）表示谢意，主人应说"免客气"，客人告辞时，主人起来送客也可说"有闲佫来"（wû yíng gōh lái，有空再来）、"匀仔行"（wún'ǎ gniá，慢慢走）、"行好势"（gniá hǒsè，好走）等客套话；若是接受别人的帮助，除了说"多谢"或"费神"（huì sín，劳驾、麻烦）"外，有时还可说"互你真加工"（让你多费工夫），接受谢意的人要和气地说"免客气"（bbiǎn kēhkì，别客气）、"艙要紧"（bbuê yàogǐn，没什么，不要紧）等。

中国是文明古国，自古以来就有礼仪之邦的美称，闽南人被称为古意人（goǒyìláng，热情厚道的人），待人接物真"好所行"（hǒsoǒgniá，热情诚意），因此使用礼貌用语时应该是诚心诚意的，从心底里发出礼貌语或道歉语，要脸带笑容或歉意，使人感到你是发自内心的，是真诚的，而不应该敷衍了事。

若是在学校、单位或社区里碰到一些曾见过面，但不甚认识的人，我建议大家也不妨微笑点头示意，这也是打招呼的一种形式，也是友好的行为。人们生活在一个学校、单位、社区里，抬头不见低头见，善意的笑容、友好的言语，会给人家留下美好的印象，这也是交友的开始，而且能更好地营造一个美好的家园、和谐的社区。

三　数字、属相

"一"与"褆"

　　"一",象形字,数目,表示最小的整数,方言读为 yīt,平时数数读为"zít(一)、lňg(两)、三……""zít"的本字,有人认为是"褆"。为了不增加读者的负担,我们不用本字"褆",而给"一"一个俗读音 zít。我们先从"一(yīt)"谈起。

　　"yīt",第一方面用于序数词,如第一课、十一等;用于表年份的系列数字,如一九一一年,月份中的一月、十一月,农历正月初一;电话号码如 511321、218121;房间号码如 101、1211 等。第二方面用于节日的称呼,如五一劳动节、六一儿童节、七一、八一等。第三方面多用于书面语、成语等,如一生、一定、一概、一向、统一、一元化、一本万利、一心一意、一言难尽、一举两得、一言九鼎、一知半解、万无一失、表里如一、一失足成千古恨等。朗诵唐诗、宋词等也用 yīt,如白居易的《草》:"离离原上草,一岁一枯荣。野火烧不尽,春风吹又生。"李白的《子夜秋歌》:"长安一片月,万户捣衣声。秋风吹不尽,总是玉关情。……"王之涣的《登鹳雀楼》:"白日依山尽,黄河入海流。欲穷千里目,更上一层楼。"第四方面用于副词,表示最高程度,相当于"极、最、非常",是"第一"的省略,如一势(ggáo)(第一能干)、一水(suǐ)(第一漂亮)、一好的、一流的、一吨

(dān)好(顶呱呱)、一粒一(首屈一指的。如伊读册是阮班一粒
一)、一流水(yīt liú suǐ,形容文章、书法写得流畅、华美。如伊的
文章是一流水)、一笔成(形容书法、文章一气呵成)。第五方面用
于连词"万一"(表示可能性极小的假设,"呣惊一万,只惊万一",
"一万"读 zít bbân,"万一"读 bbân yīt,还指一万一千)。

"yīt"用于方言的词语、谚语相当丰富。如"十一叔"(指单身
男子)、"一了百了"(一着失利,便大势已去)、"一食二穿"(老百姓
吃饭、穿衣是天大的事)、"一还一,二还二"(丁是丁,卯是卯,说明
不同的事物不能混淆)、"一不作、二不休"(处事要坚决果断,斩草
除根,以免留下后患)、"活到老,学到老,一生一世学艙了"(活一
天,学一天,一辈子学不完)、"一笑解三愁,神佛呣免求"(乐观生
活,胜过求神拜佛)、"读册有味千回少,对客无情一语多"(意同"酒
逢知己千杯少,话不投机半句多")等。还有歇后语"二三五六
七——无一无四"(无意无思)。

接着,我们讲"zít"的用法。数数目时,除十位数后用 yīt 外,
一般都用 zít,与量词组合,如一个人、一尾鱼、一千、一亿等都用
zít。另一方面用于闽南话谚语中,可从学习、智慧、胆识、勇气、德
行等方面来举例。学习方面如:"一年之计在于春,一日之计在于
晨"、"做一行,爱一行,行行出状元,做一行,怨一行,到老不在行"
(每个行业都有很多知识可学,学进去,就会热爱它,并有出息)、
"千日造船,一日过江"(比喻养兵千日,用兵一时)、"学否一时,学
好三年"(形容学坏易,学好难)、"食一摆亏,学一摆乖"(吃一堑,长
一智。摆:次);智慧方面如:"一人主张,呣值两人思量"(一人主
张、比不上两人商量,与"集思广益"义近)、"否马也有一步踢"(再
劣质的马也会踢。比喻再差的人也有一点优点,有时说为"无一撇
也有半撇")、"一人智不如两人议,两人议不如众人意"(与"集思广
益"义近);胆识、勇气方面如:"一支草,一点露,瘋痫草,两点露,
山边草,坦横雨"(一根小草可以得到一点露水的滋润,既使终日不

见天的山边草，也会遇到斜过来的暴雨，比喻苍天赐露水、育万物，再小的东西也可生存下来，鼓励人们对生活要有勇气，别小看自己或他人，只要生命在，就会有机会）、"三千年一摆海涨"（比喻千载难逢的良机，要勇敢地抓住，不要轻易错过）等；德行方面如："一日讨海，三日抛网"（一天捕鱼，三日把渔网抛撒在岸边，借指偷懒不干活）、"一人种树，万人秋清"[秋清（ciūcìn），指凉快]、"一日剃头，三日缘投"[缘投（yándáo），称赞男性英俊、潇洒]、"一面抹壁双面光"（为求得各方满意而丧失原则，圆滑世故）、"好话一句三冬暖，恶语伤人六月寒"（要善待别人，对朋友要像春天般温暖）、"讲一个影，生一个囝"[捕风捉影。囝（gniǎ）指孩子]、"汝敬人一尺，人敬汝一丈，汝敬人三分，人敬汝三寸"（比喻尊敬别人，将来也会得到回报]、"一下趄上天"[趄（běh）指爬]。一步登天，过分高傲，随时会跌下来）、"褿穿一条裤"（同穿一条裤子，比喻一鼻孔出气。褿：siáng）。

歇后语方面如："目珠贮贮一粒沙——无量"（眼睛装不了一粒沙子——小气，没有度量）、"菜瓜损狗——去一刜"（拿丝瓜打狗——断了一截，比喻得不偿失）、"拳头收伫手袬内——留一手"（拳头收在袖子内——留一手）、"一圆拍做卌（siāp）八结——咸涩"（一元钱打成四十八个结——吝啬）、"一奇（kiā）箸食藕节——找空"（一只筷子吃莲藕——钻空子）、"一个剃头，一个扳耳——加工"（一个理发，一个拨耳朵，比喻多此一举），等等。

"二"与"两"

　　你猜猜看,一至十哪个数最勤劳,哪个数最懒惰呢? 那就是"一不作,二不休"。"二不休"就说明二最勤劳,现在就来讨论"二"。

　　"二"是数目词,闽南话读 lî,另一个是"两",读书音为 liǒng,用于成语"两全其美"、"两袖清风"等,说话音为 lńg,用于数数,"两"还有一个读音是 lniǔ,是市两的通称,如三斤两两(三斤二两)。

　　先说"二"(lî)。"二"常用于书面语,如乘法表中的二一二、二二四,年月日的二〇〇二年二月二号,电话号码如 2282232,序数如第二、第十二、第二十。如果从二十一数至二十九,中间"十"可省略,说为二一、二二、二三……二九。用 lî 的词还有二兄(二哥)、二水(水:zuǐ.或叫二缘、二婚亲,指妇女再嫁)、二副(轮船上船员的职务,职位次于大副)、二级工、二胡、二步八(技术虽不高,但尚能应付的人),还用于农历初一、初二、除夕夜二九暝,成语二五一十(平均分配)、二八青春(豆蔻年华)、一食二佚(tīt)(吃喝玩乐等);谚语方面如"无禁无忌食百二"(在饮食方面不禁忌这、禁忌那,不挑食,就能长寿。"百二"、"千二"、"万二"都用"二")、"头遍骹液(kā sióh),二遍茶箬(déhióh,茶叶)"(旧指制茶的过程中,第一遍要用脚踩,所以,泡茶时,要把第一遍水倒掉)、"正月葱,二月韭"(正月吃葱,二月吃韭菜,比较适时)。

　　再说两(lńg),漳州地区说为 lnoô,在数十以下的数目时就用 lńg,如 zít、lńg、snā……十以下的数目与量词结合也用 lńg,如两只鸡、两尾鱼;在百、千、万、亿等前用两,不用二,如两万两千元、两千两百人;表示不定的数目时用"两",如三两句话、做两三项代志(做两三件事儿);在说分数二分之一时常说两分之 zít 或两分之一;在说到技术工"二级"时要说二(lî)级工,说到工资提高"两级"用 lñg;序数不能说"两",要说"二",能说第二,不能说第两,能说二楼,不能说两楼,也就是说在个位和十位的位置上,"二"始终没让给"两"。

含"两"的成语如:"两面刀鬼"、"两面三刀"、"唔成三两"(说明量少,也比喻不像样、不成气候)、"三两句话"(三言两语)。谚语方面如:"刀惊两面刀,话惊两面话"、"一面抹壁两面光"、"钱无两圆𣍐璡"(zní bbó lñg yní bbuê dán。只有两个铜板才敲得响,常用在规劝吵架的双方,各自多作检讨、让步,吵架就会平息)、"生理钱三两年,血汗钱万万年"(有的生意赚钱容易,而血汗钱是一点一滴积累起来的,来之不易)、"一人主张唔值两人思量"(zít láng zǔdniū m̄dát lñg láng sūlniú,强调集思广益)、"两人无相嫌,糙米煮饭拢会粘"(男女双方只要情投意合,艰苦的生活也可过得甜蜜)。

1985.7.20 发表于《厦门日报》上,原文题目是《"半"和"两"》,此文略有修改。

"三"与闽台民俗文化

"三"是象形字,它不仅表示数目"三",而且衍生出新义,有的言其多,有的言其少,如三思而后行、三番五次、三年五载等。"三"不仅是中国古人心目中的神秘数字,也是闽台人心目中受尊崇的数字,它广泛地进入闽台人文化生活的各个方面,如祭祀、占卜、礼仪、婚丧、教育以及其他各种民俗风情中。以"三"参与构成的三字格惯用语、成语、谚语也非常有特色。

"三"文读音为 sām,用如成语三皇五帝、三从四德、三教九流等,还用于朗诵古诗词,如孟郊的《游子吟》:"谁言寸草心,报得三春晖。"数数时,三十一至三十九中间的"十"可省略,读为三一、三二……三为文读音,电话号码、房间号码中的"三"也用文读音,还有来自普通话的词语,如"三八"妇女节等。白读音为 snā,数数目一、两、三……又三百、三千、三个人等及常用口语、俗语也用白读音。

崇"三"是中国传统观念之一,并广泛进入闽台的文化生活中。《老子》第四十二章有四句话:"道生一,一生二,二生三,三生万物。""三",《说文》解释为"天地人之道也"。"天地人"合成"三",所以古人把"天时、地利、人和"称为"三经",而"三生万物"的"三",古汉语同"参",《广雅·释言》:"参,三也。""参"有参加、协调之意,可见"三"被中国古人看成神秘的数字,而闽台文化生活也渗入崇三的观念,崇三观念走入寻常百姓家。

闽南谚语有"凡事无三不成礼"、"胜败决定三"之说,这谚语反映在祭祀中,便是一般点三炷香、三鞠躬、三叩首,表示对神佛、祖宗的恭敬、诚心、悼念。在祭祀的供品上,继承古人的传统,讲究拜三牲(大三牲:牛羊猪;小三牲:鸡鸭鱼),在占卜时,以博杯筊三次来决定是圣杯(呈一阴一阳),还是笑杯。在婚姻家庭方面,大多数闽南人的观念为:"一世人三摆场:娶某、生囝、做安公。"(一辈子三大喜:娶妻、生儿育女、当爷爷)结婚拜堂要一拜天地,二拜高堂,三是夫妻对拜。婚宴酒席上讲究"酒过三巡",第一杯主人敬宾客,第二杯表示好事成双,第三杯则是"无三不成礼"。生儿育女、教育子女方面,婴儿出生后三天要洗澡,叫"洗三",三周岁过生日,教育孩子用"三字经",要求孩子读书力求"心到、眼到、手到",教育孩子吃饭不能浪费粮食,"一粒米,三担水",学习要"学而时习之",如"三日无馏爬上树"[无馏(bbó liū),比喻没有温习,"爬上树",比喻忘光了],意指要常温习、常练习,学习才会进步。还教育孩子要虚心谨慎、顺序渐进,不能"未曾三寸水就要扒龙船"(还没到三寸水深的地方,就要划龙舟)。这些谚语来自古人实践经验的总结,他们崇"三",常以"三"来做比喻、假设,有的真的是三,有的言其少,有的言其多,如"学好三年、学否三日"说明短的时间即可学坏,学好却不容易,时间较长,"三寸水"言其水很浅,这是"三"数词义的失落而衍生出的新意义,有时还含有情感意义的变化。

以"三"参与构成的成语、谚语很有特色。成语方面如:三两句话(三言两语)、三更半暝(三更半夜)、不三不四(也说"不成三两",意指不像样、不成气候、非驴非马)、三尖六角(凹凸不平、奇形怪状,也比喻人的性格怪僻)、三不五时(比喻经常)、欠三缺四(残缺不全)等;以三参与构成的谚语因内容太多,现只举其中有特色的,即三与七构成的生动例句,它包括学习、智慧、胆识、德行等方面:

三分天注定,七分靠拍拼(拍拼:打拼)

三分靠教,七分靠学(强调自学的重要性)

三分食药,七分调理(日常生活调理好胜过吃药)

三分本事,七分胆量(有本领还要靠胆量,才能发挥好)

三分人事,七分天(事情的成败,因素是多方面的,包括天时、地利、人和、机遇、运气等)

三分人才,七分打扮(长相好坏只占三分,打扮占七分。打扮端庄表示对别人尊重)

三分扮相,七分目神(三分打扮,七分眼神,因为眼神给人印象深)

三分统计,七分估计(讽刺某些人工作不认真、不踏实,浮夸虚报成绩)

三分种,七分管(说明管理的重要)

三个字组成的惯用语,由于定型使用,久而久之成为人们口头上的常用语,它不仅简明扼要、生动活泼,而且其义一目了然。这种三字格惯用语大致分为三类。下面举例说明:

(一)三字中的两个字采用对比形式形成时间、空间、程度、情感等方面的新义。如:

大细目(duâsuèbbák,大小眼、偏心,坦护某一方,排斥贬低另一方。如看人大细目)

大细心(duâsuèsīm,同上)

暝拍日(bbnípāhlít,夜以继日)

枵饱吵(yāobǎcǎ,不管饿或饱都要吵闹,比喻无理取闹)。

见公母(gnìgāngbbǔ,决一胜负、决一雌雄)

拍生死(pāhsnīsǐ,决一死战)

乌白吐(oōbéhtoò,胡说八道)

天差渊(tiāncāyān,天壤之别)

锤损铁(tuígòngtīh,双方势均力敌)

(二)三个字义同或义近,加强比喻深度,意义更具概括性,类别更抽象,如:

古老博(goǒlǎopāoh,古老)　　老古旧(lâogoǒgû,古旧)

旧老扫(gûlâosào,老掉牙)　　差使教(cēsǎigāh,支使,使唤)

开使制（kāisǎipuì，挥霍）　　　食啉滕（ziáhlīmtín，吃吃喝喝）

蓬弄鬆（pônglôngsōng，蓬松）

食博佚（ziáhbuáhtīt，吃喝玩乐）

挨吹唱（wēcēcniù，吹拉弹唱）　　铰剪做（gāziǎnzuè，缝纫）

紧捷快（gǐnziápkuài，迅速）

拍擦销（pāhcātsiāo，抹杀，一概不计）

摽滚笑（biōgǔnciò，玩笑）

捏勒控（lníhlēhkàng，想方设法去拿）

蹩覆揢（pīhpāk'nà，整个身体摔倒卧在地上）

顿跋坐（dìngbuáhzê，身体失去平衡，屁股着地的姿势）

乌焦瘄（oōdāsǎn，干瘦）　　　　乌焦寒（oōdāgnuá，干冷）

乌暗暝（oō'àmbbní，黑夜）　　　乌暗眩（oō'àmhín，眩晕）

乌焦竭（oōdāgiát，黑瘦焦黄）　　滑律术（gútlútsút，滑不溜秋）

杂醪膏（záplógó，杂乱）　　　　鹹酸甜（giámsngdnī，蜜饯）

被铺席（pêpoōcióh，床上用品）

鼻目喙（pnîbbákcuì，泛指五官）

鼻痰澜（pnîtámlnuâ，鼻涕痰唾液等）

头前先（táozíngsiān，先期）

（三）其他类型的惯用语，具有生动形象的形容比喻义，数量较多，下面仅分褒义、贬义、中性等类举例说明。

1. 褒义：

勢做人（ggáozuèláng，乐于助人，善于处理人际关系）

好所行（hǒsoǒgniá，待人真诚热情）

大出手（duâcūtciǔ，形容出手大方，大手大脚）

照纪纲［ziàogǐgāng，纪（gǐ）也念成 kǐ。按道理，照规矩制度等］

老步在［lâoboôzâi，因经历多、经验丰富而做事稳重，又叫"老步定"（lâoboôdniâ）］

一粒一（yītliápyīt，最好的，最棒的，一流的，首屈一指的）

二步七（līboôcīt，有点本事，也说"二步八"）

2．贬义：

吊空五（diàokòngggnoŏ，刁难）

大面神（duâbbînsín，不知好歹和羞耻，喜欢抛头露面）

大炮客（duâpàokēh，喜欢说大话、吹嘘的人）

大官虎（duâgnuāhoŏ，旧指依仗权势鱼肉百姓的大官们）

夭寿骨（yǎosiûgūt，做事有始无终或缺德，比喻心地不善）

老龟精（lâogūzniā，比喻很狡黠、老谋深算的人）

激五仁（gīkggnoŏlín，故意说或做违背常理的话或事）

搬喙舌（bnuācuìzíh，搬弄是非）

铺面蛏（poōbbîntān，为了蒙骗消费者而做的装门面工作）

变猴弄（bnìgáolâng，耍弄诡计）

赤狗目（ciāhgǎobbák，眼红，即妒忌）

偷食步（tāoziáhboô，违反常规抢先行动一步，以得到好处。也指投机取巧）

3．中性：

千挂千（ciāndŭciān，凑巧）

凑拄欺（càodŭkǎm，凑巧）

一四界（zítsìguè，到处）

百百空（bāhbāhkāng，比喻事情多）

手尾钱（ciŭbbězní，先人的遗物、遗产。"手尾字"是先人的手迹）

窒倒街（tātdŏguē，比喻东西多，塞满市场）

大家口（duâgēkǎo，人口多的家庭）

四五路（sùggnoǒloô，四处，处处）

闽南话崇"三"是中国传统文化的保留。在中国人的心目中，"三"是受尊崇的数字，它在中国文化系统中构成了辉煌奇妙的文化景观,它反映在信仰、伦理、道德、民俗、文学、教育等方面:古代祭祀为三礼(祭祀天神为天礼,地祇为地礼、宇宙为人礼),祭祀用三牲,儿童启蒙课本是《三字经》,男子成年礼需加冠三次,两军对垒以三声为警、"退避三舍"为礼,孟母教子曾三迁,以"三春晖"比喻母爱,大禹治水的神话几乎家喻户晓,当中最感人的是"三过家门而不入",孔明出山,刘备需"三顾茅庐",狡兔藏身之地有三窟,武松打虎"三碗不过冈",等等。历史在前进,时代在变化,中国古人"崇三"的观念仍保留在闽南方言和闽台文化中。

2010.3 发表于《守望与传承》论文集上

"四"与闽台民俗文化

　　从古音到今音,从方言到普通话,"四"与"死"的声韵母均相同,只是声调不同,它们是近音字。由于受到语言拜物教的影响,人们对语言本身及其功能神化,认为语言文字和它指称的事物现象合二为一,因此认为"死"是不吉利的词语,常忌说"死"。如果难于避开时,就用"仙逝、逝世、过世、谢世、已故、作古、寿终正寝、命归黄泉、上西天、长眠、与世长辞、上路了"等委婉词语,闽台一带常用"老去、过身、行啊(gniá'a)、无去"等词代替。而"四"与"死"谐音,因而易产生心理联想,把"四"与"死"等同起来,似乎听到这词语也会遭到各种厄运似的,因此在某些人的心目中"四"成为不吉祥的数字,如某些地区忌说四楼,而说"3+1楼",医院忌用"四号病房"等。而闽台地区虽说有些人不喜欢"四",但并不忌讳,特别是闽台民俗文化没有受所谓语言灵力、谐音文化左右,非但不忌"四",而且尊崇"四"。何以见得呢?

　　2006年4月16日,原国民党主席、现国民党名誉主席连战夫妇到漳州龙海马崎村祭祖,马崎连氏宗亲送一壶水米、一盒桂圆、一幅漆画《盛世祥和》、百个"福"字帖等四种礼物给连战;2006年5月21日国民党副主席江丙坤夫妇回老家平和大溪祭祖,乡亲也送给他们四色礼:族谱、五谷、井水、村景图。

　　在闽台民俗文化中,婚寿喜庆、生儿育女等礼俗讲究念四句好话,送四色礼物。如漳州诏安的旧式婚礼,男女双方择过婚期后,要在十二日前行聘,聘礼为聘金、聘肉、聘糕、大饼等四种,女方回送的聘礼,以双为上,寓"双双对对,万年富贵"之意,如双鸡双鸭,要写"德食四翼,家凫四掌",表示渴望一家飞黄腾达。结婚那天,闽台婚俗是新娘轿抬到男家门口,新娘出轿,媒婆念四句:"今日轿门两爿(bíng,边)开(kāi),金银财宝一起来。新娘新倌(gnuā,新郎)入房内,生囝(儿子)生孙状元才。"入洞房时,贺客念四句:"新娘娶到厝,家财年年富(bù),今年娶新妇,明年起大厝。"婚后第二天,新娘早点起床,向公婆请安"拜茶"时念四句:"今日新娘出门口,手捧茶盘甲茶瓯。新妇(sīnbû,媳妇)礼数(礼节)较无够,大家(dâgē,婆婆)无嫌请润喉。"整个婚礼的程序跟念"四句好话"紧密结合。小孩做满月,母亲手抱新生儿为孩子洗第一次头时,洗前拿着鸡蛋、鸭蛋在小孩头上有规则地转几圈,边转边念四句:"鸭卵头、鸡卵面,好亲情(zniá),来做阵(dîn)。"孩子刚满月,父母亲就盼着孩子长大后能攀上一门好亲戚,娶上好媳妇。做完满月,还特别重视为孩子"做四月日"(四个月),娘家要送银镯(手镯或脚镯)、红色肚掼(doǒgnuâ,兜肚)、颔垂(âmsé,涎布)、虎仔(ǎ)帽子等四种礼物,兜肚还绣上蝙蝠(代表福)、鹿(禄)、龟、寿等四种图样,希望孩子长命百岁、大富大贵。闽台地区喜欢在四十九岁、五十九岁、六十九岁时提前做五十、六十、七十大寿,称为"做生日",送礼也讲究"四色礼",如惠安出嫁的女儿送寿礼盘(猪脚、鱼、线面、寿包)和贺寿对联(如"福如东海"、"寿比南山"、"寿星高照")等。

中秋节即将来临,厦门博中秋饼的游戏规则也充分体现了对"四"的尊崇,掷骰子若出现一个"四"是一秀,两个"四"是二举,三个"四"是三红,四个"四"是状元,五个"四"是五子(五红),六个"四"可得全会饼,这又是一个闽台民俗文化尊崇"四"的有力证据。

闽台民俗文化尊崇"四"是中国传统文化的保留。在中国人的心目中,除"三"和"五"是最重要的数字外,"四"也是重要数字,从伦理、礼仪、宗教、教育、文学、艺术、语言等方面,都能看到"四"的痕迹,"四"真是无处不在,如四方(东西南北)、四季(春夏秋冬)、四

灵(龙凤龟麒麟)、四德(孝悌忠信)、四大金刚(风调雨顺)、四部(经
史子集)、四书(《大学》《中庸》《论语》《孟子》)、四声(古代是平
上去入,今为阴平、阳平、上声、去声)、四言(四言诗)。说到四言
诗,《诗经》三百篇大多是四言诗。在此我联想到古代诗人汪洙曾
写过一首在民间流传极广的四句诗:"久旱逢甘雨,他乡遇故知。
洞房花烛夜,金榜题名时。"人间的好事都占全了,能不欢喜吗? 可
见闽台民俗文化尊崇"四"是中国传统文化的保留。

原文发表在《厦门日报》2006 年 8 月 10 日《城
市副刊·茶座》上。后转载于 2006 年第 12 期
《读者》杂志上。

说"五"字

　　"五",古字从"二",上下两横,中间交叉,写为乂,按段玉裁的说法,乃是古之圣人知有水火木金土五行,后造此字,上下两横是天与地,中间交叉"×"是指五行相尅相生,阴阳交叉,是个会意字。普通话读 wǔ,方言读书音 ggnoǒ,用如五四、五一节、电话号码、序号等,说话音 ggoô,是数目词"四"加一所得,数数皆用白读音。

　　"五"和"三"一样是中国古人心目中最重要的两个数字,中国文化系统中物、事、心很多用"五"与"三"结合,闽台地区也继承下来,如"三皇五帝"、"三番五次"、"三五成群"、"三不五时"等。以上词语"五"用读书音。

　　中国古人把"水木金火土"五行(五种元素)解释为宇宙的起源,后衍化为多项对应系统,如五方:东南中西北。五色:红黄青白黑("红"古称"赤")。五音(音乐):角徵宫商羽(古代语音的五音是唇舌齿牙喉)。五脏:心肝脾肺肾。五官:耳目口鼻舌。五德:明从睿聪恭。五常:义礼仁信智。五味:甜酸苦辣咸。还有五事、五法等等,不再一一列出。这说明"五"与"三"是古人的灵性符号,在我们闽台文化生活中很多内容也跟"五"关系密切。

　　闽南话含"五"的俗语不多,如:"五枝拃头仔伸出来无平长"(五个手指头伸出来不一样长短。比喻人们生活在世上家庭背景、生活水平、工作能力等都不可能一样,所以不要过多地计较、比较。有人说"人比人,气死人")、"五色人讲十色话"(不同身份不同性格的人说不同的话。形容人言复杂,话语分歧,意见不一)、"未食五月粽,破裘唔通放"(破裘唔通放:puàhiú m̄tāng bàng。破棉袄不要收起来,因为尚未吃端午节粽子,天气还会冷)、"五骸记行棋——窒路"(人行道下棋——塞路)等。不过普通话四个字的成语,闽南话常用五个字来对照,尽管有些是比喻性,但对照起来也还准确。如:"僐甲若虎鱼"[僐(siân):累。若(lnǎ):好像。比喻人困马乏]、"大汗四廉垂"[垂(sé):往下滴。比喻汗流浃背]、"顺风速倒墙"[速(sāk):推。比喻落井下石]、"船过水无痕"(比喻时过境迁)、"紧炊无好粿"(比喻欲速则不达)、"袋仔撒铜钟"[撒(kà):敲。囊空如洗]、"乌龟假大爷"(夜郎自大)、"红面变青面"(比喻恼羞成怒)、"面皮较厚壁"(厚颜无耻)、"枵人无拣食"[枵(yāo):饿。饥不择食]、"爱花连盆惜"(爱屋及乌)、"五骸脞出来"(脞:爬。比喻露出马脚)、"走甲裂裤骸"(zǎo gāh líh koòkā。比喻逃之夭夭)、"任算算鲙了"(形容很多。不计其数)、"牛仔唔八虎"(小牛不认识老虎。比喻初生之犊无所畏惧)等。

说到"五"还有一些方言特有词,如"四五路"(到处)、"三不五时"(经常)、"五服内"(五服本指五等丧服,现指祖父、父亲、本人、儿、孙)、"五服外"(指五代之外的亲戚)、"亲情五十"(形容亲戚很多)、"五花十色"、"隔三差五"、"五花精"(精:zniā。肥瘦分成相间的肉)、"五爪龙"(ggoôliǎolíng,本指动物爪子,有时用来比喻人的五指)、"五枝须"(指好色、好色的人)等。

"五"跟民俗节庆最密切的是端午节,闽台地区称为五月节,五月节不仅有吃粽子、门挂艾叶菖蒲驱邪的风俗,而且各地还会举办龙舟比赛,如谚语所言:"正月初一四界云(wún,走),五月初五扒龙船。""五月五,龙船鼓满溪路。"端午节是为了纪念屈原的高风亮节,人们通过龙舟竞渡来招回屈原的正气,让滔滔江水为屈原洗涤遗恨;人们也用飘香的粽子来祭拜忠魂,让忠魂的精神万世传承。

"六"与闽台民俗文化

"六"是数目字,读书音是 liók,说话音是 lák。读书音用于六一儿童节、六六大顺等。人们觉得"六"是个吉利的数字,电话号码、车牌号码、楼层号等有个六或多几个六,心里就认为多一份平安,联系工作办事就多一份吉祥如意。"六亲不认"、"六神无主"等成语也用读书音。六的大写"陆",用于大陆、内陆、水陆交通、陆军等,读 liók。

"六"说话音 lák,用于数数,如六、十六、六十等,如果数六十一到六十九,"十"可省略,说成六一、六二,其他类推,如果是一百六十、一千六百、一万六千,可省略为百六、千六、万六。说到"万六",闽南话还指扑克牌,如咱来预万六(lǎn lái yî bbânlák),即指咱们来玩扑克。

"六"也出现在闽南方言的词语中,如"三尖六角"用来形容东西凹凸不平,也比喻某些人性格怪僻,"花其六攑(gó)"用来形容乱七八糟、杂乱无章,如果比喻某些人说话荒诞无稽,就用"器六器触"(hāo lák hāo dāk)。"六"反映在谚语里的也不少。如"六月天,七月火,八月石头盘会煨粿"[煨粿(ōgě),蒸糕。比喻炎热的夏季],"有六月天,无六月婴"(婴读 ynī。六月天气虽热,但婴儿还得保暖,不能受凉)、"要睏着六月天光,要食着二九下昏"(六月份天气热,睡不着,但天亮时特别凉快,睡得很香。除夕夜闽南风俗全家围炉,菜肴特别丰盛)。六月份夏收,闽南话说为"六月冬",十月份秋收说为"十月冬"。六月收成后要吃汤圆,叫六月半圆或半年圆,一方面祭祀,一方面是庆丰收,大家享受劳动果实。又六月份闽南盛产荔枝、黄花鱼,故谚语称:"六月荔枝七月樣"[樣(snuâi):芒果]、"六月花较补鸡"("花"指黄花鱼,这季节的黄花鱼味道鲜美,营养价值又高)。谚语中还提到芥菜,如"六月芥菜假有心"(其实六月芥菜没心,比喻假情假意)。

　　闽南农村办喜事,都流行民间乐器大鼓吹,其乐谱普通话称为工尺谱,现通用的符号是合、四、一、上、尺、工、凡、六、五、乙。用"六"记谱,相当于简谱的"5",要读为 liók。闽南方言有民谚:"死死六工尺,豆干菜脯蛇。"[六工尺读为 liókgōngcê,菜脯(càiboǒ)是萝卜干,蛇(tê)为海蜇皮]。比喻因循守旧、不求变革、因袭老一套的工作作风。

"七"与闽台民俗文化

数目字"七",闽南话只读 cīt 一个音。《诗·豳风》中的《七月》首句是"七月流火",而闽台地区七月、八月最热,俗语说"六月天七月火,八月石头盘会煨粿",所以人们要特别注意避暑防晒,也要保护好我们的七窍[闽南话说为七腔(kāng),即两眼、两鼻孔、两耳朵、一嘴巴]。

"七"的构词特点很有趣,经常跟"三"组成俗语,表示要达到完美要求,主要因素占七分。请看下面例子:"三分人才,七分打扮"、"三分靠教,七分靠学"、"三分本事,七分胆量"、"三分食药,七分调理"、"三分种,七分管,十分收成才保险"等,还包括反映闽南人"爱拼才会赢"精神的"三分天注定,七分靠拍拼"。

"七"还常常跟"八、有、无、不"等组成词,当中嵌用名词或动词,大多表示贬义。如:七讲八讲(胡说八道)、七吐八吐、乱七八讲(信口开河)、七拈(lnī)八添(乱拿,指贪小便宜)、七捏(liáp)八捏(乱摆弄)、七颠八倒(东倒西歪)、七叉八爬(指某些女人吵架时无理取闹的样子)、有七无八(杂乱无序)、不八不七(būt bāt būt cīt,不伦不类)等。含七的谚语也有些喜欢跟六、八等数字组合,如:"七坐八爬九发牙"(婴儿成长的一般规律)、"七仔笑八仔"(与"龟笑鳖无毛"同义)、"七分茶八分酒"、"六月荔枝七月檨仔"(闽台地区七月份盛产芒果)、"会行行晬一,艙行行晬七"[晬(zè),闽南说"度晬"指周岁。该谚语是指有的小孩一周岁又一个月就会走路了,有的小孩学走路比较慢,一般到一周岁七个月才会走]、"六月浸水芋"(六月种芋头的畦沟要灌水,所以芋头成"浸水芋")、"七月曝芋酥"(种芋头的畦沟七月要排水,芋头才会丰收,而且芋头会比较松,比较好吃)。

农历七月初七是七夕节,是牛郎和织女相会的日子。这故事已有两千多年的历史,牛郎织女对爱情忠贞的优美故事反映了中华民族的文化和精神,这一天已成为中国的情人节。古代词人秦观的《鹊桥仙》:"纤云弄巧,飞星传恨,银河迢迢暗度。金风玉露一相逢,便胜却人间无数。柔情似水,佳期如梦,忍顾鹊桥归路!两情若是久长时,又岂在朝朝暮暮!"这首词具有超前性,今天乃具有生命力。相传,每年到了七夕,就有无数的喜鹊飞上天去,搭成一座鹊桥,让牛郎织女一家人渡河相会。据闽台地区传说,七夕那天,织女星和牛郎星真的比往常靠近,但靠到一根扁担长的距离时,就会被乌云遮住,据说当天晚上定会下雨,那是牛郎、织女重逢后喜极而泣的泪水。闽台也称这天是"七娘妈生",这泪水是"七娘妈"流的眼泪。何谓"七娘妈生"呢?是指七个织女的生日,听说台湾有七娘妈庙,供奉七尊女神像,这庙宇也被称为"情人庙",七夕节常有一对对情人赶到"情人庙"许下天长地久的心愿:"在天愿做比翼鸟,在地愿做连理枝。"这真是具有浪漫和时尚的本土文化。

闽台民间有一种习俗叫"做七旬"(zuè cīt sún),即给刚去世者做的祭拜仪式,从人去世那天开始,每七天做一次祭拜仪式,一般做七次。

俗话说:"七月半鸭仔呣知死。"这谚语跟闽台地区流传下来的七月普渡有关,这个月也被称为鬼节,六月廿九是"开狱门"、"开巷口",从七月初一到三十各村、社、街道轮流做普渡,家家户户轮到普渡日便杀鸭子和备其他菜饭祭祀,而七月十五是中元节,祭无主孤鬼,就要准备更丰盛的饭菜、纸钱来供奉,杀鸭祭祀是必不可少的。到七月三十是"关巷口"、"关狱门",也要进香祭拜。此俗今已淡化,逐渐消除。

说"八"字

"八"闽南话读书音为 bāt，厦门、泉州等地说话音是 buēh，漳州是 bēh。

闽南人把"认识、懂得"说为"八"（bāt），如"我八字"（我识字）、"我八伊"（我认识他）、"真八想"（zīn bāt sniû。很懂道理、很懂事）。为何用"八"呢？《说文》："八，别也。象分别相背之状。"从字形看，"八"是两臂的象形，两臂分属在身体左右两边，所以"八"有分别义。能够区分辨别，自然就有认识、懂得之义。高鸿缙《中国字例》："八之本义为分⋯⋯后世借用为数目，八九之八，久而不返，乃如刀为意符作分。"《榖梁传·哀公六年》："犹别之而不别也。"范宁注："别犹识也。"闽南话"八"还用作副词，表示曾经，如"我八去北京"、"我呣八去日本"（我不曾去过日本）。

"八"读 bāt 时常用于以下各词，如"三八"国际妇女节、"八分"（俗称隶书，写八分字。唐·韩愈《醉赠张秘书》诗："阿买不识字，颇知书八分。"）、"八股文"（又叫"八比仔"）、"八卦"、"八宝菜"、"八宝饭"、"八宝衫"（袈裟）、"四时八节"[四（sù）时是春、夏、秋、冬。八节是二十四节气中的立春、春分、立夏、夏至、立秋、秋分、立冬、冬至]、"八仙桌"（四方桌，可坐八个人）、"八仙过海，各显神通"、"八宝印泥"（漳州出产，曾在巴拿马万国博览会获特等奖）、"八字骹"[也叫"撇骹"（puāt kā），走相难看。两膝向外弯曲，脚板成八字形的叫"撇出"，普通话叫外八字脚。向内弯曲的叫"撇入"，普通话叫"内八字脚"]、"八哥儿"[方言说为"加令"（gālîng）。加令骑（kiâ）水牛，指八哥骑在牛背上，仍不易被重视。比喻大小悬殊，虽想出风头,却无效果]、"乱七八讲"(信口开河)、"不七不八"(不伦不类)、"真八想"(懂道理,认真做事)等,电话号码、房间号码也用 bāt。

读 bāt 的谚语如:"衙门八字开,有理无钱唔免来"(指旧社会贪官污吏不为民办事)、"牛仔唔八虎"(比喻小孩没见过老虎,不知老虎的凶恶、利害,所以做起事来天不怕,地不怕。与"初生之犊不怕虎"义近)、"三八假够礼"("三八"是骂有些女性傻气。既然有些傻气,礼节做起来就不自然,别人看不惯)、"唔八做大家,骹手肉落落掣"(m̄bāt zuè dâgē, kāciǔbbāh láklákcuāh。没当过婆婆,当了以后,手脚颤抖,不知怎么办好。比喻对未做过的事没经验,不知如何是好)、"八字未八一撇"("八"字由一撇一捺组成,都还没写一撇,怎么写一捺?比喻事情还没开始,还早着呢)、"唔八食猪肉,也八看猪行路"(没吃过猪肉,也曾看过猪走路。比喻某些事情,人虽然没亲身做过,也曾听见或看见别人说过或做过,每个人多少都有些社会生活经历,不要看不起人家)。

现在有些人受谐音文化影响,对某些与表示吉祥、福气等意义的字、词谐音的数字就特别喜爱,如广东人、香港人喜欢 3、8、9,闽台两地也有这种喜好,认为它们与"生、发、久"谐音。"生"指生息不停、平安生存,"发"指发财致富,"久"指永久、长寿。它们是吉祥数字,于是店铺开张、男婚女嫁都喜欢用这些数字,带有这些数字的电话号码、车牌号码,就有人不惜花重金买下。据说人们送礼、送聘金也喜欢用 138(谐一生发)、168(谐一路发)这样的数目。这种数字神化的心理基础是把语言文字和它所指称的事物、现象合二为一,这是对语言本身和功能的神化,受语言拜物教的影响,相信语言有灵力而崇拜它。

再说"八"的说话音 buēh,漳州读 bēh,常用于数数 8、18、80、百八、千八等。它常常与"七"组成四字格成语。如:七捏八捏(liáp)(胡搞)、七吐八吐、七讲八讲、七算八除(七除八扣)、有七无

八、七叉八爬（指有的妇女跟人家吵架时无理取闹的样子）、七颠八倒（东倒西歪）、七抾（lnī）八添（贪小便宜）、踏七踏八（说话或做事轻重不宜，考虑不周，也说做得"不七不八"）、七七八八（夹七夹八，比喻东西不纯）。另一些词也用 buēh，如：有二步八（有两下子）、八成金、八角（调味香料）等。谚语方面，如：七分茶八分酒、一个半斤一个八两（旧秤一斤是 16 两）、七仔笑八仔（以上两条与"龟笑鳖无毛"近义）、七坐八爬九发牙，等等。

讲到"八"就会联想到闽台的八月十五中秋节，它是全家团圆的日子，人们说"每逢佳节倍思亲"，若在外工作不能回家团圆，也会想念家乡的亲人。这一天要备月饼、水果拜月娘妈（ggéhlniúbbnǎ，月亮）。厦门还有博饼的风俗，全家人在中秋夜围成一桌博"状元饼"，享受天伦之乐。"天顶月圆，人间团圆"，实在幸福无比。请听童谣："中秋月娘一面镜，照甲大厅光焱焱（ynà），街头巷尾博月饼，厝内喝（huāh，喊）甲（gāh，得）大细声，孙仔细汉中一秀，阿姨博着对堂饼，安公博着状元饼，切做八块逐个食。"（月娘：月亮。光焱焱：无比亮堂。大细声：大小声。细汉：年纪小的孙子。安公：爷爷。逐个食：大家吃。）

说"九"字

　　"九"闽南话读书音为 giǔ，说话音为 gǎo。它除表示数目外，还表示从冬至起每九天是一个"九"，从一"九"数起，二"九"，三"九"，一直数到九"九"为止，天气由寒变暖。如：冬练三九，夏练三伏（初、中、末）。"九"还表示多数，如九死一生、九霄云外、九牛二虎之力。以上除数数用说话音，其他都用读书音，读书音还用于"九州"（相传大禹治水后分中国为九州，后泛称中国）、"天九牌"（骨牌）、"九九归一"、"九九归原"（形容转来转去又还了原）、"九归"（方言指珠算口诀，俗话说："九归熟透透，讨钱沿路哭。"比喻想占便宜，反遭损失）、"无沾薰甲酒，食到九十九（giǔsípgiǔ）"（不抽烟不喝酒能长命百岁）、"九日山"（位于南安境内，山的东西峰上有宋、元、明、清石刻十处，是研究泉州海外交通史的宝贵资料，为福建省文物保护单位）。朗诵诗、词也用读书音，如唐朝崔颢的《长干曲其二》："家临九江水，来去九江侧。同是长干人，生小不相识。"

　　"九"说话音为 gǎo，用于数数，若数九十一到九十九时，省略中间十，读为九一、九二……九九，九一、九二的一、二用读书音，三、四、五、六、八、九都用说话音。又，方言词如："九降水、九降流"（指秋季大潮水，在农历八九月）、"九八行"（牙行，旧指提供场所协助买卖双方成交而从中取得佣金的商号。从事这种行业的经纪人叫"九八人"）、"九冬十月"（青黄不接）、"十身九死"（九死一生）、"十空九目"（头绪繁多）、"九弯十六斡（wāt）"（弯弯曲曲的地方）。谚语方面如："十赔九不足"（怎么赔偿也难满足对方的要求。"九"也读 giǔ）、"十步九回头"（比喻犹豫不决，也形容难舍难分）、"九笼糖十一个头家"(诸多人合股经营,处理九笼糖果,却有十一种不同的意见。形容人多嘴杂,意见纷纷,难以成事)、"九领牛皮做一个赶"(比喻多次发生的事情集中起来一起处理。这有可取的一面,说明办事快速,但也有不当的一面,因为吃饭要一口一口吃,事情要一件一件办)、"九项物唔值十一镭"(东西虽多,但价值小,不值钱)、"分觞平,拍到二九暝"(分配不当,吵闹不休,直到除夕晚上还争斗不止)、"十喙九尻川"(尻川:屁股。人多嘴杂、意见多)、"一个人九个尾"("尾"指结尾不同。一样人,百样生,百样死,人活在世上,并非一帆风顺,有时起,有时落,有时星光,有时月光,不要因为一时的好运而瞧不起人,要跟大家和睦共处)。

"九"(giǔ)与"久"的读书音同音,所以也被人们认为是吉祥数字,大家都希望世界和平,人民永久平安。

说"十"字

"十"，《说文解字注》："数之具也。"'一'为东西，'｜'为南北，则四方中央备矣。"读书音 síp，说话音 záp。

síp 用于十全十美、十字架、十艺九不成（技艺不专，学了那么多技艺，没一样学好）、十拿九稳等。厦门双十中学的"十"也读 síp。"十巴挂"（皮鞋，马来语）、拾扳仔（"拾扳"是印尼语，"仔"读 ǎ，是闽南话，"拾扳仔"指扳手的一种）是外来语，"十、拾"都读 síp。

"十"说话音 záp 用于数数、口头语、常用名词等。如：十滴水（也叫"济众水"，治中暑）、十八罗汉（佛教徒对如来佛的十六个弟子和降龙、伏虎两罗汉的合称）、十外个（十几个、十多个）、十几日（也叫十外日，指十几天）、十一叔（中年以上的单身汉）、十一指（六指儿）、十路全（全才。比喻在一定范围内各方面都擅长的人才）、十捻瓜（棱角丝瓜）、十月冬（秋收季节）、十二月冬（腊月）、亲情五十（亲戚朋友）、十讲八讲（反复说明、解释）等。

záp 用于谚语方面的也不少，如："一日读册一日功，一日唔读十日空"、"一人见识浅，十人见识长"、"十年寒窗无人问，一举成名天下知"、"虚心的人十当一，骄傲的人一当十"、"赢缴一个富，十博九个输"[赢缴（ynágiāo）：赌博得胜。博（buáh）：赌博。十个赌博九个输]、"十囝十新妇，唔值家己腰包有"（十个儿子和媳妇，不如自己的袋子里有钱）、"十指通心肝"（也说"十指连心节节痛"。"痛"读 tnià。比喻子女都是父母身上的肉，都一样疼爱）、"十喙九尻川"（záp cuì gǎo kācng。比喻人多嘴杂、意见不一）、"十步九回头"、"十身无够死"(指一个人如果有十次生命的话,死了也不够抵他的罪。比喻罪大恶极,民愤冲天)、"十赔九不足"、"十拣八拣拣一个卖龙眼"(拣读 gǐng,是挑选之意。用于指某些男女青年在挑选对象时最初过于苛求,错失机会,直到岁数大了,找不到对象,只好降低条件)、"买十卖七还三趁四"[趁(tàn):赚。比喻善于算计,想方设法占便宜]、"十讲八唔着"(záp gǒng buēh m̄dióh。讲十句话有八句错误。比喻水平低,讲话错误多)。

十二生肖中的"一鼠"

"鼠"，《说文解字注》："穴虫之总名也。象形。"小篆写为鼠。它是个象形字，上头是鼠头，嘴巴长得大大尖尖的，身体长长的，下面是爪和尾巴。"鼠"普通话称老鼠，闽南话一般称"鸟鼠"(lniǎocǔ)，但泉州话称"老鼠"(loǒcǔ)。

老鼠虽小，但十分精灵、狡猾，据说要到生肖处报到时，老鼠爬在牛背上，让老牛乖乖地驮着它走，一到目的地，它就急忙从牛背上跳下来，跑到牛的前头，成了十二生肖的第一名。

老鼠除了家鼠外，还有"毡鼠"(znīcǔ。有鼢鼠、田鼠、黄鼠)等，它们都是令人厌恶的小动物，不仅损害粮食、农作物、食品，还会啃坏书籍、家具，饿得发慌时，甚至还会咬人，更可恨的是它们会传播鼠疫，给人带来疾病，危害人民身体健康，所以"老鼠过街，人人喊打"，有时用"鸟鼠张张鸟鼠"(lniǎocǔdīng dīng lniǎocǔ)。"鸟鼠张"是老鼠夹一类的器具。当然"鸟鼠张"要放点诱饵，使老鼠上钩，人们一听说"鸟鼠上钩死翘翘"都皆大欢喜。

老鼠的门齿很发达，没有齿根，可以不断地生长，如果门齿长得长长的，不仅成了丑八怪，而且会撑开鼠嘴，致其不能咬东西而活活饿死，所以它必须不断地通过啃屋梁、咬电线、嚼布匹、吃粮食等方法来磨短门牙，因此老鼠磨牙是不得已而为之。

由于老鼠的本性招来人们的痛恨，闽南话中有关老鼠的成语、谚语、歇后语大多是贬义的。在成语方面，如把普通话成语"梁上君子"叫"鸟鼠贼仔"，把相互争斗比喻成"鸟鼠相咬"，把鼠目寸光叫"鸟鼠目珠"(其实老鼠并不是"近视眼"，它的视力敏锐，即使在漆黑的深夜,也能迅速奔跑,行动自如),把胆小如鼠叫"鸟鼠仔胆"等;谚语方面,如:"虎头鸟鼠尾"(做事有头无尾,与"虎头蛇尾"同)、"饲鸟鼠咬布袋"(自讨苦吃或招来祸害)、"鸟鼠洞也要排八仙桌"(讥刺不可能办的事,异想天开)、"一粒鸟鼠屎害着一鼎糜"(一粒老鼠粪便污染了一锅粥。比喻祸害无穷或殃及四邻);歇后语方面,如:"鸟鼠哭猫——假有心"、"鸟鼠戴笠仔——欺头欺面"(比喻某些人没主见或不识时务)、"鸟鼠穿草鞋——大脚细身"(不相称)、"鸟鼠跋落滚水内——无死也褪皮(没死也皮开肉绽)"(比喻祸害无法避免)、"鸟鼠钻入牛角尖——死路一条"、"鸟鼠出洞——鬼头鬼脑"(因"过街老鼠,人人喊打",所以老鼠出洞时总是贼头贼脑,特别小心)。

古今文学作品,大多对鼠的形象给予贬斥。如《诗经》中用硕鼠比喻贪污的官吏;唐代《古镜记》写鼠妖为魅,开后世鼠婚故事之先河;清传奇《十五贯》中的娄阿鼠既是鼠窃之徒,又是杀人凶手。但也有把鼠作为正面形象来歌颂的。如蒲松龄《聊斋志异》中有《阿纤》一篇,写人鼠相爱,老鼠被刻画得娟美、深情、可爱;迪斯尼的"米老鼠"善良天真,深得儿童的喜爱;现代风靡一时的网络歌曲《老鼠爱大米》的传唱,使老鼠成了忠贞爱情的象征……

2008年鼠年钟声敲响,正值股市红火、基金透热、黄金上涨的大好时机,"全民理财轰轰烈烈",大伙儿手中的"银子"增多,真是喜气洋洋,这时老鼠成了"金鼠",人们见面,便是互相道贺——恭贺新禧,金鼠运财。

十二生肖中的"二牛"

　　"牛"字在小篆里原来是个牛头的图像：半。《说文解字注》："牛,事也,理也。事也者,谓能事其事也。牛任耕,理也者,谓其理可分析也。庖丁解牛,依于天理。"后来字形慢慢线条化,成了今天的"牛"字。

　　据说五六千年前,我国"神农氏"原始部族所崇拜的图腾是"牛",神农氏教人们种田、务农,所以"犁田"的"犁"是形声字。牛的脾气很犟,关牛的地方是"牢",闽南话叫"牛牢"(ggúdiáo)。"牛"的读书音是 ggiú。

　　上面谈到"鼠"时,曾提到老牛驮着老鼠去报到,所以它只能成为十二生肖的第二名。鲁迅先生的"横眉冷对千夫指,俯首甘为孺子牛"中的"孺子牛"(lúzǔggiú)有个故事:在春秋时期,齐景公与儿子玩游戏,把绳子的一头含在自己的嘴里,另一头让儿子拉着走,结果儿子用力太猛,把他的牙齿拉断了,弄得他哭笑不得,因此被称为"孺子牛"。而鲁迅先生的名言把"孺子牛"比喻为人民服务的老黄牛。

　　闽南话把母牛说为"牛母",公牛说为"牛犅(gǎng)",小牛是"牛仔囝",牛棚叫"牛牢",牵牛的绳子叫"牛索(sōh)",犁田的工具叫"牛犁耙(bê)",拉东西或犁田时架在牛脖子上的器具叫"牛担(dnā)",穿在牛鼻子上的铁件叫"牛贯(gng)",牛拉的车叫"牛车",遮住牛眼的盖子叫"牛目灯","牛目灯"闽南话也用来指称"保家灯"、"风灯"(手提的或悬挂的能防风雨的灯)等。

　　"牛"整身都是宝,它吃下去的是草,挤出来的是奶,它不仅是种田的工具，而且牛肉可吃，牛皮可做皮革。我们把诚诚恳恳、任劳任怨为人民服务的人比作"人民的老黄牛"，他们享受最少，付出最多。闽南话里的"牛无食过岸（hnuâ）草"，比喻安分守己，不占人家便宜；"若牛拖磨"（lnǎ gú tuābbuá），比喻如牛负重；"牛仔呣八虎"比喻初生牛犊不怕虎。

但事物总是一分为二的，也有一些人觉得牛很蠢笨、不灵活，所以把不聪明的人比作"涂（toó）牛"，把文盲比作"青盲（cnībbní）牛"。谚语"牛鼻马目飬晓珍珠琥珀"用来形容笨头笨脑，普通话所说的"对牛弹琴"也是指牛愚笨无知。"人心肝牛腹肚"用来比喻贪得无厌。

天花是一种急性传染病，对人有害，人们要预先接种牛痘，种牛痘闽南人大多说"种珠"，泉州人说"种汞（hǒng）"。"牛虻"这种昆虫闽南话叫"牛蜢（bī）"，它是吸食牛马血液的害虫，闽南话用"牛蜢嗍（sūh）血，有入无出"来比喻贪得无厌者或收入很多却舍不得付出的吝啬鬼。

关于牛的谚语还有"侪（zuê）牛踏无草"，比喻人多没组织好办不成事；"牛相触（dāk），麦仔去一角"，借指两相争斗而殃及他人等。谚语"将军一匹马，农民一头牛"、"牛是农家宝，定要照顾好"说明牛是农家宝，是人们生活中不可缺少的动物之一。

十二生肖中的"三虎"

"虎"字在小篆里是个象形字，书法家可以写出多种形状的"虎"字，但总离不开张牙舞爪、威武凶猛的样子。《说文解字注》："虎，山兽之君。从虍从几，会意，虎足象人足也。""虎"是百兽之王，"虎"后来成了会意字。它在生肖中排第三。闽南话读 hǒ。

"虎"普通话常说"老虎"，闽南话常说"虎"。闽南地区的童谣里有一首《虎姑婆》，老虎是个反面形象。童谣说的是一只凶猛的老虎扮成伪善的老太婆，它嘴甜心毒，到处害人。闽南人常用虎姑婆来比喻口蜜腹剑、心狠手辣的女人，以往小孩儿不听话或晚上不好好睡觉时，大人就说："虎姑婆来啊。"小孩只好乖乖地入睡了。不过这种教育方法不好，有时会适得其反。

闽南话里由"虎"组成的词语不少，如虎岫（虎穴。岫：siū）、虎喙齿（虎牙）、虎头钳（老虎钳。钳：kní）、虎头蜂（马蜂）、虎鼻狮（比喻嗅觉灵敏）、日虎（闪电）、胡蝇虎（蝇虎）、步山虎（穿山甲）、虎莓（刺梅。莓：m̄）、入毛虎（砍头疮，长在头发遮到之处）、出毛虎（砍头疮长在头发没遮到之处）、画虎猫（小孩乱画一场）、虎猫面（比喻脸很肮脏）、虎掌狮（双手分开按在双膝上，探身蹲坐着。掌：tnì）、虎掌额（双肘支住，两手托着下巴。额：âm）、虎喙口撬须（hǒ cuì kǎo liǎn ciū。虎口拔牙）、虎头鸟鼠尾（虎头蛇尾）等。还把饭量大的人说为"大食虎"，把鱼肉百姓的高官叫"大官虎"，把做生意能冲敢闯、敢赚敢亏的人说为"生理虎"。

谚语、歇后语方面如："牛仔唔八虎"（初生牛犊）、"偺甲若虎鱼"（人困马乏。偺：siân）、"食虎吞象"（强梁霸道）、"虎狼心肝"

（狼子野心）、"虎皮做被盖——惊死人"、"虎头顶抛车辗斗——唔挃命"（m̂díhbbniâ，不要命）、"虎喙内拾着命"（虎口余生。拾着命：kiōh dioh bbniâ）、"虎喙内撚须——找死"、"拍虎掠贼亲兄弟"（pāh hoǒ liáh cát cīn hniādî。比喻临危知朋友）、"老虎展威——雄逼逼（biāk）、雄盖盖"，"老虎挂佛珠——假善心、假天良"。老虎虽凶，但它也有爱子之心，"虎唔咬亲生囝"（hoǒ m̂ gâ cīnsnīgniǎ。老虎不咬亲生子），比喻父母都有爱子之心，世上那些残害自己亲生子女的父母，是禽兽都不如的人。

闽南地区还有一种"拔（buíh）虎须"游戏，又叫"抽阄"（抓阄。阄：kāo），要决定谁得什么、谁先谁后等都可做这种游戏，由参与者中的一个人将几根长短不同的稻草或硬枝夹在手中（显露在外的稻草或硬枝都是一样平的，长短不同的部分藏在手心里面），让其他参与者先抓阄。这样的方法就可决出先后次序或输赢。

十二生肖中的"四兔"

人们一听到"兔",就会想到它的大眼睛、长耳朵、短尾巴,一蹦一跳非常活泼可爱,闽南人叫它为"兔仔"(toò'ǎ)。《说文解字注》:"兔,兽也。🐇,象兔踞。后其尾形。"即其字像兔之蹲,后露其之尾之形。"兔"在生肖中排第四,闽南童谣"兔仔目珠像玛瑙,身躯清气人阿咾,四脚会跳耳仔长,中国做笔用兔毛"(toò'ǎ bbákziū cniû bbělǒ, sīnkū cīngkì lang ōlǒ. sìkā ê tiào hî'ǎ dńg, diōnggōk zuè bīt yîng toòbbńg),生动地描绘了兔子的形象及其用途,让小朋友学得快记得牢。闽南歌谣中说:"若(lnâ)要富,长毛兔,家饲兔,穷变富,三只兔,油盐醋,五只兔,衣裳(sniú)裤,十只兔,全家富,百只兔,万元(gguán)户。"这首歌谣说明兔为人们造福,属兔的人,你听了一定好高兴吧!

兔子的种类不少,有中国大白兔、黄色兔、灰色兔、美国加利福尼亚兔、德国花白兔、三色兔、杂交兔等。据说只有中国大白兔浑身雪白,长着红眼睛,而其他的则是黑眼睛。

关于兔子,还有个美好的神话故事。嫦娥从人间飞到月亮上时是抱着玉兔的,神话中的"嫦娥奔月",使小朋友对兔子美好的形象更加喜爱。

可是兔子也并不那么完美,你听过"龟兔赛跑"的故事吗?龟,爬行得很慢[慢脞脞(só),即慢慢吞吞],有一次兔子与龟比赛跑步,兔子认为它不需费什么力气也会赢,因此途中休息时,不知不觉呼呼大睡,等睡醒一看,龟已跑在它的前头,取得胜利。这告诫我们"虚心使人进步,骄傲使人落后"。

你还听说过"狡兔三窟"这个成语吗?《战国策·齐策四》记载:冯骧对孟尝君说:"狡兔有三窟,仅得免其死耳;今君有一窟,未得高枕而卧也,请为君复凿二窟。"狡猾的兔子有三个洞穴。原比喻藏身的地方多,便于逃避灾难。现用于贬义。

普通话的"兔唇"闽南话说为"必唇"(bītdún)、"缺嚎"(kīhcuì),喂养兔子的草叫"兔仔草"(toò'ǎcǎo)。闽南办丧事时,若长辈死了,出殡时孝子(孝男)还要拿哭丧棒,这哭丧棒闽南话叫"兔仔尾"(toò'ǎbbě),至于为什么叫"兔仔尾",我没去考究,也许是形似兔尾巴。"兔仔尾"也叫孝杖(hà tň g),漳州话叫"恫杖"(táng tň g),以表示孝顺和悲哀。

十二生肖中的"五龙"

　　世间并无龙,古人联想到蛇、麟、鹿等动物,塑造出两须宛如飞带、蛇身、鹿角、鹰爪、马脸、浑身金灿灿的神异动物——龙,它与"麟、凤、龟"并称为四灵。《说文》:"龙,鳞虫之长。"原来繁体字为"龍",小篆"龕"为象形字,像身长、嘴大有冠的爬虫之形,今简化字"龙"是形声字,但其形仍可见。"龙"能兴风云雨、利万物,中华民族信奉龙,崇拜龙神龙王,海内外炎黄子孙为自己是龙的传人而自豪。皇帝把龙作为帝王的象征,皇帝的东西、子孙后代都加"龙"字。"龙"在闽南话有读书音 lióng,说话音 líng,如称皇帝的脸为"龙颜"(lióng ggán),身体为"龙体",平时我们常说的"望子成龙、望女成凤"等的"龙"读为 lióng,皇帝的东西如"龙床、龙帽、龙袍(boó)、龙椅"、皇帝之子孙"龙囝、龙孙"中的"龙"读 líng 较合适。

　　"龙"在闽台地区特别受崇拜,它有表示吉祥、象征腾飞、体现兴旺等意义,每逢春节、元宵等喜庆日子、庆典盛会,弄龙弄狮(lâng líng lâng sāi,舞龙舞狮)必不可少。民间习俗中,每当春节来临,家家户户张贴"龙船图";端午节,闽南人还要煮饭菜烧香拜田头(在田头拜龙王),祈求年年风调雨顺、五谷丰登,还要举办龙舟赛("扒龙船"比赛);结婚时婚宴布置"龙凤双飞"、"龙凤呈祥"的字图;丧葬时,如果是男性,盖在棺木上的"棺罩"是个大龙头,系在棺木两旁牵引灵柩用的麻绳和白布叫"龙须"(língciū),送葬者沿途要"拔(buíh)龙须"。

　　"龙"在闽南话中用作比喻的词语不少,连着的山脉或山像兽类的脊梁骨似的高起部分叫"山龙"(snuālíng),对人体的推拿、按摩叫"掠龙"(liáhlíng),动物的脊椎骨叫"龙骨",鼻子因炎症肿胀称为"生鼻龙",齿龈边冒出的红块叫"齿龙",类似泥鳅的鱼叫"涂龙"(toólíng。民间认为"涂龙"能和药进补,又有散淤活血、通经止痛之疗效,有"涂龙浸酒"、"涂龙药膳");闽南的一种民间音乐叫"龙虎斗"("龙"是指管弦乐,"虎"指打击乐,两种乐器合奏,犹如龙争虎斗的气势,故名);还有,闽南人把用手的五指抓出的痕迹叫"五爪(ggoô lniǎo)龙"。

闽台的地名、江名很多带有"龙"字,这反映了人们对龙神崇拜的心理。如龙岩市(línglnácî)、龙(lióng)海市、九龙(giǔlióng)江、龙(lióng)津江(长泰),以及台湾的龙安村、龙港、龙井乡、龙潭乡、龙山区等,在台北市龙山区,有一座龙山寺,是台湾省有名的古寺之一。

"龙"被排在十二属相中的第五位,记得 2000 年恰逢龙年之时,不知有多少父母想方设法生下自己的龙儿龙女,但愿千千万万龙的传人能把中国建设得更加繁荣富强。

十二生肖中的"六蛇"

　　"蛇"是爬行动物,《说文》作",虫也,从虫而长,象冤曲垂尾形"。闽南话文读为 siá,用于普通话词语"蛇行"(siáhíng)、"蛇足"(siáziōk)等,白读为 zuá,用于口语。

　　福建省简称"闽",东汉·许慎《说文》:"闽,东南越,蛇种,从虫,门声。"传说居地多蛇之故。民间称蛇为"小龙",乃与中华民族以龙为图腾有关。从"闽"字的结构和客观现实看,人们对闽人的评价是"进门是条虫,出门是条龙"。"虫"是指蛇,"蛇"是原住民崇拜的图腾,而闽南人吃大苦耐大劳的拼搏精神有口皆碑,如闽南语歌《爱拼则会赢》中的"三分天注定,七分靠拍拼",闽南谚语"泉州人个个猛"、"拍折喙齿连血吞"等,正是这种精神的写照,也正是因为有了这种拼搏精神,才造就了今天在世界各地闽南人的辉煌成就。

　　"蛇"在十二属相中排在第六位,蛇的种类很多,有目镜蛇(bbák gnià zuá,眼镜蛇)、蟒蛇(bbŏng zuá)、草花蛇等。在很多地方,人们一看到蛇就要打,俗语说"见蛇不打非君子"。但闽南却有崇蛇的奇俗,闻名海内外的闽南平和三坪(sāmpniá)古刹附近的村民,不但与蛇"亲善共处",而且还把蛇当作"神明"加以顶礼膜拜。听说这里崇拜一种深蓝色的蛇,大的一二米长,小的一二尺长,经常出没于田野、路口觅食,不仅没受到伤害,而且受到厚礼和崇敬。传说 1000 多年前,"三坪祖师"杨义中来到这里,崇山峻岭和荆棘里的虎怪蛇妖施展邪术,兴风作浪,企图阻挠杨义中建寺院施医济世,后来义中大师使用法力制服了虎怪和蛇妖,从此,虎怪与蛇妖就成为寺中的两个侍者。如今古刹里"大雄宝殿"的"祖师公"两侧,站立着两尊侍者,红脸獠牙的是"虎侍者公",青脸獠牙的是"蛇侍者公",他俩与"祖师公"一同受到人们的供奉。

　　闽南人根据蛇的形状形容乱写乱涂为"画狗母蛇",根据蛇缓缓爬行的样子形容走路慢吞吞是"行路若蛇咧脞"(gniáloô lnǎ zuá lēh só)。闽南谚语"蛇就是蛇,竹筒倒出来也佫是蛇"用来比喻一些事物无论如何乔装打扮,其本质依旧不变,原形仍然要暴露出来。根据有的蛇很毒的特点及蛇的形状,人们把带状疱疹取名为"蛇",若"生蛇"不及时求医,害人不浅,甚至危及生命。民间传说,蛇胆食清(败火),不毒的蛇吃了有助于身体健康,不过今天我们大力提倡保护野生动物,野味还是少吃为好。

十二生肖中的"七马"

　　"马"在十二属相中排行第七,闽南话读书音是"bbnǎ",说话音是"bbě",漳州话说为"bbeě"。

　　在我国以畜牧业为主体经济的远古社会里,马与猪、牛、羊、犬、鸡等并称为六畜,关于它们的专名也特别多。"马",《说文》:"怒也,武也。像马头髦尾四足之形。"小篆马字为"^馬"。"髦"即毛,马武同声(普通话 m,方言 bb),武怒同韵(普通话韵母 u,闽南方言"武"是 u,"怒"是'noo,不同韵),"怒"犹弩、弓箭,马跑如弓箭射出,意指飞跑,"武"指威武。马的专名计 51 个,有指不同年龄的[如驹(jū),两岁;駣(táo),三岁;玐(bā),八岁],也有指不同颜色的[如騩(guī),浅黑色;骊(lí),纯黑;骆(luò),白色黑尾等],也有指不同情态的,在这里就不多谈。不过,由此可见马对古人的生活多么重要,就像近代的"将军一匹马,农民一头牛"那样。后来农业兴起,畜牧业中的马、牛、羊已不再成为有些人生活最重要的经济来源,表示"马"的词语仅留下部分常用词。

　　闽南话留下的有关马的种类、身体各部分称呼和用具的词语如下:马仔囝(马驹子)、花斑马(斑马)、否马(劣马);马胜(dāo)鬃(马鬃)、马蹄(马掌);马索(马的缰绳)、马笼头、马口笼(马嘴套)、马座、马鞍(马鞍子)、马襁、马肚掼(gnuâ,马褡子)、马牢(diáo,马棚)、马本(kít,马桩)、马踏盯(马镫)等。

　　闽南话用"马"比喻的事物如:竹马(用于放竹床两头的竹架子。也指用竹子做成的马)、木马(用木制成,供儿童作玩具)、三骹马(三脚落地的支架)、走马楼(zǎo bbě láo,楼房的阳台)、走马灯

（中秋、元宵夜的谜语灯，烛灯，会转动的）。用"马"比喻人或事态的如：报马（旧时给当官、升官、考试得中者报喜而讨报酬的人）、马仔（小马，也比喻供差遣跑腿的人）、骑马啷（kiá bbě lōng。闽南一种儿童游戏，即两名儿童双臂互相攀在对方的肩上，让另一儿童骑于臂上而扛着走。也可指像骑马那样坐在他人的背上）、徛（kiâ，站）马势（双脚向左右张开而成半下蹲的姿势），还有外来语马打仔（bbnǎdǎ'ǎ，印尼语，指警察）、马干（bbnǎgān，吃，印尼语）、马滴（bbnǎdīh，印尼语，指死了）等。外来语是译音词。

形容人的脸部形态如马脸叫"马面"，形容人像马一样健壮叫"马生（snī）"，形容人像马那样矫健、勇猛叫"好马猛"（hǒbběbbǐng）。供人差遣跑腿的人叫"做马仔"，比喻乱纷纷叫"乱马马、茹马马"，形容不三不四、不成体统的歹徒或行为叫"鹿骹马铳（cìng）"，形容露出破绽叫"露出马骹（kā）"。

又食品方面的有马齿豆（蚕豆）、马蹄酥（bbědésoō。同安的传统糕点，外皮是面粉加油料揉搓成的，内馅主料是麦芽糖，刚出炉的马蹄酥既酥又香，外表白白胖胖的）、马花糍（bběhuēznì。闽南地区传统甜食品。因炸后像马蹄而得名）、马鲛（bběgā。鱼名。蓝点马鲛）。闽南还有一种古老的地方戏曲"竹马戏"，如今几乎消失。

十二生肖中的"八羊"

　　"羊"甲骨文作"羊"，是个象形字，《说文》："羊，祥也。从艹。象四足尾之形。"古人认为羊的角是往上翘的，很好看，"美"甲骨文作"羊"，从当时的狩猎生产方式和审美心理看，"羊大为美"，才造了"美"字。

　　"羊"在十二属相中排第八，是个好数字，象征"发财"的"发"，闽南话读为 ynú。《狼和小羊》的寓言脍炙人口，狼存心想吃小羊儿而编造许多谎言来给自己找借口，小羊儿摆事实讲道理，狼在事实面前哑口无言，呲着牙，咆哮着，一口把小羊儿吃掉了。不少儿童为小羊儿的惨死流出伤心的眼泪，对狼的凶残恨之入骨。从闽南的童谣"羊仔囝，咩咩吼（bbnēbbnē hǎo），牵汝去食草，行到老叔公门骹口，拄着（dǔdioh，碰到）一只狗，狗仔汪汪吼（ōng'ōnghǎo），羊仔惊甲赶紧走（ynú'ǎ gniā gah gnuǎgǐn zǎo，小羊儿吓得赶快跑），害我追甲抛辇（pālìn）斗（倒栽葱）"可以看出羊很可爱，也很胆小。"祥"以示为偏旁，"祥"象征着吉祥如意。

　　别看羊胆小善良，可它在我国的远古社会里，与牛、马、猪、犬、鸡等一样重要。羊的全身都是宝，闽南话的"羊羔"（ynúgō）不仅指小羊，还指绵羊的毛皮、羊羔袍（用绵羊的毛皮做衬里的长袍）。羊毛，人们冬天取暖穿衣少不了它；羊奶是补品，特别是对胃寒的人更有益处，"霜降"（sng gàng）、"冬节"（dāng zuēh，冬至）补冬少不了羊肉，现在人们在冬天吃火锅时，一想到涮羊肉就浑身暖烘烘的。闽南谚语称："农家饲只羊，加（gē，多）出三月粮，家饲一群羊，生活好溜溜。"这说明羊给人们的经济生活带来不少好处。

十二生肖中的"九猴"

"猴",《说文》:"从犬侯声,不聱人者。"是个形声字,它在属相中排老九。俗话说:"山中无老虎,猴子称大王。"这说明猴子虽瘦小且其貌不扬,但它好动、灵活,善于耍花招,所以野心很大。

"猴"闽南话读书音为 hoó,用如"金猴挥起千钧棒"(gīmhoó huīkǐ ciān gūn bâng),说话音是 gáo,比较常用,闽南人把猴子说为"猴仔"(gáo'ǎ),由于它的好动、灵活、顽皮,所以在动物园里最受观众、特别是小孩的喜爱。像猴一样爬叫"猴索",像猴一样扑叫"猴跋"(gáosnāh),像猴一样地耍弄或表示作弄、摆弄叫"变猴弄"(bnì gáo lâng),像猴一样手脚不停地搔动叫"猴骹猴手、猴骹戏仔手"[骹(kā):脚。比喻猴的手脚很灵活,像变把戏一样]。

猴子身材瘦小,又长得其貌不扬,所以闽南方言常比喻瘦小的人为"瘠猴"(sǎngáo)、"猴瘅仔"(gáodān'ǎ)、"人猴猴"、"老猴"(猴体、猴面、唔成猴)、猴头猴面、猴头鼠面。小孩疳症,发育不良叫"着猴损"(dióh gáosǔ),说人长得"猴猴猴"(gáo gâo gáo),即难看得要命,有时用"猴去"(gáoki)这一戏谑语指事情受挫折或完蛋,也指死去。

猴子还用来指掮客,即替人介绍买卖从中赚取佣金的中间人,这种人叫"牵猴"。有时人们还把奸夫叫"猴哥",把捉奸叫"掠猴"(liáhgáo,抓猴)。把紧要关头卖关子叫"吊猴",这种"吊猴"常被说书人使用,故事到了动听、精彩、惊险时突然停下来,请大家听下回分解。在公共场地、大街小巷靠要猴子谋生叫"搬猴戏"(bnuā gáohì)。

有关"猴"字的成语、谚语、歇后语也有一些。成语如"无猴通弄"（tāng lâng，无计可施）、"刣鸡教猴"（tái guē gà gáo，杀鸡教猴）、"猴洞相甪"（siō tàng，串通一气）；谚语如"猴骂乞食，乞食骂猴"（相讥不让）、"猴拍唔成手铳"（铳：cìng。办不成啥事）、"猛虎赡对猴拳"（虎虽勇猛但斗不过机灵的猴群）、"猴猴赡出头，瘩瘩（sǎn）佫有板"（人虽瘦，无大作为，却也有其所长和所能）、"老猴臭尻川，三年赡发毛"（天生而成，无法变样）；歇后语方面如"老猴骑猪哥——唔成样"（比喻不成体统）、"老猴趄竹篙（bbēh dīkgō）——紧起紧落"（形容快速敏捷，也比喻手脚灵活，上得快下得也快。趄竹篙指爬竹竿）、"老猴掠虼蚤（liáh gāzǎo，抓跳蚤）——无事找事"、"老猴激穿绣花衫（lâogáo gīk cîng siùhuēsnā）——赡配"（不相称）等。

闽南话用"猴"作物品名称的有"麵猴"（bbnîgáo，面制品类）、"猴帽"（风帽）等；把蚯蚓叫"猴蚓"（也叫涂蚓，doówǔn），蝼蛄叫"涂猴"，螳螂叫"草猴"，植物树菇叫"猴头菇"（gáo táo goō）。这些东西的命名，肯定有它的来由，只是我没去考究而已。

十二生肖中的"十鸡"

"鸡"的繁体字为"雞、鷄",《说文》:"知时畜也。从隹。奚声。"因"隹"是短尾鸟的名称,为鸟的象形,所以"鸡"是形声字。鸡在生肖中排在猴的后面,九猴十鸡,"金猴辞旧,雄鸡报春"。鸡与人们的关系十分密切,在远古社会里,它与"马、牛、猪、羊、犬"等排在一起,是六畜之一。特别在闽台的民俗中有许多用场,如逢年过节、结婚喜庆、生日祝寿、接风洗尘等都少不了鸡和鸡蛋。

"鸡",厦门人、泉州人读 guē,漳州人读 gē,公鸡叫"鸡角",母鸡叫"鸡母"。在这儿插一段小故事:有一个外国留学生在学闽南话时,他想闽南话"丈夫"叫"翁"(āng),妻子叫"某"(bboǒ),那么公鸡就叫"鸡翁",母鸡就叫"鸡某",这个学生善于推理,实际上古代就是这么说的。古代还把未生蛋的母鸡说为"鸡偅仔"(guēlnuâ'ǎ),也跟闽南叫法相同。北魏·张丘建《箕经·百鸡题》"鸡翁一,值钱五;鸡母一,值钱三。"《吕氏春秋·明理》:"鸡卵多孵。"闽南话还把几个月大的童子鸡叫"鸡桃仔",未成熟的雄鸡叫"鸡角仔",鸡蛋叫"鸡卵"(guēlñg),鸡内金叫"鸡肫膜"(guēgiânbbnoóh),鸡嗦子叫"鸡肷"[旧时油灯的玻璃罩也叫"鸡肷",因它形似鸡嗦子,后来用"鸡肷"来比喻善于吹牛的人,将善于吹牛称为"嗑鸡肷"(bún guēguī)],鸡杂叫"鸡腹内",鸡冠叫"鸡髻"(guēgè),鸡翅叫"鸡翼"(guēsít),鸡爪子叫"鸡骹爪"(guēkālniǎo),鸡窝叫"鸡岫"(guēsiû)、"鸡牢"(guēdiáo),罩鸡用的罩子叫"鸡罩"(guēdà),喂鸡的用具叫"鸡槽"(guēzó),鸡笼子叫"鸡庵"(guēām),急性鸡瘟叫"着鸡灾"(dióh guēzē)等。

闽南有关鸡的谚语,初步收集有 80 多条,且大都富有哲理,它包括修养、社交、生活、自然、农副业、宗教信仰、风土民情等方面,下面分别举例说明。

修养类如:"闇鸡趁凤飞"("闇"读 ām,指傻,"趁"读 tàn,跟着。比喻不顾自己的身份和能力,盲目模仿别人)、"生鸡卵无,放鸡屎有"(比喻成事不足,败事有余)、"三更灯火,五更鸡"(形容起三更,睡半夜,比喻勤奋苦干)、"鸡仔肠,鸟仔肚"(比喻肚量狭小)、"无毛鸡,假大格"(没毛的鸡,却装成架子蛮大的样子,比喻本来底子薄、基础差,却要打肿脸充胖子)、"草蜢弄鸡翁"(草蜢读 cǎobbnēh,指蚱蜢。弄读 lāng,指作弄。鸡翁指公鸡,翁读 āng。意指蚱蜢竟然敢作弄公鸡,真是自不量力,自找死路)。

社交类如:"食鸡倚(wǎ)鸡,食鸭倚鸭"(比喻立场不坚定,趋炎附势)、"刣(tái)鸡用牛刀"(比喻小题大做)、"鸡卵密密也有缝"(意思与"要使人不知,除非己莫为"相同)、"押鸡唔成伏(伏:孵),押人做无事"(āh guē m̀ zniá bû,āh láng zuè bbó sû,比喻强制不能取得效果)、"鸡喙变鸭喙"(鸭嘴呈扁形,比喻与人争辩时,开始口气很硬,后因理屈词穷,说不出话来)。

生活类如:"刣(tái)鸡刣喉,拍蛇拍头"(杀鸡要割喉咙,打蛇要打头部。比喻处事要得法,才能达到事半功倍的效果)、"鸡母跳墙,鸡仔缀样"[与"上行下效"同义。缀样(dèynû),跟着样子学]、"饲鸡无论糠,饲囝无论饭"(形容父母爱惜子女之心,养育不惜代价)、"鸡食碎米鸭食谷,各人各有各人福"(比喻社会上行业很多,各人自找谋生致福道路)、"孤鸡唔食粟,孤囝唔食肉"[与闽南谚语"侪(zuê,多)人好食物"相同。唔(m̀)食,即不吃,肉读 hiák,泉州音]、"枵鸡无惜箠,枵人无惜面皮"(意指饥肠辘辘,顾不得廉耻体面了。枵读 yāo,指饿。箠读 cé,小木棍)、"枵鸡笒壁骹"[比喻人穷困时总会想办法去寻觅谋生的门路。笒(cǐng),本指刷扫,此处指鸡觅食的动作。壁骹(biāh kā),指墙脚]。"偷掠鸡也着一把米，做生理也着一注（dù）钱"（比喻做任何事都得下本钱。一注钱，即一笔钱。掠读 liáh，抓。生理，生意）。

自然类如："鸡曝（pák）翼（sít），出炎日，鸡曝腿，出大水"（鸡晒翅膀，晴天，鸡晒腿，雨天）、"雨沃（ɑ̄k）鸡声，日曝粟埕"（粟埕 cīkdniá：晒谷场。鸡啼时下雨，天亮后大晴天，太阳照晒谷场）。

农副业类如："斗米斤鸡"、"斤鸡两鳖"、"矮骹鸡母勢生卵"（短脚的母鸡很会生蛋）、"鸡唔食麦，狗唔食芋皮"、"家有鸡鸭群，好比聚宝盆"。

封建迷信类如："人唰衰（suē），放屁弹（dnuá）死鸡，人唰旺，鬼仔唔敢作弄（zōklōng）"（比喻人运气不佳，到处碰壁，人运气好，事事如意）、"嫁互（hoô）鸡，缀（dè）鸡飞，嫁互狗，缀狗走"（嫁鸡随鸡、嫁狗随狗，旧社会封建思想）。

有关鸡的词语也不少，如青少年发育变声叫"鸡角仔声"，逞强好斗的叫"猏（ciō）鸡角"，皮肤上出现的鸡皮疙瘩叫"鸡母皮"，皮肤上长出的像鸡眼睛的小圆硬块叫"鸡目"，好事之徒叫"火鸡"，鸡毛掸子叫"鸡毛筅（cǐng）"，鸡冠花叫"鸡鬓花"，青蛙叫"水鸡"（suǐguē），枪的击发器叫"铳（cìng）鸡"，焊接用的电烙铁也叫"火鸡"。又如用"假鸡头"、"鸡头鸡触（dāk）"来形容好出风头、好管闲事，做事毛躁。常出差错叫"草（cǎo）鸡"，爱作弄人，爱惹是非的人叫孽（ggiát）鸡"，时常给人消气、泄愤的人叫"臭头鸡仔"，左撇子叫"倒手鸡仔"，等等。

闽台的婚俗也特别重视鸡，与鸡结下喜缘。如婚礼过程中请客人吃喜酒，要请父母双全、儿女多的友人先动筷子并且念四句，其中两句是"食鸡才会起家（兴家），食鱿鱼生团好邀（yō）饲"，也有的念"吃鸡百岁和合好夫妻"。又婚宴上得等"全鸡"这盘菜出来后，新郎新娘才开始向各席客人敬酒。结婚后第三天一早由新娘换上便装到厨房象征性煮饭，接着抓一把米来喂鸡，同时有人在旁边念吉利话"年头饲鸡栽，年尾做月内"，希望结婚后，当年有喜，喜得贵子。第三天一早或第十二天一早新郎陪新娘回娘家，当晚就得回来，娘家要送一对童子鸡，有的说为焘(cuā)路鸡(即引路鸡)，有的说为夫妻鸡、公婆鸡，都是寄寓早生贵子、百年好合的意思。

参见 1993.1.24 发表于《厦门日报》
的拙文《鸡年话鸡谚语》

十二生肖中的"十一狗"

狗,《说文》:"从犬句声。"是形声字,闽南话读书音为 goǒ,说话音为 gǎo,生肖中排十一。

狗也作犬,用如军用犬、警犬、丧家之犬等。闽南话"狗"常用如狗公(公狗)、狗母(母狗)、狗仔囝(小狗)。狗分类很多,有山狗、野狗、家狗(又称顾门狗、看家狗),另外还有外来的波斯狗[也叫番仔狗、鬖(sàm)毛狗、胡腮(hoó sāi)狗、狮仔狗]等。因它叫声"汪汪汪……"所以人们说狗年是旺年,"金鸡辞岁去,旺犬迎春来",希望旺犬给人们带来事业兴旺,生活幸福!

狗因听觉、嗅觉特别灵敏而得到利用,有的训练为军用犬,有的训练为看家狗。闽南话的"狗"字既有褒义又有贬义,作词尾放在"悫(ggông,傻、乖)"后成"悫狗"、"乖狗",指小孩儿,含有亲昵的感情,有时说"阿狗、阿狗虔(kián)、阿狗气",用来形容爱撒娇又惹人喜爱的小孩儿。贬义方面用来指地痞、流氓一类的人,如:否狗(pǎigǒ)、乌(oō)狗(旧指警察)、譀(hàm)狗(爱吹牛的人)、痟(siǒ)狗(疯狗,也用来比喻泼妇骂街好像疯狗一样)。

用"狗"来形容事物,大多是丑化的,如把荒芜之地叫"狗屎埔",把字写得潦潦草草叫"画狗母蛇",形容人孤单离群、自感失落叫"揞(yāp)狗尾",忌妒人而产生的怒视叫"赤狗目",人的腰部瘦得像皮包骨的公狗一样叫"狗公腰",无原则附和或巴结上司叫"狗缀屁"(gǎodèpuì)等。

关于狗的常用形容语、成语有"狗兄狗弟"(难兄难弟)、"狼群狗党"(狐群狗党)、"贼心狗行"(居心叵测)、"狗靠主人恶"(狗仗人势)、"狗血淋头"(狗血喷头)、"死狗赖羊"(涎皮赖脸)、"拾着狗命"

（kiōhdioh gǎobbniâ，比喻死里逃生）、狗头军师等。

关于狗的谚语有"差狗不如家己走"（差使人家不如自己跑）、"狗头鸟鼠尾"（长相丑陋）、"恶狗见人吠"、"死狗放水流，死猫吊树头"（民间的不好习俗）、"拍狗带着主人"（给狗的主人留情面。也比喻做任何事得顾念到主人和有关的因素，才不至于产生不良影响）、"狗肉扶起无扶倒"（身体好的人吃狗肉更强壮，身体差的人反而得不偿失）、"悉狗（ggông gǎo）想食猪肝骨"（猪肝没有骨头，傻狗想吃猪肝骨那是痴心妄想）。

以往大多数闽南人对狗的态度是厌恶的，所以产生的词语多数是骂人、贬义的。漳州平和人林语堂先生，他也是一位语言学大师，对狗也是厌恶的，他说："我厌恶那种假装要做你的朋友的畜牲，走近来搔遍你的全身，我喜欢那种知趣的畜牲、安分的畜牲，我宁愿去爱只驴子。"而在西方的一些国家，人们视狗如宠物，有的爱狗胜过爱人，狗的主人要死了，还专门立遗嘱，把遗产留给爱犬，甚至狗死了，还为狗立墓安葬等。据说加拿大把每年10月第二周的星期日定为"狗节"，无论大狗还是小狗都可以享受一日三餐的美食，连平日拉雪橇的狗也可享受一天的"休假"。法国巴黎是世界闻名的狗城，市内街道设有"狗行道"，街头有"停狗场"、"停狗处"，供狗儿休息和纳凉，此外还有狗保险、狗美容院、狗医院、狗商店、狗殡仪馆、狗墓地等服务机构和设备。莫桑比克海峡有个狗岛，在这个小岛上所有的居民都是狗。我国安徽省青阳县城西九华山下有一座"狗塔"，名为"谛听方塔"，始建于唐代，"谛听"据说原是地藏王菩萨身边的一条狗，后来修成了佛，因而建此塔，至今保存良好。

中国改革开放后，西方爱狗的心理也影响了中国人，有些闽南人也喜欢养狗，爱狗的忠实、可靠，有些地方还建了狗诊所、狗美容院等，但有的狗咬人，甚至害得人们不能平平安安地生活，所以加强对狗的管理十分重要。

十二生肖中的"十二猪"

古时候"猪"写为"豕"。"豕",《说文》:"象毛足而后有尾。……凡豕之属皆从豕。"是个象形字。现在写为"猪","猪",《说文》:"从豕者声",是个形声字。普通话读 zhū,闽南话读 dī,但有些地方如同安读 dū,泉州人说为 dū,它在生肖中排第十二位,最后一名,所以人们说:"十二猪缀(dè)人走(zǎo)。"(十二猪跟人跑)

"猪"为何排最后,跟着众牲畜跑呢?我想,也许一方面是猪本身笨重,跑不动,只好跟在后面慢吞吞地走,另一方面是因为猪头脑简单,性格直爽,度量大,为人厚道,所以排最后。反过来说,排最后并非坏事,大家知道,压轴节目是最精彩的,从而显示出它的宽宏大量、与世无争,真是量大福大。人们就把猪年说为有福气的年,大吉大利的年,人们把该年出生的孩子称为"金猪宝宝"。不少画家贺岁时费尽心机作了系列画:有肥头大耳、心宽体胖的"发财猪",有"福禄寿喜旺"的"五吉猪",有喜气洋洋、摇头摆尾的"金猪报喜"等。

说到猪,还得从以畜牧业为主的远古社会谈起,远古社会里的六畜为"猪、牛、羊、马、鸡、犬",猪居首,说明它的重要性。"家"字,上面的"宀"(bbiǎn)字头是屋盖的象形,下面就是猪,说明那时有养猪才像个家,所以闽南有俗语:"无牛唔成农,无猪唔成(不成)家。"说明猪的重要性的闽南谚语还有"人饲(cī)猪,猪饲田,田饲人"、"猪是宝中宝,肥是地里金"、"猪是摇钱树,肥是聚宝盆",真是猪为六畜首,农乃百业基。甚至人们把养猪与读书识字、发财致富联系在一起,如"有团着读册,有家着饲猪"(有孩子得读书,有家得养猪)、"想八(bāt,识)字着读册,想发家着饲猪"(想识字得读书,想发家致富得养猪)。

"民以食为天",猪肉是大部分人生活中离不开的食品,因此猪的相关名称较多。请听细细说来。闽南人把母猪叫"猪母",公猪叫"猪公"(dīgāng),专用于配种的公猪叫"猪哥",猪崽叫"猪仔团",哺乳期过后可供饲养的小猪叫"猪铺"(poō)、"猪胚仔"(dīpē'ǎ),大一点的小猪叫"猪豚仔"(dī tún'ǎ),食用的猪叫"菜猪"、"草(cǒ)猪",猪耳朵叫"猪耳仔",猪油叫"肉油"或"猪脊(lá)",猪皮叫"肉皮",猪舌头叫"猪舌仔",猪的内脏叫"猪腹内(bāklâi)"。"猪腹内"有"腰子"(肾脏)、"猪尺"(胰脏)、猪肝、猪肺、猪肠等,猪肠又分大肠、小肠("小肠"也叫"小脏"。"脏"读zǎg),猪脑儿叫"猪头髓"(cě),猪脚叫"猪骹、猪骹节",猪蹄膀叫"骹肉",瘦肉叫"赤肉"、"精(zniā)肉",颈部肉叫"槽头肉",胸部肥而松的肉叫"脯(lǎm)肚(loǒ)肉",还有三层肉(sāmzán bbāh)、五(ggoô)花肉等。

与猪有关的事物有"潘"(pūn)(猪饲料)、猪灶、猪桄(lǒng)(杀猪的地方,也叫刣猪场)、猪牢(diáo)(猪圈)、猪槽(zó)(喂猪的槽)、猪砧(diām)、猪屎篮(捡粪的器具)、猪屎耙(bé)(捡粪的器具),还有一种因与猪八戒所拿的耙子相似而得名的刨土用的有齿的铁制农具叫"猪哥耙"(dīgōbé)。

谚语方面如:"猪仔饲大掠来刣(tái,杀),外甥饲大叫赡来"、"刣猪倒羊供(gìng,祭拜)天公,刣鸡杀(suāh)鸭供佛祖";歇后语如:"猪屎篮结(gāt)彩——赡配"、"猪八戒插红花——赡晓否势"、"软索仔牵猪哥——慢慢来"(形容做事不着急、无所谓或拖拖拉拉)。

人们采用修辞学的双关语,取其谐音给猪寄寓吉祥兴旺的祝福语,如祝福属相猪的人"诸(猪)事顺利"、"诸(珠)财万贯"等,"狗守家门,猪增财富",属相为猪者请抓住机会,修身养性,和气生财,让财源滚滚来。

四　方言知识

"大家"为何可以当"婆婆"

　　"大家"根据《现代汉语词典》的解释：一指著名专家，如语言大家、书法大家；二指世家望族，如大家闺秀；三做代词，指一定范围内所有的人，如：大家坐好。是啊！"大家"怎么会成为亲属称谓中的"婆婆"呢？原来"大家"在闽南话里有读书音和说话音，读书音dâigā用于第一、二义项，而第一个字文读，第二个字白读，就成了dâigē，是第三义项做代词用，不过这是接受普通话的说法，闽南话口语是"逐个"dák'é，若"大家"两个字都读白读为dâgē，在闽南话里指"婆婆"。而这两个字的读书音是隋唐的读音，说话音则保留隋唐以前的读音。

　　也许你会感到奇怪，难道有这个读音就可当婆婆吗？当然不是，请听下面分解：

　　"大家"当婆婆，不只在现在的闽南地区可以当，古代就是这样的。何以见得呢？《晋书·列女传·孟昶妻周氏》："君父母在堂，欲建非常之谋，岂妇人所建！事之不成，当于奚官中奉养大家，义无归志也。"南朝梁·沈约的《宋书·孙棘传》："棘妻又寄语嘱棘：'君当门户，岂有委罪小郎？且大家临亡，以小郎嘱君……'"唐·赵璘的《因话录》卷三："大家昨夜不安适，使人往候。"可见"大家"

当婆婆是当对了、当定了,这两个字就是音准义同的本字。

　　闽南方言类似这样的例子还有不少,这告诉我们文白读音不同具有区别意义的作用。

　　第一种是同一个词形,一个全用文读,一个全用白读,构成新词,区别词义。如:

丈夫〈文〉diônghū(丈夫)
　　　〈白〉dâboō(男人)

行动〈文〉híngdông(行动、举动)
　　　〈白〉gniádâng(走动、行走)

数目〈文〉soòbbók(数码)
　　　〈白〉siàobbák(账目)

大寒〈文〉dâihán(节气名)
　　　〈白〉duâgnuá(大冷天)

雨水〈文〉wǔsuǐ(节气名)
　　　〈白〉hoôzuǐ(下雨天的雨水)

老大〈文〉lǒdâi(年长者)
　　　〈白〉lâoduâ(乡里老大)

变天〈文〉biàntiān(改朝换代)
　　　〈白〉bnìtnī(气候变化)

改变〈文〉gǎibiàn(变更)
　　　〈白〉guěbnì(改正、转变)

　　第二种是同一词形,其中一个字没文白之分,只有一个读音,另一个字有文白读,这个字用文读或白读,也构成新的词义。如:

鼓吹 goǒcuī(鼓动宣扬)　　　　　goǒcē(喇叭)
黄金 hónggīm(装骨灰的瓮)　　　ńggīm(黄金首饰)
出山 cūtsān(重新出来工作)　　　cūtsnuā(出殡)
孤独 goōdók(孤单)　　　　　　　goōdák(性情孤僻)

　　第三种是同一词形的第一个字有的用文读,有的用白读或用

不同的白读音,构成新的词义。如:

加工 gāgāng(把原料制成成品)
　　　gēgāng(费力,多此一举)
破格 pògēh(超越常规。如破格提升)
　　　puàgēh(不得体。如破格查某)
大官 duâgnuā(高级官吏)
　　　dâgnuā(公公。有的也写为大倌)
落气 làokì(漏气)
　　　làokuì(丢丑)
烧热 siōliát(发烧,温度高。)
　　　siōluáh(天气热)

从"青菜公公"说起

　　记得在 2006 年年底的《厦门日报》有一天登载一则新闻，里面有"青菜公公"词语，顿时引起某些厦门人的好奇，"青菜公公"是谁呢？我看了文章的上下文后恍然大悟，"青菜公公"就是闽南话的"清采讲讲"（cìncǎi gǒnggǒng），意思是随便说说。"青菜公公"与"清采讲讲"音义差别很大，真是大相径庭，为何会这样写呢？我想这可能是一位不懂闽南话的外地人写的。过后冷静一想，闽南人有时都不知道哪个词该写什么字，何况是不懂闽南话的外地人，这是可以理解的。

　　闽南方言的用字历来是个大难题，但我们可以肯定，闽南方言是汉语的一支地域方言，大多是有字可写的。如果感兴趣的话可参见拙著《闽南方言与古汉语同源词典》、《普通话闽南方言常用词典》。目前来看，一般采用四种字来书写：一是本字，闽南话里大部分词可以写出音准义同的本字，如天、地、日、月、星、雷、风、雨、鱼、菜、水、火、手、骹（脚）、耳仔（耳朵）、目珠（bbákziū，眼睛）、箸（dî，筷子）、箬（hióh，叶）、食（ziáh，吃）、拍（pāh，打）、行（gniá，走）、走（zǎo，跑）等；二是训读字，有其义，但没有其音，即用普通话的意义，但不是方言的读音，（以下例字括号内是方言本字）如吃（kīt，食）、叶（yáp，箬）、打（dnǎ，拍）、眼睛（ggǎnzīng，目珠）、走（zǎo，行）、黑（hīk，乌）等；三是有的尚未找到本字，用同音字替代，如查某（zābboǒ，女人）、倒落（dǒloh，哪里）、代志（dâizì，事情）等；四是俗写字，这些字是流传在民间或根据其义创造出来的，如态（傻，本字是"戆"ggông）、炁（带，cuâ）、磋（磋石即钻石，suânzióh）、冇

（dîng，本字模）、冇（pnà，松，不结实）、獪（bbuê，不会）、嬡（bbnài，不要）等。

现在言归正传，"清采"这两个字是属什么类型呢？它们属同音字，有时也可写为"秤采"，因为它们是声母相同的两个字构成的双声式联绵词，它们的声母都是 c，这类词的意义不是两个字义的相加，而是两个字合起来才能表示一种意义，所以也叫单纯词。"清采"在闽南话是属形容词，它有很多义项：（1）表示随便、将就，如"清采食"（随便吃）；（2）表示随和，如"伊做人真清采"（他为人很随和）；（3）马虎、不负责任，如"伊做代志真清采"（他做事很随便）；（4）做独立语，用于求人答应某事的用语，如"清采啦，加淡薄互我"（cìncǎila，gē dâmboh hoê ggua，随便啦，多一点给我）等。类似这种双声式的联绵词还不少，如：

名词：

四秀（sìsiù，指零食）　　　　杜定（doôdîng，蜥蜴）

薨埃（yīngyā，尘埃）　　　　蟑蛛（zniūzú，癞蛤蟆）

形容词：

飘撇（piāopiāt，漂亮；帅）

血汉（hiāthàn，慷慨）

激骨（gīkgūt，刁顽）　　　　条直（diáodít，率直）

动词：

佚佗（tīttó，玩儿。也写为迌迌）

品捧（pǐnpǒng，吹捧；夸耀）

颠躜（tiāntóh，磨蹭）

牵拾（KānKiōh，提携；关照）

还有一种是叠韵式的联绵词，是两个韵母相同或相近的字构成的单纯词，如：

蟟蜈（lággiá，蟢子）　　　　滥渗（lâm sǎm，胡乱）

佳哉（gāizài，幸亏）　　　　印信（yìnsìn，索性）

哈腮（hāi sāi，呵斥）　　　　阿嘈（ōzō，烦躁）

阿咾（ōlǒ，称赞）

以上双声式、叠韵式的构词法，属于语音手段的构词法，这种词语的字大多采用同音字、俗写字，在民间口头创作、民谣等方面应用得相当普遍，这里顺便把一首象声词组合起来的歌谣介绍给大家，作为本文的结束。

砰嗙水中流

乞涠木为舟，Kītkók bbók wí ziū，

砰嗙水中流。pīngpóng zuǐ diōng liú。

閂閅双划桨，ynīh wnáih siāng kò zniǔ，

唑唰到泉州。sīsuāh gào zuánziū。

"閂""閅"是根据开关门时因木头等摩擦发出的声音而造的方言字。"唑唰"是形容快速之义。即"一会儿就到泉州了。"

从"闹热"说起

普通话说"热闹",闽南话说为"闹热"(lāoliát),词序相反,但意义完全相同,这是语序手段造词法的一种方式。一个复合词里,两个语素的排列次序与普通话相反,这是闽南话构词的一种特色,我初步统计一下,有将近 80 个词。如:人客(客人)、菜花(花菜)、菜蔬(蔬菜)、头前(前头)、历日(日历)、机司(司机)、风飚(台风)、业产(产业)、养饲(饲养)、千秋(秋千)、利便(便利)、久长(长久)、鸡母(母鸡)等。这种构词法也是古汉语的保留。如下例:

利便:《晋书·谢玄传》:"……自此公私利便。"唐·韩愈《论变盐法事宜状》:"用此取济,两得利便。"宋·范仲淹《论复并县札子》:"今来减县邑为镇,实亦利便。"

久长:《庄子·盗跖》:"今丘告我以大城众民,以欲归我以利,而恒民畜我也,安可久长也?"唐·韩愈《潮州刺史谢上表》:"年才五十,发白齿落,理不久长。"

闹热:唐·白居易《雪中晏起偶咏所怀兼呈张常侍、韦庶子、皇甫郎中》:"红尘闹热白云冷,好于冷热中安身。"《醒世恒言·钱秀才错占凤凰俦》:"船头俱挂了杂彩,鼓乐振天,好生闹热。"

菜蔬:《周书·苏绰传》:"艺其菜蔬,修其园圃。"唐·白居易《即事寄微之》诗:"畲田涩米不耕锄,旱地菜园少菜蔬。"

久长:《庄子·盗跖》:"今丘告我以大城众民,以欲规我以利,而恒民畜我也,安可久长也?"唐·韩愈《潮洲刺史谢上表》:"年才五十,发白齿落,理不久长。"

人客:唐·杜甫《感怀》诗:"问知人客姓,诵得老夫诗。"白居易

《酬周从事》诗:"腰痛拜迎人客倦。"

闽南方言还有一种有趣的构词法,那就是语序不同,产生意义不同的两个词,据初步统计,这样的词有七八十个。如下例:

车手 ciāciǔ(车把)　　　手车 ciǔciā(手推车)

手头 ciǔtáo(手里)　　　头手 táociǔ(第一把手)

路头 loôtáo[路;路程,也比喻刚出发的那段路程。如路头灯芯,路尾秤锤(loôtáo dīngsīm,loôbbě cìntuí)]

头路 táoloô(职业;活儿)

皮面 pébbîn(皮革的面;表面)

面皮 bbînpé(脸皮)。

布面 boôbbîn(布的表面)　面布 bbînboô(毛巾)

水头 zuǐtáo(水源头)　　头水 táozuǐ(头胎)

水尾 zuǐbbě(水流的末处)　尾水 bbězuǐ(末次;最后一胎)

纸字 zuǎlî(钞票)

字纸 lîzuǎ(废纸屑,如字纸笼 lîzuǎlǎng,指废纸篓)

彩头 cǎitáo(兆头)　　　头彩 táocǎi(头奖)

桌球 dōhgiú(乒乓球)　　球桌 giúdōh(乒乓球桌)

倚靠 wǎkò(依靠;依赖)　　靠倚 kòwǎ(靠近)

肉皮 bbāhpé(猪皮)　　　皮肉 pébbāh(身上的肉)

从"酒矸通卖无"想起

不知你听过《酒矸通卖无》(ziŭgān tāng bbuê bbo?)这首闽南语歌曲吗？我听歌手程玲唱过,觉得亲切动听,曲子与歌词配得恰如其分,唱起来婉转曲折,由低到高,由近及远,好像要让大街小巷的人们都听得见这声音似的。

那么这句歌词是什么意思呢？听说这句歌词原来是"酒干淌卖无"。几年前,我国南方一家报纸的"夜光杯"专栏用一整版来讨论这句话,文章中没有一篇对这句话的本意理解是正确的,有的说"酒干"就是把酒干了,"酒干淌"即喝剩下的一点酒在"流淌","酒……卖无"是"无酒卖"的倒装……有的人把歌词理解为借酒消愁愁更愁,"把酒干了,淌下眼泪……声音一声比一声悲壮"。这些分析让人觉得十分好笑,其实只要略知闽南话的人就知道此歌词的本意。它的本字是"酒矸通卖无"。"酒矸"(ziŭgān)即空酒瓶,"通"读书音 tōng,说话音 tāng,就好像"空"kōng 是读书音,kāng是说话音一样,"通唔通"即可不可以,"通卖"即可卖,"唔通卖"(m̄tāng bbuê)即不可卖。"无"是助词,读轻声,相当于普通话的"吗",用于句末,如闽南口语中的"伊通去无"(他可去吗)。古汉语"无"作助词的例子不少,如唐朝朱庆余《近试上张水部》(又名《闺意献张水部》):"洞房昨夜停红烛,待晓堂前拜舅姑。妆罢低声问夫婿:'画眉深浅入时无？'"(我的眉毛画得时髦吗?)唐朝白居易《问刘十九》:"晚来天欲雪,能饮一杯无？"(能喝一杯吗?)所以"酒矸通卖无"的意思是:"有酒瓶可卖吗?"这首歌就是取材于闽台地区市井收破烂人的吆喝声,以往在街头巷尾都能听到:"否(pǎi)铜旧锡、旧报纸、旧册纸、鸡毛、鸭毛、酒矸通卖无?"(有废铜烂铁、旧报纸、旧书纸、鸡毛、鸭毛、空酒瓶可卖吗?)

"酒矸通卖无"使我回想起闽南市井吆喝声的多姿多彩。我孩提时住在厦门古城西路,那儿比较僻静,离繁华的中山路、大同路有段距离,为了便民起见,挑着杂货担、小吃等的小商贩常来光顾,天刚亮时"胡仁豆"(hoólíndào,豌豆)的呼喊声,送牛奶的"奶哟……"的吆喝声此起彼落。还有那"哐哐哐"卖麦芽糖的铜锣声、"的哩的哩"卖珠李仔(用蜜糖醃制过的黄澄澄的杨桃、红艳艳的山楂、乌溜溜的杨梅等)的唢呐声,"乞涸乞涸"(kītkók)卖扁食面、烧肉粽的碗匙碰撞声,手里摇着叮咚鼓的卖杂细(bbuêzápsè,卖杂货)的货郎声,"缚龙床"(báklángsńg,编制蒸笼)、"补鼎补铣锅"(boǒ dniǎ boǒ snī'ē)、"磨铰刀(gādō,剪刀)、削刀(磨剪刀、削刀,使刀刃更锋利)"……真是应有尽有,它们构成了一种古朴风味的厦门都市风情,它像一幅抹不掉的都市风情画,至今在我的脑海里仍留下深刻的印象。正如《酒矸通卖无》歌词里所说的,"多少熟悉的声音,陪我多少年风和雨,从来不需要想起,永远也不会忘记"。

如今,那些旧的市井叫卖声消失了,每天从楼下传来的是新的叫卖声:"收购彩电、冰箱、空调、电脑、洗衣机、热水器……"看到的是推着板车、踩着三轮车的人在收购旧书报、空酒瓶等,还有的人更先进,用录音机录好吆喝声,录音机置放在自行车前,无论声音拉得多长多久,都不需动嗓子和口舌,没了那苦涩的腔调,这又是市井的另一道风景线,它也反映了不同时期生活水平的差距。

方言与普通话同形词杂谈

汉语方言纷繁复杂,有的方言跟普通话的差别还很大哩,可是它们的书写形式却是相同的,都用汉字作为形体。同一形体的词,在多数情况下,汉语各方言与普通话的意义是基本相同的,如老人、马路、忠厚、利益等等。但也有不少形体相同的词,汉语各方言与普通话的意义不很相同或者完全不同。

以闽南方言为例。先插个小笑话。闽南有本演唱材料在描述一位年老而体壮、干起活来浑身是劲的庄稼老汉时,有几句话是这样写的:"讲伊六十二,看了真少年,一气担粗五里路,𣍐喘又𣍐善(siân)。"外地人看了很费解。年已六十二,怎么会真是少年人,干吗要一生气就挑起粗重的东西走五里路,气不喘固然好,可又怎么善良了。原来,这是用闽南话写的演唱材料,而书写形体除了𣍐(bbuê)外,却是大家平时都使用的汉字。其中一些形同而意义不同的字(词)很容易让人费解或误解。闽南话这个"真"字,还可做副词"很"讲,"少年"一词还可做形容词,表示"年轻","一气"(zítkuì)是"一口气"的意思,这里的"粗"不是粗细的"粗",而是指"粪肥","善"是同音词(本字是僐 siân),假借来指疲倦的意思。用闽南话来解释这四句话的意思是:"说他年岁六十二,看上去却很年轻,一口气能挑起满满的一担粪肥跑五里路,既不会气喘吁吁,也不觉得疲倦。"顺顺当当,毫无费解之处。

就闽南话来说,这类与普通话形体相同的词,有多种情况需要注意:一是如上述所说,与普通话同形同义,此不赘言。二是与普通话同形,但有一部分意义与普通话相同,另一部分与普通话意义不同。这里有两种情况：一则，同形词也读同一方音，有与普通话同义的部分，也有与普通话不同义的部分。如上述的"少年"、"粗"等。二则，同形词用一个方音读是一个意思，与普通话意义相同，用另一个方音读却是另一个意思，与普通话不同。如"鼓吹"读 goǒcuī，做动词，义同普通话，读 goǒcē，做名词，义为喇叭，与普通话完全不同；"加工"读 gāgāng，义同普通话，读 gēgēng，是指多费工夫，用如"免加工"（不必多费工夫）、"加了工"（白费工夫）；"破格"读 pògēh，义同普通话，读 puàgēh，是指不得体，用如"破格查某"（行为不得体的女人）。三是与普通话同形，意义却不相同。如"走"，方言义为"跑"，是古义在方言义中的保留，普通话义为行走；"做客"（zuèkēh），普通话的意思是访问别人，自己当客人（此义方言说"做人客"），而闽南方言却指出嫁。四是同音假借义。如"善"作"疲倦"（经考证"疲倦"义的 siân，本字是"僐"）义解，"七桃"〔cīttó，也作"佚佗"（tīttó）〕作"玩"义解。因此在学习普通话时，对这些同形词应细加辨别，绝不可任意套用，否则让人费解，甚至可能造成误会。

1985.5.8 发表于《厦门日报》

略谈闽南方言和普通话
在语法上的两点差异

　　闽南方言和普通话在语法上的差别虽然比起语音和词汇的差别来得小，但对于掌握合乎规范的普通话来说绝不是微不足道的，方言中的一个语法上的习惯，往往对掌握普通话也会有所影响。有些人由于普通话的词汇掌握得不多，对普通话的语法规则还不能全面地、系统地掌握，因此在口头和书面的表达上也就不自觉地套用方言的语法习惯。下面略谈闽南方言和普通话在词与词的组合上以及语序方面的差异。

　　在词与词的组合上，我们先看下面例句再做分析。

　　①生产队的母牛又生小只牛了。

　　②他这碗是大碗饭，你那碗是小碗饭。

　　③这支铅笔很小支，不好拿。

　　④今天母鸡生的这粒蛋最大粒。

　　例①的"小只牛"应改为"小牛"。例②整句应改为"他这碗饭是大碗的，你那碗饭是小碗的"。因闽南方言可以说"大碗饭"、"细（小）只牛"、"大缸水"、"细（小）只鸡"等，即"形容词＋量词＋名词"构成词组，这类词组的形容词常见的只有"大、细（小）"，其余形容词不能随便这样用。而普通话虽然也有"大瓶酒"的说法，但只是在极个别的地方使用，普通话通常是"数词＋量词＋名词"，如"一碗饭"、"两本书"，或以"指示代词＋量词＋名词"形式出现，如"这碗饭"、"那本书"。例③的"很小支"应改为"很小"。例④的"最大粒"应改为"最大"。因闽南方言可以说"真细丛（záng）"、"还幼粒"、"最大只",即"程度副词＋形容词＋量词"组成词组,而这类词组中的形容词常见的只有"大、细(小)、幼"几个,一般形容词是不能这样用的,而这样的词组在普通话中是没有的。

在语序方面,我们先看下面三个例句再做分析。

①我洗澡完上教室去。

②他们吃饭饱散步去。

③同学们上课完回家了。

例①的"洗澡完"应改为"洗完澡",例②的"吃饭饱"应改为"吃饱饭",例③的"上课完"应改为"上完课"。因闽南方言可以说"洗身了(liǎo)"、"食饭饱"、"上课了(liǎo)"等,它的语序是"谓语＋宾语＋补语",而普通话的语序是"谓语＋补语＋宾语"。

1983.9.17 发表于《厦门日报》

古汉语的活化石举隅

按照古代风俗，结婚有六礼，那就是纳采、问名、纳吉、纳征、请期、迎亲。迎亲后便是"食新娘茶"，新娘、新郎手端茶盘，以甜茶、蜜饯等敬来宾时，来宾即念四句话，或押韵的吉利语表示祝贺，如"新娘娶到厝，家财年年富，今年娶新妇，明年起大厝"（sīnlniú cuâ gào cù、gēzái lnílní bù、gīnlní cuâ sīnbû、bbnélní kǐ duâcù）、"食甜甜，互你明年生后生"（ziáh dnīdnī、hoô lǐ bbnélní snī hâosnī 互：让），这吉利语中的新妇、后生，便是古汉语的活化石。

普通话所称的媳妇，闽台、东南亚一带的闽南人称新妇。"妇"《集韵》房九切，读书音是 hû，用如妇女；说话音为 bû，用如新妇、新妇仔（sīnbû'ǎ，童养媳）。《后汉书·周郁妻（赵阿）传》说："郁骄淫轻躁，多行无礼。郁父伟谓阿曰：'新妇贤者女，当以道匡夫。'"周郁的父亲把儿媳妇称作新妇，新妇顾名思义就是家里新来的妇人，这个词语不仅是古汉语词语的保留，而且也反映出汉族长期以来妻子到丈夫家落户的婚姻制度。再拿"后生"这个词来说吧，《诗经·商颂·殷武》："寿考且宁，以保我后生"，这里的"后生"就是指儿子。现代汉语虽有"后生"此词，但只有两个意义，它们是：①青年男子；②相貌年轻。这两义闽南方言皆有，第一义闽南方言说为"后生家"或"少年家"，第二义说为"真后生"或"真少年"。现代汉语中"后生"不作儿子解释，而闽南方言中"后生"作为儿子解释，至今仍在使用。

闽南方言里所保留的古汉语词语举不胜举，又如怀孕称为"有身"（wûsīn），身体称为"身命"（sīnbbniâ），孩子长大成人称为"大汉"。"有身",《诗经·大雅》:"大任有身。"传:"身重也。"笺:"重为怀孕也。"疏:"以身中复有一身故言身重。""身命",崔骃的《安封侯诗》:"戎马鸣兮金鼓震,壮士激兮忘身命。""大汉"(duâhàn),杜荀鹤诗:"不觉裹头成大汉,昨夜竹马作儿童。"闽南方言里的"大汉",除了跟现代汉语一样,指身材高大的男子外,还有三个义项:①作动词,为长大的意思,如"紧大汉"(gǐn duâhàn 快长大);②作形容词,指个子高大,如"伊比我较(kāh)大汉"(他比我高大);③(子女)排行大小,如"大汉囝"(duâhàngniǎ,大儿子)。

1989.5.10 发表于《闽南日报》

略谈闽南方言里的比较句

比较两样东西的句式叫比较句。比较句式不一定都用"比"，只有分高下时才用"比"。就拿闽南方言来说吧，因比较结果的异同，可分为相等式和不等式两种。表示相等式的比较句就不用"比"，而往往在形容词前面加上"平平"（bníbní），它相当于普通话的"同时"、"同样"，如"平平重"是指同样重，"平平行"是指同时走；表示不等式的比较句，有时用"比……较（kǎh）"，有时也可用"较"直接跟形容词（某些名词、动词）配合来表示。

方言中相等式的比较句，经常因说话人不自觉地带进普通话，造成错误。例如：（方言句子后加括号的是普通话句子。下同）

我甲汝平平悬（gnuái，鼻化音）。（我和你一样高。）

两包花生平平重。（两包花生一样重。）

咱（lǎn）两个平平行，平平食。（咱俩同时走，同时进食。）

有时在某种语言环境里，也可省略后面的形容词，如"我和你平平，无输赢"（我和你一样，不分高下）。

方言中不等式比较句常用的又比较容易带进普通话的句式有三种，这三种句式都有肯定式、否定式和疑问式等形式。下面分别举例说明。

第一式的肯定式是甲＋比＋乙＋较＋形容词，说成普通话时，应把方言的"较"去掉。例如：

我比汝较肥。（我比你胖。）

今仔日比昨日较烧热。（今天比昨天暖和。）

即蕊（zītluǐ）花比迄（hīt）蕊花较芳（pāng）。（这朵花比那朵花香。）

它的否定式是甲＋无比＋乙＋较＋形容词。例如：

后生家的经验无比老伙仔较有。（年轻人的经验不比老人多。后生家：hâosnīgē。）

阿姊唱歌无比小妹仔较好听。（姐姐唱歌不比妹妹好听。）

我讲话无比汝较势（ggáo）。（我不比你善于说话。）

它的疑问式可用"有……无"、"会……飪（bbuê）"或句末用"无、飪、有无、会飪"。例如：

汝岁声比我较侪（zuê）无？（你的年纪比我大吗？）

即项代志汝会比伊较知飪？（这件事情你能比他知道得多吗？）

伊行路比我较紧会飪？（他走路会不会比我快？）

第一式还可以是：

肯定句：甲＋比＋乙＋形。如：

　　我比汝肥。（我比你胖。）

否定句：甲＋无比＋乙＋形。如：

　　我无比汝肥。（我没比你胖。）

疑问句式：甲＋比（无比）＋乙＋形＋吓（hnēh），如：

　　我比汝肥吓？（我比你胖吗？）

　　我无比汝肥吓？（我没比你胖吗？）

第二式的肯定式是甲＋较＋形容词＋乙。例如：

汝较势我。（你比我能干。）

暝（bbní，读成鼻化音）时（si，念轻声）较寒（gnuá，读成鼻化音）日时（lítsi）。（晚上比白天冷。）

阿兄较大小弟四岁。（哥哥比弟弟大四岁。）

它的否定式是甲＋无较＋形容词＋乙。例如：

阮（ggún）老母的身体无较勇恁（lǐn）老母。（我妈妈的身体不比你妈妈健壮。）

阿兄学外语无较势小弟。（哥哥学外语不比弟弟强。）

旧年收成无较侪（zuê）今年。（去年收成不比今年多。）

它的疑问式也可用"有……无"、"会……𣍐"或句末用"无、𣍐、有无、会𣍐"来表示。例如：

小红有较躼(lò)小英无？（小红比小英高吗？）

伊行路会较紧我𣍐？（他走路比我快吗？）

汝算术考较侪分我,有无？（你算术成绩比我高,是吗？）

若是比较的程度加深的话,方言的"较"可改为"加较"(gēkāh)、"佫较"(gōhkāh),翻成普通话是"更加"、"更"。例如："伊水平比汝佫较悬。"（他的水平比你更高。）"下半暝比顶半暝加较寒。"（下半夜比上半夜更冷。）

第三式的肯定句:甲＋形容词＋乙。如:

我大汝。（我比你大。）

否定句:甲＋无＋形容词＋乙。如:

我无大汝。（我没比你大。）

疑问句:"甲＋有＋形容词＋乙＋无"、"甲＋有＋形容词＋乙＋吓"。如:

我有大汝无？我有大汝吓？（我比你大吗？）

闽南方言的比较句式具有一些普通话所没有的特点,如果方言区的人不了解方言比较句式中与普通话不同的地方,有时说话、写文章就不自觉地套用方言的句式,导致表达上的不规范,使人费解,甚至误解。

1984.2.18 发表于《厦门日报》

琐谈闽南方言里的古词语

　　闽南话里有一句谚语,叫作"食饱唔通瘛记得枵时阵"(ziáh bǎ m̀tāng bbuêgìdit yāo sízûn),就是吃饱不忘饥饿时,它告诫人们在享福时不要忘记过去艰难困苦的日子,耐人寻味,寓教育意义于形象之中。这里"食"就是"吃","枵"就是"饿","吃"、"饿"是普通话用的词,"食"、"枵"才是真正的方言词,而这两个词恰恰又是古汉语里古词古义的保留。如《盐铁论·相刺》载:"不耕而食,不蚕而衣。"白居易《卖炭翁》:"卖炭得钱何所营,身上衣裳口中食。"后一句的"食"应该是食物的意思。前一句的"食"就是"吃"。又如成语"废寝忘食",说的是专心致志地工作,连睡觉都顾不上,饭也忘记吃了。而"枵腹从公"是说饿着肚子办理公务。"枵"读书音 hiāo,说话音 yāo。

　　从上述可看出古词语不仅保留在成语里,而且保留在闽南地区男女老少常说的口语里。下面略举一二:

　　《孟子·梁惠王上》记载了孟子用打仗之事作比喻,对梁惠王说的一段话。孟子说:"兵刃既接,弃甲曳兵而走,或百步而后止,或五十步而后止,以五十步笑百步,则何为!"这里的"走"就是跑。你看,孟子两千多年前说"跑"为走,至今还保留在闽南方言口语里,如"走反"(zǎohuǎn,避难、逃难)、"走人的钱"(卷逃)、"走趒"(zǎozóng,奔走)等都是此意。

　　《孔雀东南飞》:"昼夜勤作息,伶俜萦苦辛。"闽南方言所说的"作息"(zōhsīt),就是种田。

　　《红楼梦》第四十六回里有一句话:"心想再买一个,只怕那些牙子家出来的,不干不净。""牙"是指牙行(旧时提供场所协助买卖双方成交而从中取得佣金的商号或个人),买卖中间人也称牙人,贩卖人口的妇女称为牙婆。闽南方言也是这样称说的。

闽南方言里保留的古词语举不胜举,如谓锅为"鼎"(dniǎ),谓晒为"曝"(pák),谓迟为"晏(wnà)",谓怕为"惊",谓剪为"铰"(gā)等等,这些都说明古词语在闽南方言里保留了不少,因此可以说,闽南方言就是一种语言化石,很有价值,是研究语言的珍贵资源。闽南人在学习古汉语、看古书时,只要留心,就可以看出古汉语里许多古词古义还保留在闽南方言里,而联系方言,又可以帮助我们读懂古书。

1987.7.11 发表于《厦门日报》

厦门话轻声辨义趣谈

　　一位外地闽南人来厦门探亲时向一位本地人问路,问到"江头"往哪里走时,这位本地人由于把"江头"听成"工头"而感到困惑。要不是问路人掏出信封来,那可能就问不到路了。原来,厦门话里"江头"这个地名,"头"字要读轻声(gāng·tao),如果不读轻声,就跟"工头"同音。"江头"不读轻声指江的源头,也指一般的方位。

　　轻声是失去原来的字调而读成一种音强较弱,音长较短的调子。普通话有轻声词,厦门话也有轻声词,普通话的轻声词有不少具有辨义、辨词性的作用,如"兄弟"读本调指哥哥和弟弟,轻读指弟弟。"大意"读本调是名词,指主要的意思,轻读是形容词,为疏忽的意思。厦门话的轻声词,有的同样能起辨义、辨词性的作用,上面所提到的"头",轻读指固定的地名,如桥(gió)·头(字前加"·"是轻声的符号,下同)、江·头、坑(knī)·头,不轻读就指一般的方位。又如"厝",轻读指地名,如黄·厝(ńg·cu)、何·厝(wá·cu),不轻读是指一般的房子。

　　表示时间的词,如日、年等,轻或不轻读的辨义作用也很有趣。"昨(zóh)·日"是指前天,"昨(zâ)日"指昨天,"后(âo)·日"指后天,"后日"是指以后的一段时间,"顶·日"指大前天,"顶日"指前天。"后·年"指后年,"后年"指以后几年,"顶·年"指大前年,"顶年"指前年。

　　厦门话轻声辨义又辨词性的也不乏其例。如"怪人"一词,"人"读原调,是名词,指性格古怪的人,"人"读轻声,则是动词,指

责怪人、埋怨人的意思。"开开"一词,若后面的"开"读原调
(kuīkuī),是动词重叠后变为形容词,表示稍微开的意思,若"开"
读轻声,成"开·开",是动补结构,表示敞开的意思。

在汉语里,轻声这种现象是一种构词手段与语法手段,方言也
不例外。厦门话轻声词在交际中的作用,也使我们体会到学好普
通话轻声词的重要。如普通话里"舌头"一词,"头"得读轻声,若读
原调,就跟"蛇头"同音,会让人误解为"蛇头"。据说一位北方人去
找中医看病,医生要他伸出舌头,只因没把"头"念成轻声,病人一
听,便发了脾气,以为医生侮辱他。可见,轻声词在语言交际中的
作用,有时不可轻视。当然,普通话轻声词的范围、规律与厦门话
轻声词的范围、规律很不一样,比如厦门话用在人名后的"仔"(ǎ)
多读轻声,如"桃仔"、"李仔"后面的"仔"读轻声指人名,不读轻声
而读成"桃仔"(tó'ǎ)、"李仔"(lǐ'ǎ),那是指水果桃子、李子。多数
行为动词后的补语"来、去、走、破"等一般也读轻声,厦门人从学话
开始就逐步掌握了轻声词,因此并不觉得有什么新奇,更不了解它
在语言交际中的作用,对普通话的轻声词也很生疏,所以,在学习、
推广普通话时,我们也要注意学好普通话的轻声词。

1988.7.9 发表于《厦门日报》

浅谈闽南方言里的"毛"和"势"

随着改革开放的加快,外资企业特别是台资企业不断涌入厦门,于是闽南方言在社会交际过程中愈来愈显示出它的重要作用。因为在日常生活、工作中,人们不仅用普通话进行交际,而且也喜欢用闽南话交谈,甚至外地人到方言区工作,也想学点闽南话,以便"入乡随俗",促进思想交流和经济协作。在学习和使用闽南话时,经常会牵涉到用字问题。如日常口语使用频率较高的"有无"的"无"字,闽南方言读 bbú,用于无能、无产阶级等,那么读 bbó 时它的本字是什么呢? 至于形容人们能干的"ggáo",到底是写哪个字呢?"bbó"的本字是"毛",不过平时我们都写训读字"无"。"ggáo"的本字是"势"。

也许人们会说,"毛"字的音义无人不知,怎么会是"无"的本字呢? 至于"ggáo"字,音义常出现在人们的口语中,"势"作为它的本字,究竟是为什么?

其实,闽南方言的"毛"字,除了具有普通话的意义之外,还保留了古义。毛:《集韵》谟袍切。文读音:bbnoō、bbnoó、bbó,白读音:bbīng、bbńg、bbnáo。它是属中古音效摄开口一等豪韵字。豪韵读为 o 韵的例子很多,如保、抱、刀、桃、劳等,故"毛"读 bbó 音毫无疑问。它就是"无"的本字,保留了古汉语"无"义。如毛名(bbó bbniá,无名,没有名气,未列入名次)、毛禁毛忌食百二(无所禁忌可活到 120 岁,意指长寿)。现以古文为证。《鸡林类事》:"又闽南人谓毛曰膜见。"《佩觽集》:"河朔谓无曰毛。"《后汉书·冯衍传》:"饥者毛食,寒者裸跣。"李贤注:"《衍集》'毛'字作'无',今俗语犹然者,或古亦通乎。"

"毛"字的另一古义是指草,闽南方言也保留下来了。漳州市所辖的县,农民称割茅草为割毛("毛"读为 bbnoō 或 bbng)。《左传·隐公三年》:"涧谿沼沚之毛,蘋蘩蕴藻之菜。"《辞海》注:"毛,草也。"《公羊传·宣公十二年》:"锡之不毛之地。"今现代汉语"不毛之地"仅用于书面语。

"毛"字在当今的闽南话中还有一些引申义、特殊用法。如可直接做补语,表示重视与否,或对动作行为的否定,或说明动作是否取得结果,用于"看我毛"(瞧不起我)、"听毛"(听不到或听不懂)、"食毛"(吃不着);用在某些动词、形容词前,修饰事物的程度,有的转化为副词,用于"毛穿"(不耐穿)、"毛煮"、"毛额"(不出数儿)、"毛洗"(不耐洗)、"毛甜"(不够甜);"毛"还可以加上一个名词词素,以表示某种事物的状态,如"毛影"(乌有)、"毛路"(没路可走或不爱好)、"毛眠"(睡眠不足)。

再说"勢"字,《现代汉语词典》没收此字,《集韵》牛刀切,释为"强也"。该字也属中古效摄开口一等豪韵疑母字,古疑母闽南方言读gg(ng),如疑、我、五、牛、雅、吴等。勢,文读音 ggó,白读音 ggáo,闽南方言既做形容词"能干"、"贤能",又做能愿动词"会"、"善于"。如,伊真勢(他很能干)、勢唱歌(很会唱歌)。勢,《说文》:健也。《战国策·秦策》:"使者多健。"《辞海》注:健者,强也。又"能"字,《说文》:熊属,足似鹿。能兽坚中,故称贤能。而强壮称能杰也。采用训诂学互训的方法,可说明"勢"有贤能义。勢:健。健者:强也。强壮:能也。能:勢也。

中国文化是光辉灿烂的。从"毛、勢"的考证,可说明我国古语词在闽南方言中的保留,也说明闽南方言的一些基本词大都有其本字,有些甚至是音准义同的本字,如乌(黑)、食(吃)、行(走)、沃(浇)、徛(站)、骹(脚)、倚(靠)、箬(叶子)、箸(筷子)等。我们学习和研究闽南方言,不仅有本文开头所说的重要意义,而且还可以为地方戏曲、现代闽南语歌曲的创作,提供很多的方便。

1992.7.12发表于《厦门日报》

从闽南方言的"鼻"字谈起

　　闽南方言的"鼻",除了跟普通话一样,一指"鼻子",二指器物上面突出或带孔的部分,如"针鼻"(ziāmpnî,针鼻儿),三指开创,如"鼻祖"外,它还具备以下三个义项:一作名词,指鼻涕,如"流鼻"(流鼻涕)、"鼻痰澜"(pnîtámlnuâ,鼻涕、唾液、痰一类的东西);二作动词,指嗅、闻,如"鼻味"(pnî bbî,闻味儿)、"鼻芳"(pnî pāng,闻香味儿)、"好鼻狮"(hǒpnîsāi,比喻嗅觉灵敏);三是重叠后表示黏糊状,如"屎鼻鼻"(sǎi pnî pnî,大便黏糊糊的)。

　　"鼻"作名词时,闽南方言有时用单音词,而普通话却用双音词。如把普通话的"流鼻涕"说成"流鼻",会造成表达上的错误。这种现象不仅仅出现在个别词上。方言里的单音词容易被带进普通话的有:本(本钱)、补(弥补)、倒(倒闭、倒塌)、电(电镀)、顾(看顾、照顾)、光(光亮)、味(味道、味儿)、骄(骄傲)、娇(娇气)、阔(宽阔)、量(度量)、料(材料)、力(力气)……诸如此类的例子还有许多,就不一一列举了。

　　这是为什么呢?主要是因为古代汉语的词汇以单音词为主,而现代汉语的词汇以复音词(主要是双音词)为主,汉语构词法的发展是循着单音词到复音词的道路前进的。就拿荀子《劝学》的一段来说吧!"君子曰:学(学习)不可以已(停止)。青(青色),取之于蓝而青于蓝;冰,水为之而寒于水。木(木材)直中(适中)绳(墨绳),輮以为轮(轮子),其曲(弯曲)中(符合)规(圆规),虽有槁暴,不复挺者,輮使之然(这样)也。故木(木材)受绳则直,金就砺则利(锐利),君子博学而参(检验)省(检查)乎已,则知(知识)明(明了)

而行（行为）无（没有）过（过失）矣。"又如唐朝诗人杜牧的七绝《赤壁》："折戟沉沙铁未销,自将磨洗认前朝。东风不与周郎便,铜雀春深锁二乔。"诗中的"消"是指"消蚀","便"是指"方便"。

从上面两例可看出:现在普通话用双音词表达的,在古代却用单音词表达。而闽南方言来自古汉语,也不例外。语言随着社会的发展而发展,闽南方言的词汇也逐渐走上复音化的道路,只是走的步子较慢些,古汉语的成分保留得较多些,因此我们在说普通话时,要多加注意,尽量避免用闽南方言的单音词来代替普通话的双音词。

1983.6.25 发表于《厦门日报》

闽南方言里的词头"阿"

　　加在词根前面的词素叫词头（或前缀），它是附加式构词法的一种形式。词头跟词尾一样，没有词汇意义，而是以形态上的结构特点来表示词根意义的变化。如普通话较常用的词头"老"字所组成的"老乡、老师"等词，都是一种称呼，"老乡"带亲切的意味，"老师"是尊称。闽南方言中最常用的词头是"阿"，据《集韵》，"阿"的反切是于何切，文读音ō，白读音ā，又倚可切，文读音ǒ，白读音ǎ。"阿"在上古属歌部字，歌部拟音为ɑ，可见今词头"阿"保留了古音。

　　在普通话里，"阿"虽然也可做词头，但使用范围不如闽南话广，使用频率不如闽南话高。因为，闽南方言词头"阿"可以用于如下几个方面：

　　（1）加在亲属称呼前面，一般用来称呼比自己辈分高的亲属，而普通话通常用重叠式。如阿叔（叔叔）、阿姑（姑姑）、阿舅（舅舅）、阿姊（姐姐）等。

　　（2）用于称人和排行次序，有亲昵的意味。①用于人名的词头，如阿玲、阿文、阿珍等。②用于人名前，古代较多。如宋·赵彦卫《云麓漫钞》卷四："古人多言阿字。晋尤甚，阿戎、阿莲等词极多。唐人号武后为阿武婆。"③用于排行次序。"阿"一般要读上声。如阿大（老大）、阿二（老二）等。

　　（3）加在某些形容词前，成为指人的名词。如阿肥（胖子）、阿瘦（"瘦"读 sǎn。瘦个儿的）。

　　除上以外，闽南方言还有阿狗（对幼儿的爱称）、阿狗气

（āgǎokuì，形容娇气又惹人喜爱的小孩儿）、阿狗虔（āgǎokián）等词。

词头"阿"是在上古末期产生的，它最初用作疑问代词"谁"字的词头（阿谁）。王力著的《汉语史稿》认为"阿谁"可能是从"伊谁"变来的。"伊谁"在《诗经》里已经出现了，如《小雅·正月》："有皇上帝，伊谁云憎？"（上帝究竟憎恶谁？）到了汉代，"伊谁"变了"阿谁"，如王敷的《茶酒论》："道逢乡里人，家中有阿谁。"从此以后，"阿"的用途就扩大了，它不但用于人名和亲属称呼的词头，也作为人称代词的词头，如三国蜀汉后主刘禅的小名阿斗、《玉台新咏·古诗为焦仲卿妻作》"府吏得闻之，堂上启阿母"里的"阿母"，《木兰辞》"阿爷无大儿，木兰无长兄"里的"阿爷"，王敷《茶酒论》"阿你酒能昏乱，喫了多饶啾唧"里的"阿你"。闽南方言的词头"阿"除了作为人称代词的"阿谁、阿你"不再存在外，其他用途基本上都保留并继承下来。

1984.11.3 发表于《厦门日报》

说"半"和"两"

这里要说的是"半"在闽南方言里有四种普通话所没有的特殊结构,分别表示不同意义,有些闽南人在说话时,常把这种特殊结构的词用普通话讲出来,结果有时让人听了觉得既不像普通话,也不像方言,甚至让人听不懂。这四种结构如下(加括号是普通话的说法):

(1)"一＋半＋量词",表示极少,如一半尺(一尺半尺)、一半摆(bǎi)(一两回。形容次数极少)、一半件(一两件)。

(2)"无＋半＋量词",表示全无,如无半句话(一句话也没有)、无半项物件(bbníhgniâ)(一件东西也没有)、无半人伫厝(dîcù)(没有一个人在家)。

(3)"半中……",表示在中间、一半的意思,如半中央(bnuàdiōng'ng,中间)、半中站(中间、半路)。

(4)"半……"或"半……唔成(m̂zniá,不成)……",用来表示"半……不……"的结构。如"半长短"、"半长唔成短"都是相当于普通话的半长不短。不过,这种例子比较少见。

要说"两"字,得先从普通话的"二"和"两"说起。现代汉语里"两"和"二"的用途不完全相同,单位词前不用"二"(说两个人,不说二个人),零数不能用"两"(可以说十二个人,不能说十两个人)。此外,序数也不能用"两"(能说第二,不能说第"两";能说"二楼",不说"两楼")。这就是说,在零数的位置上,"二"始终没让位给"两",而在单位词前面,"两"渐渐占了"二"的位置(二个、二只已渐渐变为两个、两只)。"两"和"二"还保留一种分别,而且这种分别是有用的,就是基数和序数的分别:"两级"和"二级"在意义上是不同的,例如我们可以说"工资提高两级"、"他是二级工",但不能说"工资提高二级"、"他是两级工"。而闽南方言的"两"读书音是liǒng,说话音是 lniǔ 和 lñg,lniǔ 用于量词,如半两,lñg 用于数词,如两个人。闽南方言"二"和"两"的用法大体上与普通话相同,只有两点和普通话明显不同:(1)普通话读数目字及小数和分数时只用"二",不用"两";而方言在数十以内的数目时,读书音用"二",说话音用"两",如"裑(zít)两三四……"、"两分之裑"(二分之一)等。(2)普通话传统度量衡单位斤、丈等前,"两"和"二"一般都可用,但"二两"普通话不说"两两",方言却可以说 lñglniǔ,所以闽南人在说普通话时,"二两"不要说成"两两"。

1985.7.20 发表于《厦门日报》

略谈闽南方言的词尾"仔"

　　加在词根后面的词素叫词尾(或后缀)，它是附加式构词法的一种形式。词尾同词头一样，没有词汇意义，而是以形态上的结构特点来表示词根意义的变化。闽南方言的词尾"仔"，单念时读 ǎ，但作词尾跟其他音节结合时，由于受前音节韵尾的影响而产生音变现象。"仔"尾在闽南地区使用得较频繁，它可作名词、数量词、形容词、动词词尾。

　　1. 名词词尾

　　(1)作为名词的标志，不表示任何附加意义。例如：同姒(dángsâi)仔(妯娌)、兄弟仔(弟兄)、查某仔(姑娘)、叔孙仔(叔侄)、贼仔(小偷)、锯仔(锯子)、抿仔(bbǐn'ǎ，刷子)、窗(tāng)仔(窗户)等。

　　(2)表示小，相当于普通话的词尾"子"、"儿"。例如：桌仔(桌子)、椅仔(椅子)、杯仔(杯子)、盒仔(盒子)、囡仔(ggǐn'ǎ，小孩儿)、鸡仔(guē'ǎ，小鸡儿)等。

　　(3)对从事某些职业的人的蔑称。例如：看命仔(算命先生)、讨海仔(渔民)、乞食仔(乞丐)等。

　　(4)加在人名，特别是单名后，表示亲昵。例如：宝玉仔、伟文仔、平仔、珍仔等。

　　(5)加在表示处所、时间的名词后，表示范围小、距离短，或时间短，这种"仔"尾和指小和少的意义有密切关系。例如：即位仔(这么点儿地方或就在这里)、迄(hīt)带(dè)仔(就在那里)、即阵仔(zītzûn'ǎ，这会儿)、迄阵仔(那会儿)、即站仔(zītzâm'ǎ，这会儿)、迄站仔(那会儿)、目睭仔(bbáklnīh'ǎ,一会儿)等。

2.数量词词尾

强调所指的数量小或少,常出现的结构是"一(zít)＋量词＋仔",有时"一"也可换成"两、三"等数词。例如:一滴仔水(一点儿水)、一丝仔线(一点儿线)、一点仔油(一点儿油)、三两个仔人(两三个人)等。

3.形容词词尾

(1)用在某些单音形容词后,相当于单音形容词的重叠式;用在某些形容词重叠式后,相当于普通话的助词"地"。它们都表示动作轻微。例如:匀(wún)仔食(慢慢吃)、匀仔行(慢慢走)、轻仔放(轻轻放)、静仔做(静静做)、殕(pǔ)仔光(蒙蒙亮)、小可(kuǎ)仔痛(稍微痛)、匀匀仔食(慢慢地吃)、匀匀仔行(慢慢地走)、殕殕仔光(蒙蒙亮)、爽(sǒng)爽仔睏(kùn)(舒舒服服地睡)等。

(2)用在某些形容词后,使形容词名词化,指某一种人。大多是蔑称。例如:夭寿仔(yǎosiû'ǎ,短命鬼)、痟(siāo)七仔(丑角)、抢铳(cniǔcìng)仔(爱出风头者)、土匪仔等。

4.动词词尾

表示动作轻微或"稍微……一下"。例如:笑笑仔讲(微笑着说)、看睞(bbnâi)仔(稍微看一下、看会儿)、歇睏仔(hiōhkùn'ǎ,稍微休息一下、歇会儿)、创治仔(còngdî'ǎ,欺侮或作弄一下)。

闽南方言名词词尾表小,除用"仔"外,还用复合词尾,比较常用的是"仔囝(gniǎ)"、"囝仔"、"头仔"、"仔头(táo)"。除表小外,还有可爱或亲昵的意味,相当于普通话的"子"和"儿"。例如:鸡囝仔、鸡仔囝(小鸡儿)、兔囝仔、兔仔囝(小兔子)、椅头仔、椅仔头(小椅子)等。

1984.7.28 发表于《厦门日报》

闽南方言"伤"字浅释

当您看到杜甫诗《曲江》之一"一片花飞减却春,风飘万点正愁人。且看欲尽花经眼,莫厌伤多酒入唇"中的"伤"字,也许会觉得不好解释吧! 查了《现代汉语词典》、《辞源》,"伤"一作名词,指伤口。二作动词"损害",如"伤害";"得罪",如"开口伤人";"妨碍",如"无伤大体"。三作形容词"因过度而感到厌烦",如"吃糖吃伤了"。四指"悲哀",如"伤心"、"伤感"等。杜甫此诗中的"伤"字,用上面的意思来解释都不通。前人有的把"莫厌伤多酒入唇"释为"伤心之事多于酒",这是误解。那要如何解释呢? 其实,它是副词"甚、过、太"之义,作状语,修饰后边的形容词"多"。因而,此句应释为"用不着再害怕过多的酒入唇"。

"伤"作"甚、过、太"之义,何以见得呢? 闽南方言的"伤"就有此义。

"伤",厦门、泉州文读音为 siōng,白读音为 sniū;漳州文读音为 siāng,白读音为 snioō,文读音用于伤害、伤心等,白读音作副词,用于伤侪(zuê,太多)、伤浅(太浅)、伤肥(太胖)、伤瘠(sǎn,太瘦)等。这正如想、像、相、上、丈、长等字的文读音 iong 韵用于思想(siǒng)、照相(siōng)、上(siōng)下、丈(diōng)夫、生长(diǒng),白读音'niu 韵用于想(sniû)家、好像(cniû)、上(zniû)楼、姑丈(dniû)、班长(dniǔ)等一样。因"伤"的古韵母与"想、像、上、丈、长"等字相同,所以能达到音准的要求。

从意义上看,《广雅・释诂》曰:"伤与爽音近义同。""爽,伤也"。"爽"在《尔稚》、《方言》中均释为"过也,忒也"。"忒",《辞源》

释为"太、过、甚"。由此可见,"爽"、"伤"在唐代正是作"过、甚、太"义讲,这种实词虚化的现象说明了汉语词汇发展的一条途径。况且"伤"在古代作"甚、太、过"解的还不仅此例。譬如,东汉·王符的《潜夫论》:"婴儿常病伤饱也,贵人常祸伤宠也。"隋·法言的《切韵》序:"吴楚则时伤轻浅,燕赵则伤重浊。"(这说明了各地的语音特点)李商隐《徘谐》中,就有"柳讶眉伤浅,桃猜粉太轻";齐己的《野鸡》诗中也有"长生缘甚瘦,近死为伤肥"。诗中的"伤"常跟副词"太、甚"对应,这也是"五律"、"七律"诗名词对名词、副词对副词的特点之一。

1991.1.20 发表于《厦门日报》

略释闽南方言里的"共"和"互"

　　闽南方言里的"共"读书音 giông，用如"共和国"、"共同"，读为 gâng，是白读音，又是"共人"ganglang 合音而成的。泉州一带仍保持"gang"音，厦门和漳州一带却脱落鼻音韵尾读成"gâh"，常写为"甲"。介词"共"可跟"人、伊、汝（你）、我"构成介宾结构"共人、共伊、共汝、共我"。"共汝、共伊"的合音是 gai，"共我"的合音是 gua。"共人、共我、共伊、共汝"等介宾结构中的"共"表示处置，相当于普通话的"把"。而"人"，有时指说话的人，有时也指别人，相当于普通话的"人家"。"伊"指人，也指事物，相当于普通话的"他（她）、它"。这几个介宾结构后面加上动词和补语构成的句型使得有些闽南人说普通话时，常把介宾结构"共人、共伊、共汝、共我"翻译成"给"字，而普通话是使用"把"字结构的"把"字句的，这样一来就造成表达上的错误。如把普通话的"你把人家打了一下"、"他把你骂了"、"你把他管起来"、"把门关起来"、"把书收起来"、"黑暗势力的迫害，使她更坚决地把我们抚养成人"等句分别说成"你给人家打一下"、"他给你骂"、"你给他管起来"、"门给它关起来"、"书给我收起来"、"黑暗势力的迫害，使她更坚决地给我们抚养成人"。

　　再说闽南方言里的"互"字，读为 hoô（双写字母"oo"表示开口度比"o"大些），有时可读为"互人"的合音 hong。"互"具有普通话的"给予"、"容许"、"使然"等意思，在表示这个意思时，"互"（hoô）是同音字，闽南人说普通话时翻译成"给"字是对的。如方言说："这本册带互伊，伊要看，互伊看。"说成普通话是："这本书带给他，他要看,给他看。"不过,普通话在表示容许时,除说"给"之外,口语也常说"叫、让",如"他要看,给他看",也可说成"他要看,让他看"。但"互"在表示"遭受"时,也就是用如被动式时,闽南方言不像普通话那样,用专门表示被动关系的介词"被"来表示(口语中还有"叫"、"让"等),而是用表示"给"的意义的介词"互"来兼任引进主动者,后面常带动词,有些闽南人说这类被动句的普通话时,往往说成主动句,造成误会。如把普通话的"在一次战斗中,敌人被我们消灭了"、"我今天做了一件好事,被老师表扬了"、"我国科学事业不能很好地发展,是被'四人帮'的破坏造成的"等句中的"被"说成"给",这不仅不合乎规范,而且意思恰恰相反。

闽南方言的"互"和"共"、"将"和"共"在句中可杂糅、兼用,若带进普通话,所造成的语病是显而易见的。下面举两个例子来比较便可一目了然。如:"经过深入的揭发和批判,他的面目已互人共伊看穿了。""这个学期要评出'五讲四美'积极分子,我们应该将这个好消息互同学知影。"这两个例句翻成不规范的普通话是"……已给人家把它看穿了"、"……将这个好消息给同学知道",而第一例句规范的普通话是"……已被人家看穿了",或"……已让人家给看穿了",第二例句规范的普通话是"……把这个好消息告诉同学"。

由此可见,闽南方言和普通话在语法上是有差别的,而闽南人在口头和书面表达上常出现的语病有时就是不自觉地套用方言说法所造成的。因此,我们对这些语病的分析,不仅可以帮助方言区的人从方言的角度来认识语病的原因,而且可以加强改正语病的能力。

1983.7.23 发表于《厦门日报》

释闽南方言里的"会"与"𣍐"

　　"会"普通话读 huì，闽南方言读音，据《集韵》为黄外切。文读音是 huê（即第五声阳去调，厦门和漳州的调值是┤22，泉州去声的调值是√31），厦门白读音是 hê、ê，漳州音是 wê。闽南方言中"会"的意义和用法大部分和普通话相同，但在词义和使用范围上有些不同。如方言"会"（hê）还可以用于说明、口头表示：会清楚（说明清楚）、会呣着（hê'ṁdióh，赔不是）。"会"（huê）可做量词，用于某些组成整套的东西：一会中秋饼。除此以外，在做能愿动词时，"会"（ê）和否定能愿式中否定词"𣍐"（bbuê，不会）的用法与普通话就不尽相同。

　　闽南方言的"会"与"𣍐"使用范围较广，除具有普通话"会、不会"的意义外，还包含了普通话的"能够、不能够"的某些意义。（1）普通话在表示具备某种能力或达到某种效率时用"能够"，如"人类能够创造工具"、"她一分钟能打一百五十字"；而表示学得某种本领、初次学会某种动作时用"会"，如"小妹妹会走路了"；表示恢复某种能力时用"能"，如"妈病好了，能下床了"。方言在以上义项和例句中，肯定能愿式用"会"、"会晓（hiǎo）"，否定能愿式用"𣍐"（不会）、"𣍐晓"。（2）普通话在表示有条件或情理上许可时用"能够"，如"下游能够行驶轮船"。而方言在肯定式里用"会使 sǎi"、"会用"（êyīng），否定式用"𣍐使"、"𣍐用"［"会用"、"𣍐用"通用于泉州一带，因在泉州"使（sǎi）"是忌讳语］。（3）对于尚未实现的自然现象或对某事的推测，普通话用"能够"，如"这雨能下长吗"、"他能来吗"，而方言也可用"会"，说成"这雨会落（lóh）久狯"、"伊会来狯"。从上述例子，不难看出闽南人常把普通话该说"能够"、"不能够"的地方说成"会"与"不会"，甚至在回答别人的谢词时，也说"狯"（不会）。下面略举数例带方言色彩的不规范的普通话供参考。（括号内是规范的普通话。下同。）

今天弟弟有病，不会去学校上课。（今天弟弟病了，不能上学去。）

他一天会不会干两天的事？（他一天能不能干两天的活儿？）

这件衣服太大，弟弟不会穿。（这件衣服太大，弟弟不能穿。）

他今天会来，明天不会来。（他今天能来，明天不能来。）

除上述外，闽南方言里的"会晓"与"狯晓"还用在普通话的"懂得"与"不懂得"、"认识"与"不认识"的某些义项上，如把普通话的"你懂得这句话的意思吗"说成"你会晓这句话的意思吗"，把普通话的"我不认识这是什么花"说成"这种花我狯晓"。"会晓"与"狯晓"直接译成普通话是"会"与"不会"、"懂"与"不懂"，这样一来，闽南人在说普通话时，"会"与"能、懂得、认识"，"不会"与"不能、不懂得、不认识"就容易产生滥用的现象，造成表达上的错误。下面略举数例带方言色彩的不规范的普通话供参考，以此引为借鉴：

我不懂骑自行车。（我不会骑自行车）。

这个干部不懂得联系群众。（这个干部不会联系群众）。

原来的班主任我懂得，新来的班主任我不懂得。（原来的班主任我认识，新来的班主任我不认识。）

你懂不懂这个生字？（你认不认识这个生字？）

这条山路蜿蜒曲折，你不会走。（这条山路蜿蜒曲折，你不懂得走。）

1984.3.31 发表于《厦门日报》

释闽南方言里的"有"和"无"

也许有人要说，"有"就是表示存在、领有，跟"无"、"没有"相对；"无"就是表示不存在、没有，跟"有"相对。这有什么问题可释呢？请别玩文字游戏吧！我说不然。闽南方言里的"有"和"无"在口语中使用很频繁，它除了跟普通话一样带名词宾语，如"有人"、"无土地"外，还有许多用法是普通话所没有的。

"有"和"无"，有些闽南人说普通话时，常把它翻译成"有"和"没有"，并将其方言义直接带进普通话，造成语法上和意义上的错误，使北方人听起来感到费解，不知所云。下面列举几组对话的例子进行对比，就足以说明解释"有"、"无"的必要所在。

甲：今天上课我听有，你呢？

乙：今天上课的内容太深，我听没有。

释："听有"指听得清楚或听得懂；"听没有"指听不清楚或听不懂。

甲：他看你有，看我最没有。

乙：哪里？他看你最有，看我最没有。

释："看你有"指瞧得起你，"看我最没有"指最瞧不起我。

甲：我身上这件的确良很有穿，穿好几年了，还没破。

乙：我这件工作服也比较有穿，这种布质量好，比较有洗。

释："有穿"指"耐磨"或"耐穿"、"禁（jīn）穿"，"有洗"指"禁（jīn）洗"或"耐洗"。

甲：晚米做饭不但好吃，而且煮比较有饭。

乙：是的，早米煮比较没有饭。

释:"有饭"指出数儿,"没有饭"指不出数儿。

甲:水和水银哪一样比较有重?

乙:水银比较有重,水比较没有重。

释:"有重"指比重大,"没有重"指比重小。

另一方面"有"、"无"("有"、"没有")对举,构成"有……没有"的疑问句,或"有"、"无"("有"、"没有")对举连用构成"……有没有……"的疑问句,这在日常会话中更是屡见不鲜。如:

甲:你弟弟有去上学没有?

乙:我弟弟有去上学。

释:"有去上学没有"指去上学了吗,"有去上学"指"去上学了"或"上学去了"。

甲:药有买到没有?

乙:药买没有。

释:"有买到没有"指买到了吗,"买没有"指"买不到"或"买不着"。

甲:今天你有没有看电影?

乙:我有看电影。

释:"有没有看电影"指"看电影了吗","有看"指"看过了"。

对闽南方言里"有"、"无"的解释说明闽南方言和普通话在词汇、语法上是有差异的。它们比起语音方面的差异来尽管小得多,但对于推广普通话来说绝不是微不足道的。因此要避免把方言的词汇和语法习惯不加分析地直接带进普通话,除认真学好普通话的词汇、语法外,还可通过寻求闽南方言和普通话词汇、语法上的差异,联系例句,进行比较,在说普通话时,有意识地纠正自己方言带来的语法习惯,力求说一口比较合乎规范的普通话。

1983.7.9发表于《厦门日报》

从闽南方言的"平平"谈起

　　闽南方言的"平平"（bníbní）有四个意思：一是平坦，如"平平路"（平坦的路）；二是同样或一样，如"平平重"（同样重）；三是同时，如"平平行"（同时走）、"平平食"（同时进食）；四是两字读音不同而形成动补结构，那就是首字读 pní，第二字读 bní，表示铲平，如"将地平平"（把地铲平）。而普通话的"平平"只有一个意思，指不好不坏、寻常，如"程度平平"、"成绩平平"。

　　"平平"这词儿在闽南人的日常会话中经常出现，使用频率相当高，而且在说普通话时，经常会不自觉地套用"平平"的方言义，特别是在表示相等式的比较句里往往在形容词前面加上"平平"，它就相当于普通话里的"同样"或"一样"的意思。如："我和你平平高"（我和你一样高）、"两包花生平平重"（两包花生一样重）。有时在某种语言环境里，也可省略后面的形容词，说成"我和你平平，无输赢"（我和你一样，不分高下）。

　　"平平"是单音形容词作一次重叠，类似"平平"的例子还有很多。如"凉凉、冷冷、烧烧、温温、甜甜、苦苦、新新、旧旧、圆圆、扁扁、幼幼、粗粗、肥肥、红红、白白、早早、晏晏（wnà，迟）、爱爱、兴兴"等，不胜枚举。普通话单音形容词也可重叠，但重叠形式跟闽南方言有点差别。普通话单音形容词重叠，有两种形式：一是在叠字的单音形容词后面加上助词"的"。二是单音形容词重叠，第二字重读、"儿"化，而且无论本来什么调类，一律读阴平调，形容词重叠之后常常附"的"字尾。如"快快儿的、慢慢儿的"。它们所表示的语法意义和闽南方言却不尽相同，"快快儿的、慢慢儿的"都是表示程度加重,分别为"很快、很慢"的意思。而闽南方言的单音形容词重叠却表示稍微的意思。如闽南方言里的"风凉凉"、"甘蔗甜甜"、"水冷冷"中的"凉凉"、"甜甜"、"冷冷"等词是表示稍微凉、稍微冷、稍微甜,也就是相当于普通话的"凉丝丝(的)"、"冷丝丝(的)"、"甜丝丝(的)"或"甜津津(的)",括号内的"的"字尾可用可不用,也可说成"凉凉的"、"冷冷的"、"甜甜的"。而方言若要表示程度加强、语气加重,经常使用一个单音形容词作三次重叠的形式。如普通话的"很甜、很冷、很白、很饱、很平"等词,闽南方言分别说成"甜甜甜、冷冷冷、白白白、饱饱饱、平平平",读的时候,按单音形容词三叠连读变调的规律变调。

1983.7.2 发表于《厦门日报》

释闽南方言里的"来去"

　　要解释闽南方言的"来去",得先从普通话"上哪儿去"或"到哪儿去"一类的句子谈起。普通话的"上哪儿去"或"到哪儿去"闽南人常说成"去倒落"(kìdǒloh,去哪里),又把"我上北京去"或"我到北京去"说成"我去北京"。不过,这种"去哪里"的说法在人们的会话中已经常使用,并逐渐被普通话所接受。但当第一人称做主语时,方言还有一种说法,就是用"来去"代替"去"。如:

　　①我来去看电影。

　　②我来去吃饭。

　　③我们来去上课。

　　④来去,来去开会。

　　例①可改为:"我看电影去。"例②可改为:"我吃饭去。"例③可改为:"我们上课去。"例④可改为:"去,开会去。""来"是助动词,表示"意欲"、"祈使"。普通话可加在其他动词前,不能加在"去"前头,如:"你来念,我来写。""去"用在动词后,表示动作离开说话人所在地,如"拿去","捎去"。而上面这些例子的"来去",都含有将要的意思,表示一种意向,现在正开始行动。如例③"我们来去上课",意思是"我们现在正要去上课"。闽南方言在用第二人称或第三人称做主语时,则不能用"来去"代替"去",如不能说"你来去上课"、"他来去上课"。但是"你和我一同去"却可以说成"你和我一同来去",因这里面包括第一人称"我"在内,例④是隐去主语"我们"的一种命令、催促别人的句子。

　　"来去"在闽南方言里还有另外一种用法,那就是用在拜访主人后,和主人告别时的套语,普通话说:"我回去了。"而方言却说成:"我来去。"更有趣的是漳州人说"我来去"时的"来去",连读后第二音节"去"弱化丢失变为"我来","来"字要读轻声。

普通话的"上哪儿去"和"回去"的"去",都是表示动作离开说话人的所在地,而方言却在"去"的前头用了与"去"相对的"来",成了"来去",这样又来又去,就等于停止不动,因此,说普通话时要尽量克服方言"来去"的影响。

闽南方言"来去"还有一个意思,那就是"来往、交往",在"来去"前加"有"或"无",如:阮两家定定有来去(ggǔn lñg gē dniâdniâ wû láiki,我们两家常有交往)。在古书里也这么用。如《清平山堂话本·简贴和尚》:"自从小年夫妻,都无一个亲戚来去。"

1983.7.16 发表于《厦门日报》

从"退火"谈起

在日常交谈中,我们经常能够听到关心孩子身体健康的母亲以下的对话:

甲:"我的孩子最近火气很大,不想吃饭,不知该怎么办?"

乙:"……火气大,就得多吃点退火的东西,使他退火。"

这样的对话在我们闽南方言区里听起来并不觉得有什么问题,大多数人听得懂。因闽南方言的"退火",就是使火气下降的意思,因此就把方言义换上普通话语音直接带进普通话。但北方人听起来,却感到有点牛头不对马嘴,不知所云,因普通话的"退火"并没此义,而是指金属工具使用时因受热而失去原来的硬度。也指把金属材料或工件加热到一定温度并持续一定时间后,使其逐渐冷却。退火可以降低金属硬度和脆性,增加可塑性。那么中医指消除体内的火气,普通话怎么说呢?普通话是用"去火"或"败火"。若指体内火气上升所引起的炎症就叫"上火"。

从"退火"这词的使用,我联想到闽南方言里一些和普通话词形相同而意义相差很远的词,这些词常被人不加分析地直接把方言义带进普通话,因而影响到普通话的规范性。下面列举数例以供参考。"(一)"指普通话的词义。"(二)"指方言的词义及例词、例句,普通话的说法加括号说明。

暗暗:(一)在暗中或私下里,不显露出来。(二)①夜深:早早出去,暗暗才来(清早出去,深夜才回来)。②表示程度:教室暗暗(教室光线很不足)。

变相:(一)内容或本质不变而形式和原来不同(指坏事)。

（二）不正常的状态（跟"常态"相对）：他今天有点变相（他今天有点反常）。

豆油：（一）大豆榨出的油，供食用。（二）指酱油。

风声：（一）传出的消息。（二）动词，由传闻而得知；消息传出：最近风声要地震（最近听说要地震）。

风险：（一）可能发生的危险。（二）（为人做事）不可靠：这个人很风险（这个人很不可靠）。

假死：（一）由于某种疾病或原因造成死的状态，如果进行急救，还可以救活。也指某些动物遇到敌人时为了保护自己，装成死的样子。（二）假惺惺；装蒜。如：伊势假死，明明知影，激唔知影（他很会装蒜，明明知道，假装不知道）。

清幽：（一）风景秀丽而幽静。（二）还指清静闲暇：爸爸退休后，很清幽（爸爸退休后，很清静闲暇）。

见笑：（一）（因拙劣）被人笑话（多用做谦辞）。另一个意思是笑话（我）：请勿见笑。（二）害羞、羞耻：不知见笑（不知羞耻）。我感到真见笑（我感到很害羞）。

兄嫂：（一）哥哥和嫂子。（二）指嫂子：阮兄嫂真好（我的嫂子很好）。

有底：（一）知道底细，因而有把握。（二）①有基础：他英语本来就有底（他英语本来就有基础）。②牢靠：勤俭持家才有底（勤俭持家才牢靠）。

有心：（一）有某种心意或想法。也指故意。（二）有感情，真心待人：老人家对你很有心，你别亏待她（老人家真心待你，你别亏待她）。

闽南方言和普通话词形相同、意义不同的例子举不胜举，这里不再赘述，希望上述例子能取得抛砖引玉的作用。

1983.12.31 发表于《厦门日报》

从"走好"谈起

　　客人拜访主人后,在向主人告别时,我们常听到主人客气地说:"走好!""走好"是套语,相当于普通话的"好走"或"慢慢儿走""走好"是闽南话的"行(gniá)好"翻译而成的。

　　"走",闽南话文读音(读书音)是 zoǒ,白读音(说话音)是 zǎo。《说文解字》注:"疾趋曰走。"可见"走"古义是指快跑、逃跑。指快跑如《木兰辞》:"两兔傍地走,安能辨我是雄雌。"唐·庄南杰《伤哉行》:"兔走乌飞不相见,人事依稀速如电。"指逃跑如《孟子·梁惠王上》:"弃甲曳兵而走。"闽南方言保留"走"的古义,如"走路"(逃亡)、"走反"(逃避)、"走赵(zóng)"(奔走)、"走人的钱"(卷逃)中的"走"都是这个意思。又如今成语"走马看花"、"走投无路"的"走"即此义。"走"今义指走路,步行。而"行"闽南话文读音是 hóng、híng,白读音是 háng、gniá,若指走路的意思,则读 gniá。《说文》:"行,人之步趋也。从彳、从亍。"段玉裁注:"步,行也。趋,走也。二者一徐一疾,皆谓之行……彳,小步也。亍,步止也。""彳亍"是慢慢走的样子。闽南方言的"行好、慢行、匀仔行"(好走、慢走、慢慢走)、"行路"(走路)、"行动"(gniádāng,走动)等词的"行"就是这个意思。如《墨子·公输》:"行十日十夜而至于郢。"《论语·述而》:"三人行,必有我师焉。"又《楚辞·九歌·湘君》:"君不行兮夷犹。"李白的《行路难》:"……行路难!行路难!多歧路,今安在? 长风破浪会有时,直挂云帆济沧海。"杜甫的《兵车行》、《丽人行》、《渼陂行》等都说明了"行"的古义。而"行"今义也是"走",如步行、人行道、日行千里等。

魅力闽南话

闽南人把普通话的"好走"说为"走好"是因为普通话和方言中一个复音词的两个词素排列的前后次序不同造成的,属于普通话和闽南方言词素前后次序颠倒而意义相同的类型。说普通话时,比较容易用方言词序直接带进普通话的,还有以下常用词,提出来供参考,以便注意纠正:小胆(胆小)、性癖(癖性)、机司(司机)、播春(春播)、千秋(秋千)、利便(便利)、人客(客人)、头前(前头)、业产(产业)、历日(日历)、节季(季节)、鞋拖(拖鞋)、赛球(球赛)、头额(额头)、养饲(饲养)、风飚(台风)、麵线(线面)、薛苔(苔藓)、久长(长久)等。对动物的称谓方面,词素颠倒的有鸡母(母鸡)、狗公(公狗)、狗母(母狗)等,我们不在此一一列举,因这类词直接带进普通话的可能性较小。

作为汉民族共同语的普通话,为了丰富自己的语言宝库,会逐渐地、适当地从人们的作品和会话中吸收一些带有地方色彩、表现力较强,又为群众所喜爱的方言词。正如见于白居易诗"红尘闹热白云冷"和闽南人经常使用的"闹热"一词,现已被普通话所吸收。"走好"近来也常出现在北方人的口中,设想久而久之,"走好"也许会被普通话接受的。

1983.11.26 发表于《厦门日报》

谈谈"脸"和"面(麵)"

　　也许有人要说,"脸"和"面"都是指头的前部,从额到下巴,这有什么好谈呢? 说的倒也是,但闽南方言区的人使用起来却往往会出现一些差错。因闽南方言没有"脸"、"面"之分,大都说成"面",所以在讲普通话时,常把普通话该说"脸"的词说成"面"。如把普通话的"脸色、脸盆、脸皮、洗脸、没脸见人"等词说成"面色、面盆、面皮、洗面、没面见人"等。

　　那么,在学习普通话中,如何正确使用"脸"和"面"呢? 这可利用闽南方言中某些和普通话不同的核心词(根词)所派生出来的基本词作一番归纳和比较,有的可以整组转为普通话词语,有的通过辨别、比较就能收到较好的效果。如闽南人把"锅"说成"鼎",所以由"鼎"这个根词派生出来的"鼎盖、鼎箠、鼎疕、鼎脐"说成普通话时要分别改为"锅盖、锅刷、锅巴、锅心"。"脸"和"面"这类词虽然不能整组照搬,但通过辨别、比较,是能收到较好的效果的。"脸"和"面"在普通话里,有些地方使用"脸",有些地方使用"面",没有一定的规律可循,如普通话说"脸"的常用词有:脸蛋儿、脸面、脸盘儿、脸盆、脸谱、脸色、洗脸水、笑脸、丢脸等;说"面"的常用词有:面具、面孔、面目、面庞、面前、面容、面熟、面子等。

　　"面"和"麵"本来是两个不同的汉字,后来中国文字改革委员会在 1956 年以后公布的简化汉字中,把"麵"简化为"面",两个字合并了,这样合并对于简化汉字、扫除文盲等工作确实提供一些方便,但对方言区来说,也带来一点儿不便。因为"面"和"麵"在古代和闽南方言里意义上和用法上是不同的,"面"是指脸部。"麵"是指粮食磨成的粉,特指小麦磨成的粉。两个字是不通用的,这两个字闽南方言的文读音(读书音)同样读为 bbiân,但白读音(说话音)是截然不同的,"面"读为 bbîn,"麺"读为 bbnî,因此在用闽南方言写剧本、小说、曲艺、广播稿时,就要根据两个字的不同意义和读音来分别使用。

1983.8.20 发表于《厦门日报》

也谈厦门地名的正音正名正字

　　读 5 月 4 日《厦门日报》"闽南风情"版中的《厦门地名应正音正名》一文,我也有同感。我就厦门地名中普通话与厦门话的读音问题,想再谈谈自己的看法。

　　"浦"字义指水边或河流入海地区,普通话读 pǔ,用如黄浦江、浦南、乌石浦等,闽南话读 poǒ。"埔",字义指平地、旷地,多用于地名,普通话读 bù,如广东省的大埔县,而方言读阴平调,广州话读 bōu,闽南话读 boō,如前埔、后埔、埔尾等。本来两字读音、用法泾渭分明,并不混乱,以后广东的"埔"又增加一个读音,读 pǒu,用于"黄埔",据朱永谐先生说(《中国语文》1999 年第 3 期),当年"黄埔军校"的校长蒋介石是浙江奉化人,他大概不知"埔"字粤音地名读 bōu,转换到普通话应读 bù,而是把"埔"当"浦"来读(上海有条黄浦江),默默无闻的"黄埔",因"黄埔军校"出名。而传播"黄埔军校"这个大名的又多不是广东人,于是就变成世人只知"黄pǔ",而不知"黄 bù"。这一影响可不小,造成所有的字辞典都在"埔"下注两个读音:bù 和 pǔ,这就是现在读音混乱的主要原因,使人们碰到"埔"字地名时,无所适从。厦门地名用字"埔"字,普通话读为 pǔ。

　　至于"澳"与"沃",普通话读音分别为 ào 与 wò。闽南话两字读音截然不同,"澳"读 ò,用如澳门、内厝澳、顶澳仔等,而"沃"据《广韵》为乌酷切,折合成闽南话,读书音为 ōk,用如肥沃、沃野千里,说话音为 āk,用如沃水(浇水)、沃花(浇花)等,甚至淋雨也可说成沃雨。古代也是这么用的,如《礼记·内则》:"进盥:少者奉槃,长者奉水,请沃盥。"北魏·郦道元《水经注·淇水》:"淇水又东出,分为二水。水会立石堰,遏水以沃白沟。"宋代岳珂《桯史·黯鬼酝梦》:"(杨汝南)夜梦有人以油沃其首,惊而寤。"厦门路名牌、报纸、电视、广播有时把"澳"写成"沃",那是写错字,应改正,否则将以讹传讹,造成厦门地名用字、读音混乱。在这里也顺便提醒一下,"何厝、曾厝垵"的"厝"普通话应读 cuò,不读 cù,方言读 cù。"后江埭"的"埭"普通话应读 dài,不读 dì,方言读 dê。环岛路有一个公交站"黄厝石胄头","胄"普通话读 zhòu,不是 wèi,方言读为 diû,不要有边读边,无边读上下。有些公交车广播报站时,读为"胃",这是错的。"胄"字有两个义项:一是指盔,即古代作战时戴的保护头部的帽子;二是指帝王或贵族的子孙。据当地的人说,此地曾有一块似盔的石头,有些人对"胄"的其音其义不甚了解,所以俗称此地为"石帽头"。

2000.5.25 发表于《厦门日报》

"鼓浪洞天"中"洞"的本字

　　鼓浪屿是全国有名的海上花园,它天工地设的自然美景为中外旅客赞不绝口、流连忘返。厦门因有"鼓浪屿"这张名片而更加妩媚动人、绚丽多彩! 游客来厦门必到鼓浪屿一游,否则会感到十分遗憾! 可你知道"鼓浪屿"此名的来历吗?

　　以往总是认为这个岛西南海边有一块巨大的岩石,在长年累月受海水冲击侵蚀下,中间形成了一个可穿行其间的竖洞,洞顶又有一岩石,每逢涨潮时,浪涛冲击岩石,发出有节奏的如擂鼓一样的"隆隆隆"的响声,人们把它称为鼓浪石,这个岛屿也因此得名为鼓浪屿。可前不久在报上看到一则消息,说是鼓浪屿日光岩峭壁上镌刻的"鹭江第一"、"鼓浪洞天"、"天风海涛"等雄浑有劲的大字,其中"鼓浪洞天"使人难以理解。

　　我想当时作者也许是用闽南话写的,"鼓浪洞天"是形容像擂鼓一样的、巨大的浪涛冲击着天,海浪快撞到天了。"撞"《现汉》的第一义项是运动着的物体跟别的物体猛然碰上。如惊涛骇浪撞击岩石。它的闽南话读音和"洞"相同。"鼓浪洞天(goǒ lông dông tiān)"的"洞"是同音替代,它的本字正是音准义同的"撞"。人们也许感到纳闷,"撞"普通话读为 zhuàng,闽南话为何读为 dông 呢? 拿"撞"和"幢"为例来说吧,"撞"与"幢"在中古音的音韵地位相同,《广韵》:丈降切,绛韵。根据古今音的演变规律,切成普通话是 zhuàng,而闽南方言保留"古无舌上"的特点(古代没有舌上音,舌上音就是普通话的卷舌音),把舌上读成舌头音(舌头音指 d、t),所以会读成 dông,与"洞"同音。请看下例便可一目了然:

魅力闽南话

例 字：	中	赵	珍	长	展	朝	丈	昼
普通话：	zhōng	zhào	zhēn	zhǎng	zhǎn	zhāo	zhàng	zhòu
闽南话：	diōng	diô	dīn	diǒng	diǎn	diāo	diông	dào
例 词：	中国	姓赵	珍珠	生长	展览	朝夕	丈夫	日昼 (中午)

至于"幢"与"撞"读音相同,普通话读为 zhuàng,闽南话读为
dòng,用如一幢厝(一幢房子),不过方言口语常说一座厝。据上
述道理,"鼓浪屿"得名用"鼓浪撞天"来解释也挺"酷"、挺奇的,它
让人看了浮想联翩。

2011.2.24 发表于《厦门日报》

五　外来词语

闽南方言与外来文化

　　由于历史和地理的原因,闽南人在长期的政治、经济、文化生活中,不断与外域交流,在输出自己词语的同时,也采用音译、意译或借词的方法,吸收不少外来词语,逐渐丰富自己的词库,这些外来词隐含着闽南特有的外来文化。

　　外来概念的汉译形式:闽南话称"洋人"为"番仔"(huān'ǎ),所以常用"番"涵于称呼外国人及外国输入的物品之前。如称外国为"番邦"、"番爿",把出洋谋生叫"过番",华侨叫"番客",华侨在国内的妻子叫"番客婶",地瓜叫"番薯",马铃薯叫"番仔番薯",玉米叫"番麦",豆薯叫"番葛",火柴叫"番仔火",饼干叫"番仔饼",连衣裙叫"番仔裙",洋楼叫"番仔楼"……这些词语中有一些属早期的词,因少用或没用已被淘汰不再沿用。

　　全译词:把原词的语音形式经过汉化、闽南语化后保留下来。来自英语的,如:芝居力(巧克力)、1巴仙(百分之一)。来自马来语、印尼语的(同属一个语种),如盾(印尼币单位)、洞葛(西式手杖),来自荷兰语的,如甲(台湾丈量土地面积的单位)。

　　半译词:指在音译的基础上加上方言的成分,注明类别。即音译加表意。来自英语的,如:极仔(奶油蛋糕)、马擎仔(缝纫机)。

来自马来语、印尼语的,如:谢哥米(西谷米)、加薄棉(木棉)。

日语借词:这是指直接把用汉字写出来的日语词拿过来作方言词,它的读音是闽南话的读音,其书写形式和意义是日本的。如:番号(号码)、便当(饭盒)、便所(厕所)等。

随着改革开放的深入发展和国际交流的空前频繁,外来词近几十年以从未有过的速度一批批进入中国,进入对外开放的窗口——厦门特区以及闽南其他地区,这是传意生活的紧迫需要,并非语言者的标新立异。人们对于外来词的吸收,打破以往以意译为主的习惯,主要有音译词,如万宝路、迪斯科、夏普、麦当劳、肯德基、沙龙、托福、迷你、酷、秀、可口可乐、派等;半音半意合译词,如桑拿浴、啤酒、保龄球等。由于交际需要,人们把这些词拿来使用,既快又方便,这不仅丰富了汉语和闽南方言词库,而且对活跃人们的语言生活、文化生活都有积极的意义。闽南方言近来使用的外来词大多是从汉语音译或意译过来的,因此无需再作翻译,否则译音大相径庭,就失去它的交际意义。

罗常培先生在《语言与文化》中引用帕默尔的话说:"语言的历史和文化的历史是相辅而行的,它们可以互相协助和启发。"有些文化现象淡化甚至消失,语言中某些词语因少用或不用久而久之也随着消失,外来词语生命力强的,经得起考验的就能长期被人们使用,生命力差的可能是昙花一现。

2003.9.9 发表于《泉州晚报》

谈闽台方言中的外来语

　　随着社会的发展,各国之间、各民族之间、各地区之间在政治、经济、文化等方面的交流必然会日趋频繁,而作为交际工具的语言便会因之互相影响、互相渗透,甚至还会互相借用一些词来丰富自己的词汇。这一部分从其他民族、国家或地区吸收来的词就是外来词,也叫外来语。

　　闽台方言的外来语源远流长,经历了不同的发展阶段,它的历史要追溯到隋唐时期。据唐书载:泉州港在隋唐时就成了全国对外交通贸易的中心之一。至宋元时期其海交发展到高峰,随着元王朝的覆灭,泉州港的地位则逐步下降,取而代之的漳州月港(今海澄)成了闽南对外贸易的商业中心。明末清初,民族英雄郑成功把厦门作为抗清驱荷、光复台湾的基地,闽南的政治、经济、文化中心逐步移到厦门。鸦片战争后,厦门被辟为五口通商口岸之一,经济地位远非漳泉所能及。当时,厦门已成为漳泉货物进出口的必经之地、闽南华侨出入境的重要口岸。这样一来,闽南与海外的来往日益频繁,文化的交流也就日益发展。闽南方言不断地从马来语、阿拉伯语、英语中借用一些词。抗日战争时,相当多的日语借词也进入闽南,在大陆和台湾使用,抗日战争前,日语借词就在台湾通行。解放后,特别是改革开放以来,外来语的渗入更是不胜枚举。现代科学技术的品名暂且不谈,就是与生活有关的东西及日常用品的外来词的输入可谓从未间断,且数量相当可观,这些外来词大概有两类:一类是音译词,它包括全译词和半译词;另一类是借词,如日语借词。

先谈音译词中的全译词。它是把原词的语音形式经过汉化、闽南语化而保留下来的。来自阿拉伯语的如雪文(肥皂——阿拉伯语 Sabun。有的认为是来自法文,法语是 savon)、多朗(请求饶恕、请求帮助——阿拉伯语 tolong)。来自马来语、印尼语的如洞葛(手杖——马来语 toengkat)、浪邦(借宿——马来语 longpang)、峇厘(原指上等船舱,今泛指供旅客住的房间,如俗语"食公司瞓峇厘","瞓"读 kùn,指睡,意指吃住都是公家的,该词来自马来语 bali)、老君(医生——lokun)、苦力(工人——kuli。有的认为来自英语)、私甲(合意、喜欢——suka)、尖薄(来往、交往——champur)、镭(钱——duit)、倷(安静——tiam)、珍(桶——tin)、加页(椰子酱——kaya)、榴莲(一种水果——liulian)、巴刹(市场——pasar)、沙茶(调料品——sate)、招瓢(有帽檐的礼帽,如"穿西装戴招瓢"——ziaupio)、交寅(结婚——kauwin)、咖啡(kopi)等。来自英语的如沙发(sofa)、派克(名牌的钢笔——parker)、沤屎(出界——Outside)、扑克(桥牌——poker。"扑克"是音译,"桥牌"是意译,两词并存)、巴士(公交车——bus)、的士(出租小汽车——taxi)、秀(表现、表演,如餐厅秀、歌厅秀——show)、波音(波音公司及其机型,波音——Boeing)、抛(英语原指停靠站,闽南话引申为停靠——park)、拜拜(再见——byebye)、的确良(Dacrron)。还有大哥大、卡拉 OK、托福考试、迪斯科、比基尼、麦当劳、爹地(对父亲的昵称)、妈咪(小孩儿对母亲的昵呼)等等不一一列举。以上有的词语,普通话也同时借用。

"半译词"乃是在音译的基础上加上方言的成分。来自印尼语、马来语的如加薄棉(木棉——"加薄",印尼语本义是"棉",加方言成分"棉")、谢哥米(米的一种——印尼语是"谢哥","米"是方言成分)、拾扳仔(扳手的一种——"拾扳"是印尼语 sippan,"仔"是方言成分)、马打仔(旧指反动政府的警察——"马打"是马来语 mata,"仔"是方言成分)。来自英语的如极仔(奶油蛋糕——英语

cake，"极"是音译，加上方言成分"仔"）、嘜头（商标——英语 mark，"嘜"是音译，加上方言成分"头"）等。

至于借词，主要是日语借词，这是台湾闽南语的一个特色。即把日语中的汉字词汇改为闽南音的词汇。如番号（号码）、便当（饭盒）、费气（麻烦）、便所（厕所）、暗记（背诵）、自动车（汽车）、自转车（自行车）、运转手（司机）、会社（公司）、组合（合作社）、绍介（介绍）、住所（住址）、辩护士（律师）、事务所（办事处）、万年笔（钢笔）、放送（广播）、见本（样式）、买收（收买）、感心（佩服）、料理（烹饪）、水道水（自来水）、邮便（邮政）、沙西乜（生鱼片）、月给（工资）、月俸（工资）、注文（订购）、团队精神（集体精神）、理念（道德观念）等。

社会在发展，语言在变化。旧的外来词因使用频率少逐渐被淘汰，而新的外来词则不断地加入本国、本民族、本地区的语言，这是语言演变发展的自然过程。对外来词的过去、现在和未来，以及它们的形成、流传等问题，尚待深入研究，本文只是做个初步的探讨。

1993.4.25 发表于《厦门日报》

"牵手"溯源

听说大陆有一对老年夫妻向台胞介绍自己的先生和夫人时互称为"爱人",这位台胞十分纳闷:难道这对老人还在谈情说爱吗?因为台湾和东南亚、港澳地区一样,只有恋爱中的男女才互称"爱人"。而大陆"爱人"一词不仅指恋爱中的男女,也指丈夫或妻子的一方。台胞称呼自己的丈夫或妻子一般用"先生"、"太太",但有时在熟人面前,为了表示亲切、随和,也用"牵手"(kānciǔ)来称呼自己的配偶。

据说"牵手"这词来源于台湾少数民族平埔族的平埔语。平埔族住在平原,与汉人杂居,早已被汉人同化,但他们的有些词也被台湾闽南人借用。平埔族实行的是"母系"家庭制度,女孩子长大以后,父母就给她建一间房子,让她单独居住。当有男青年看中这个姑娘后,就被引进房中与姑娘同居,待到怀孕以后,女子就牵男人的手去拜见父母,请求"承认"。以后凡是平埔族的女人跟汉族的男人结婚时,女方就到男方家里去"牵"男方的手,一起到女方家里去,把男子叫作"阮牵手"(ggǔn kānciǔ,阮:我的),后来转变为把"妻子"叫作"牵手"。

1993.10.31 发表于《闽南日报》

"五骹记"溯源

　　"五骹记"（ggoôkāgì）是个来自马来语的外来词，就是普通话的"骑楼"。它是个生命力很强的词，跟"雪文"（有的认为来自法语savon，指肥皂）一样进入闽南方言的词库。

　　据说很早的时候，马来西亚没有丈量单位。历史上该国曾经受到大不列颠帝国的控制，语言方面深受英语的影响。"骹记"是马来语的译词，指英尺的意思，来源于英国。英国一英尺是某英皇一个脚掌的长度，按南洋习惯，不露天的人行道需五英尺宽才符合要求，所以才加上一个"五"字，不过现在的骑楼通常超过了这个宽度。

　　中山路上的"五骹记"成了厦门特有的一道风景线，人们在步行街上散步或购物时，可不怕日晒雨淋，自由自在地消费，舒舒服服地闲逛。

　　更难能可贵的是近百年来随着经济的突飞猛进，很多城市的老街道都改变了原来的模样，可中山路、大同路等是厦门至今仍完整保留百年风貌的商业区，中间道路虽行人熙熙攘攘，而原汁原味的骑楼走廊中新老厦门人仍悠然自得地散步聊天，或在走廊泡茶、看报，显得十分的悠闲，这就是"五骹记"给人们创造的生活乐趣。

2004.11.18发表于《厦门日报》

闽南话与马来语的互相借用

在马来西亚讲学的日子里,我有意识地接触一些闽南人,并注意他们的对话,从他们的对话调查闽南话和马来语是怎样互相影响、互相借用的。因词语是最敏感的、最活跃的,互相借用的主要是日常词语。请听一位闽南人说的一段福建话(在马来西亚,闽南话被称为福建话):

有一日,阮(ggǔn,我们)坐巴家车(bā gē ciā,私家车)去巴刹(bā sāt,市场)买榴莲(热带果王),拣来拣去无私甲(sū gāh,不合适),巴鲁(bbâ lǔ,刚刚)无偌久(bbóluâgǔ 没多久),看着(knuàdioh,看到)一个朋友,伊定定甲我有尖薄(ziām bóh,他常常跟我有来往),我叫伊来斗拣(我请他来帮忙挑选),他拣着两粒较好的,阿甲(ā gāh,估计)起来有四其罗(gīló,公斤)半,沙吗(sā mā,全部)开了 20 元 18 仙(二十元又一角八分,马来语没有表示"角、分"的词,十八仙等于一角八分,若十八千就等于一万八千)的镭(luī,钱)。

这一段话里,借用的马来语词就有将近十个,平时若稍为留心一下,不难觉察出闽南话中的马来词不仅有日常用语,还包括了其他性质的词汇。这些词语大多是音译词中的全译词,少数是半译词,如:(为了编排方便,只写音近字,不标音)。

(1)全译词:雪文(肥皂,源自阿拉伯语或法语)、刹巴堵(皮鞋)、洞葛(手杖)、实叻坡(新加坡)、老君(医生)、苦力(工人,源自英语)、镭(钱)、峇厘(原指上等仓,现泛指供旅客住的房间。今有"食公司睏峇厘"的说法,意指吃、住都是公家的)、加页(椰子酱)、咖喱(咖喱粉)、招飘(有帽檐的礼帽,如"穿西装戴招飘"意指洋人的装束)、沙茶(调料品)、咖啡、罗梯(面包)、巴刹(市场)、纱笼(用长布裹住身体,是马来亚服装)、马打(警察)、甜闷(黄瓜)、峇峇(bbabba,海外出生的华裔)、店(diam,安静)、私甲(合意,喜欢)、孽(ggiát,调皮)、多朗(请求帮助和饶恕)、尖薄(来往)、交寅(结婚)、浪邦(暂寄食于人,并帮助人家做事)、搅吵(giǎocǎ,骚扰)、乌公(oōgōng,罚款)等。

(2)半译词:五骸记("骸记"kaki,是英尺的意思,按南洋习惯,人行道需五英尺宽才符合要求,因此再加上闽南方言"五"字)、巴冷刀("巴冷"读 ba lang,是指马来式的刀子,再加上闽南语"刀")、马打仔("马打"指警察,是马来语,加闽南语"仔")、马打厝(加方言成分"厝",指警察署)、红毛丹(外皮有毛的、外壳类似荔枝的水果,加上"红"字)、加薄棉("加薄"读 gā boh,是指木棉,加上方言"棉")、谢哥米("谢哥",米的一种,加方言的"米"字)等。

据初步统计,闽南话中的马来词有 400 多个,而马来语所吸收的源自闽南话的外来词也不少,其中大多是食品、人称代词等。如:

红薰(áng hūn,旱烟)、红公(纸牌)、红包(压岁钱)、新正(正月初一、春节)、锦、缎、柴屐、漆、鳗、肉、面、什菜、面线、米粉、茶、豆腐、豆干、豆酱、豆油(酱油)、粽、畚箕、粿(gě,年糕)、粿条、冬瓜。润饼(薄饼)、鸡毛笒(鸡毛掸子)、佛公、香(线香)、福气、楼顶(楼上)、讲古(讲故事)、炊(cē,蒸)、炂(dîm,炖)、白菜、韭菜、恭喜、发财、荔枝、龙眼、我、汝(你)、阿姆、阿姈(āgîm,舅妈)等。

马来西亚是一个多元种族多元文化的国家,马来西亚华族中除闽南人外,还有广东、广西、客家、福州、莆田、海南等族群,可偏偏闽南话对多元种族社会中的语言沟通发挥更大的效能,当地称闽南话为福建话,这不仅是有历史原因,而且也说明闽南人在华族人口中所占的比例较大,他们的日常生活和从事的工作(如从商、从事文教事业等的人较多），影响也较大。据《中华民族拓植南洋史》记载："马来华侨中以闽人最多，而潮州人、广东人次之，外省人殊不多睹……至于土生华侨，其习尚则依其乡风，兼杂以马来俗。"又："马来华侨习尚，多闽粤俗……每岁迎神赛会，演戏酬神，时时有之……"可见不仅闽南风俗，甚至中国不同地区的风俗习惯在马来西亚继续开花、结果。

　　自古以来马来半岛、印尼群岛诸国就是我国的友好邻邦，闽南和马来西亚、印尼等地的来往频繁，今后随着各国经济文化交流的与日俱增，闽南话与马来语的互相影响和互借词语将有增无减。

1994.4.25 发表于《闽南日报》

热带果王——榴莲

　　堪称水果之乡的漳州,水果品种之多是闻名全国的,但这次春节我到马来西亚探亲兼讲学,方知临近赤道的马来西亚水果品种之多更是有过之而无不及。果王榴莲、果后山竹(马来西亚语叫mangngit)、类似荔枝红壳白肉的红毛丹、大而甜的芒果、柚子、甘蔗、香蕉(有米蕉、答利蕉、天宝品种的香蕉、肥大可炸着吃的印度蕉等)、椰子、染雾(普通话叫林檎)等举不胜举,而且大多不是季节性的,长年累月都有。这些水果中最引人注目的还是果王——榴莲。"榴莲"此词也被汉语、闽南话接受。

　　榴莲原产于马来西亚,是热带特有的果品,我国的海南岛现也有种植。去马来西亚前,常听从东南亚归国的侨生对榴莲的美味赞不绝口,听起来我真有点儿垂涎三尺,巴不得早点去试试。我又想听其名见其义,"榴莲"与"留连"、"流连"谐音,流连忘返,那肯定是吃了留恋不止,还想再吃,怪不得从东南亚归国的侨生在谈起回马探亲的计划时,都要选择五六月份盛产榴莲的季节(据说现在随着科学技术的发达,逐渐长年生产,我们回去过春节,照样可品尝到)。

　　我到马来西亚的第二天下午,小叔子和我的先生兴致勃勃地扛了一布袋近20公斤重的榴莲回来,我打开一看,一个个有一两公斤重,果实绿色,呈球形,椭圆形,表面很多硬刺,看起来并不惹人喜爱。为了快点尝尝果肉,他们几个人七手八脚地用刀把榴莲一个个剖开,忽然有一股相当难嗅的怪味扑鼻而来,使我顿时大失所望,心里真不是滋味,但又看到一家人大大小小围着榴莲转,真感到有点莫名其妙,这时小叔子先挑了一颗果肉淡黄、质量上等的让我吃,我放进嘴里,觉得那味儿有点怪,心里暗暗叫苦,但又不敢明说,我勉强咽下去,小婶子又送来一颗,我婉言谢绝:"我试一个就好。"可他们又七嘴八舌边劝边哄,说什么"当好马来西亚的媳妇,就要吃榴莲"、"多吃几颗就会品出它的香味来"、"在马来西亚的客家人常用客家话说,榴莲、山竹出,娘仔沙笼黜(lūt)(其意是形容马来西亚女人为了吃榴莲,没钱买,宁愿当了穿在身上的沙笼)"、"只有在马来西亚,才能吃到这水果"。大家的盛情难却,我下定决心再吃一个。正当我拿起第二颗榴莲勉强往嘴里送时,小叔子急忙拿起照相机要为我拍照,这时我看到大家吃得津津有味,高高兴兴,谈笑风生,为了拍出一个好的形象,急忙装出一副笑脸,边吃边让他拍照。我的先生1952年回国求学,离马来西亚已42年了,这次回家,真是机会难得,42年没吃过榴莲,所以馋得很,边吃边赞美不绝,真想吃个够,吃个饱,他看到我吃完第二颗,连忙再递过来一颗,我再三推辞,可他们用闽南话鼓动我说:"无三不成礼。"面对着大家的热情,我只好再吃一颗,可吃到这第三颗时,我忽然觉得那怪味似乎没了,而且品出点香甜味来,我这时才领悟到为什么他们这样殷勤地劝我吃的道理。过后我见到榴莲也有点想吃了。

有些东西只有通过慢慢品尝,才能品出它的真谛,果王榴莲的特别之处,也许就在于苦尽甘来。

1994.4.26 发表于《闽南日报》

六　俗语溯源

爱拼才会赢

《爱拼才会赢》("才"是训读字,本字是"则",ziāh)这首歌是一首闽南话经典歌曲,不仅在闽台地区唱,也在全中国唱,全世界也唱,因为闽南人走遍全中国、全世界。有些不懂闽南话的人也能哼上几句,闽南人"爱拼则会赢"的勇气、人格、气质赢得了人们的喜爱和信任。

"爱拼则会赢"跟闽台海洋文化关系密切。早期的闽南,水域溪流多,闽越人善舟好斗,能神出鬼没地出现在山水之间。中原汉人来到这片丘陵地,因为耕地缺乏,发展农业生产有困难,于是靠山吃山,靠海吃海。在山区靠种茶(如安溪铁观音)、烧瓷(如德化的瓷器)、制漆、造纸等手工业营生。靠海就要开拓海洋,谋求生存,当时为生活所迫,不少的闽南人出洋过番去拼搏,正如晋江流传的一首番客出洋歌所唱的:"唱出番客(华侨)过番歌,流落番邦无奈何(bbódâwá),离爸离母离某团,为着家穷才出外,亲像孤鸟插人群,做牛做马受拖磨,阮厝某团一大拖,勤俭趁钱呣甘开半瓜(勤俭赚钱舍不得乱花半分钱)。"这是早期到海外谋生的游子的心声。

闽南沿海一带的人,继承古代闽越人善舟的技术,发展捕捞、渔业和造船、航运贸易。当时科学不发达,没有先进的航海仪器,航行全都靠自然的风向。唐宋之后,从泉州出发顺着季风远航东南亚一趟来回得一年,如果走一趟阿拉伯地区来回得两年,大海又变幻莫测,在海上行船本身就充满危险,再大的船也得随风漂泊,听天由命,正如俗语所说的"行船走马三分命"。泉州是宋元所开辟的海上丝绸之路的起点,海上丝绸之路是沟通东西方贸易的伟大创举,那也是我们的前辈冒风险取得的,是来之不易的。元末明初,泉州港淤塞,漳州月港(海澄)兴起,在嘉靖万历年间,成为东南沿海国际贸易中心,顾炎武《天下郡国利病书》称:"闽人通番皆从漳州月港出洋。"据《海澄县志》记载:"当时月港被称为"盗薮"。为什么呢? 因为那些出洋者的身份是"市通则寇转为商,市禁则商转为盗",即国家闭关锁国时,他们是海盗,国门开放时,他们是商人,所以他们不仅要跟海上的风浪斗,还有人为的风险,随时都会被当为海盗。所以他们在江湖上必须讲义气,敢拼搏,必须"犂头戴鼎"(lué táo dì dniǎ),被人称"盗"也不退却,"拍折喙齿连血吞"(pāhzíh cuìkǐ lián huíh tūn。打断牙齿连血都吞下去。比喻忍受一切苦难)。从明代 1567 年开始设洋市算起到万历末年的 1620年,他们在东西洋开辟了到达日本、越南、马来西亚等 40 多个国家的航线,月港从兴起到衰落只有半个世纪,它成了承上启下完成厦门港替代泉州港这一历史使命的过渡性港口。厦门是后起城市,1840 年鸦片战争后被开辟为五口通商口岸之一(另外四个是广州、福州、上海、宁波),当时闽地出洋的人必经厦门。鸦片战争前后,殖民主义者贩卖华工出洋当苦力(如为搬运工人之类的苦活),单从厦门运出的就有 30 万人,其中 20 万人往东南亚,以后每年人数急剧上升。出洋华人中,闽南人最多,也去得最早,后来又跟着郑芝龙、颜思齐、郑成功去开发台湾。这就是闽南一带的海外交通史,也是闽南的海洋文化。

闽南人靠山吃山,靠海吃海,以海为田,置生死于度外的冒险精神,充分体现在方言俗语中,"爱拼则会赢"、"行船走马三分命"、"三分天注定,七分靠拍拼"、"创业着犁头戴鼎"、"拍折喙齿连血吞"、"做人着做血汉人"(zuè láng dióh zuè hiāthànláng)、"输人唔输阵"(sū láng m̀ sū dîn)等充分反映了闽南人在海洋文化的熏陶下,敢拼搏、勇开拓、谈笑论生死的人格和气质。

　　闽南人不畏死,几乎没有死的忌讳,只有委婉语的说法(老去、过身、行啰),反而谈笑论生死,这是其他汉语方言少见的特色,如爽甲要死、饱甲要死,口语中去死、假死假活、硬死要去、注死无去等形容比喻语还很多,又如时钟死去(比喻时钟停了)、死鹹(味道特咸,咸得不能入口)、死直(直率)、死人面(哭丧着脸)、死互人(死皮赖脸)、人真死(不灵活)、拼生拼死要做了(豁出命要干完)、俭生俭死(十分节俭),甚至骂小孩也用上"死"字,这里有点亲昵感情,如死囝仔真鬼精、真势。"四"与"死"谐音,闽南人大多不忌四,婚寿喜庆念四句好话,送四件礼物,拜佛供品也四种,中秋博饼骰子"四"越多越好。

　　"人生百年,终有一死",在海洋文化熏陶下,闽南人并不觉得死亡来临有多么可怕,他们笑对人生,笑对生活,"爱拼则会赢"就是闽南人的性格。

好布也着好纱，好新妇也着好大家

　　"好布也着好纱，好新妇也着好大家"是一句闽南谚语，意思是要织好布，必须用质量好的纱，要让媳妇好，婆婆必须也得好。这句谚语押 e 韵（纱读 sē，家读 gē），念起来顺口，而且还非常客观地辨证地阐明了如何处理好婆媳关系的道理。

　　"新妇"即媳妇，"妇"读书音 hū，用于妇女，说话音 bū，音准义和，闽南人把媳妇称为新妇，从民俗学的观点看，新妇，顾名思义是指新来媳妇，这是汉族婚俗的体现，结婚时，女方到男方家落户。中国文字对男人和女人的结婚赋予不同的概念：男"娶"，取女也；女"嫁"，女靠男家也。古代也是这么称呼的。一指儿媳妇。如《国策·卫策》："卫人迎新妇"。二指已婚妇女的自称。如《玉台新咏·古诗为焦仲卿妻作》："却与小姑别，泪落连珠子。新妇初来时，小姑始扶床。"南朝宋·刘义庆《世说新语·贤媛》："妇曰：'新妇所乏唯容尔'。"

　　再说"大家"的读音和意义吧！人们一看到"大家"指婆婆定会感到奇怪，闽南话"大家"用说话音 dâgē，即指婆婆。古代就是这么称说的，即指丈夫的母亲，音准义和。如《晋书·列女传·孟昶妻周氏》："……奉养大家，义无归志也。"唐·赵璘《因话录》卷三："大家昨夜不安适，使人往候。"

　　婆媳问题历来是个敏感的问题，"大家、新妇"相处得好，并不容易，往往不是婆婆埋怨媳妇不孝，就是媳妇埋怨婆婆不公，"好布着（dióh，得）好纱，好新妇也着好大家"告诉我们要处理好婆媳关系得靠双方面的努力，媳妇要把婆婆当母亲看，尊重、孝顺、体贴婆婆,只要婆婆说的话不违背原则、合乎情理的,就顺婆婆的意思去办,"人寿百年能几何?后来新妇今为婆",而当婆婆的也要设身处地想想,自己也曾经是个媳妇,若能把媳妇当女儿看待,就不会跟媳妇不贴心。在这里顺便插一段媳妇孝顺婆婆的故事。

在集美后溪村有一栋古老的闽南红砖大厝,已经历了200多年风雨的洗刷,可墙上图画仍轮廓可见,画面所描述的孝道故事至今看来十分感人。其中有一幅显得斑驳的古壁画,画着一位年轻女子给一位老妇人哺乳,这种"裸露"的画面,让人看了十分惊奇,原来这幅画画的是一个从唐代流传下来的孝敬婆婆的故事——《乳姑不怠》。这典故原文:"唐崔山南曾祖母长孙夫人,年高无齿。祖母唐夫人,每日栉洗,升堂乳其姑,姑不粒食,数年而康。一日病,长幼咸集,乃宣言曰:'无以报新妇恩,愿子孙妇如新妇孝敬足矣。'"大意是唐朝崔山南的曾祖母长孙夫人,年事已高,牙齿脱落,不能进食,其祖母(即长孙夫人的媳妇)唐夫人,每天盥洗后,都上堂用自己的乳汁喂养婆婆,数年以来,婆婆身体依然健康。有一天长孙夫人病了,召唤家中老老少少,嘱咐他们说:"我多年来没法报答新妇之恩,希望子孙能像新妇一样孝敬她,以便了却我的心愿。"后来崔南山做了高官,果然像长孙妇人叮嘱的那样孝敬祖母唐夫人。这是儒家孝道的真实写照,这幅古画不仅给我们带来直观美,而且蕴含着婆媳关系的深刻含意,令人震撼!是媳妇学习的榜样。

人们看到"乳姑不怠"的"姑"字定有些疑惑,上古至唐代,舅姑即指公婆。《礼记·内则》:"妇事舅姑(公婆)如事父母",意指新妇侍奉公婆如侍奉父母。唐人朱庆余《闺意献张水部》:"洞房昨夜停红烛,待晓堂前拜舅姑。……"可以为证。听说闽南比较偏僻的山区,今仍有这样的称呼。当然,在现实社会中,我们并不要求媳妇也要学唐夫人的做法,只要有尊敬婆婆的真心实意,我想做婆婆的也就心满意足了,也就不至于"新妇嗯中大家意,步步有代志"(媳妇不中婆婆意,每一言行都有意见。嗯中意:ḿ dìngyì,不合意。

代志:事情)。

　　至于当婆婆的,应该把媳妇当成自家人,当成自己的女儿看待,心疼她、爱护她,当婆婆的要宽宏大量,忍让点,不要整天为鸡毛蒜皮的小事斤斤计较、唠唠叨叨,多为媳妇设身处地想想,自己曾经也是媳妇,都是女人嘛,做女人有做女人的难处。我想如果有好媳妇,也有好婆婆,婆媳之间互相尊重、互相照顾、互相爱护,也就能做到"家和万事兴"。

大人无教示,囡仔赡成器

"大人无教示,囡仔赡成器"中的"大人"泛指长辈,常指父母亲,有时也指辈分高的亲戚,也作"序大人"(sîduâláng);"教示"(gàsî)指教育、教诲;"囡仔"(gǐn'ǎ),指小孩,"赡成器"(bbuêsíngkì),喻不能成材。这是一句家喻户晓的闽南谚语,指父母亲没好好教育子女,以后孩子不能成为有用的人材。

说到"教示",当然是教育子女、教育学生的大事。"教示"古代也是这么说的。唐·元稹《哭子》诗之五:"节量犁栗愁生疾,教示诗书望早成。"闽台地区的人们跟中国其他地区一样,重视对子女的教育。《三字经》云:"教之道,德为先,昔贤母,善教子,孟断机,岳刺字,养不教,父之过。""孟断机"传说是有一次孟子归家废学,孟母引刀断其机(孟母靠织布维持生计,机,指织布机)曰:"子之废学,若吾断斯机也。"孟母为教育好孟轲而三迁其居的故事,家喻户晓:一从墓地附近迁出,因孟子模仿送葬人大声哭啼,影响孩子身心健康;二是为避免跟邻居孩子玩小偷抢东西游戏,使孩子染上偷盗的不良行为而迁居;三是为避免孟子与打铁、杀猪邻居学吆喝声和叫卖声而迁到学堂对面。孟子经过孟母的言传身教、耐心教示,成为中国的先贤哲人,成为大家传颂和学习的榜样。"岳刺字"是指宋朝人岳飞(字鹏举)参军时,岳母在他的背部刺"精忠报国"四个字,据说南宋岳飞的部队岳家军抗金最得力且纪律严明,"冻死不拆屋,饿死不抢夺",这也是岳母教示的结果。养儿育女不教育,让他做了有损于国家和人民的坏人,那当然是父母的过错。

下一代不仅是父母的龙子凤女,也是祖国的栋梁材,而家庭是孩子的第一课堂,父母是孩子的第一老师,俗语说得好:"学好三年,学否(pǎi,坏)三日"、"为老不正,带否囝孙",而父母的一言一行都在潜移默化地影响着孩子。中国儿童教育家孙敬修说过:"孩子的眼睛是录像机,孩子的耳朵是录音机,父母亲的范例对于未成年人的心灵,是任何东西都不可能替代的最有用的阳光。"有的家长口口声声教育子女要爱惜时间,认真读书,说"一寸光阴一寸金,寸金难买寸光阴",而自己不看报、不学习,却沉浸在麻将桌上;有的家长教育子女要爱护绿地,"小草青青,脚下留情",而自己却乱踩绿地;有的家长教育子女要跟同学团结友爱、和睦相处,而自己却为鸡毛蒜皮的小事跟邻居吵架;有的家长教育子女横穿马路要走斑马线,走路要看红绿灯,可自己却不看;等等。这一切说明"大人"自己要修身养性,提高素养,才能更好地教育子女,教给子女一定的秩序、品德、传统、规范,使子女成材。

历史上曾有不少名人教子有方,为我们树立了榜样。清代著名文人郑板桥52岁始得一子,虽然是宝中之宝,但他不溺爱,而是让他在生活中培养自食其力的能力。儿子6岁时让他学洗碗,小孩子个儿不够高,特地做小凳子让他站上去洗;儿子10岁时,为他准备小水桶,每天学挑水;临终时,要儿子亲自向厨师学做馒头给他吃,当儿子做好馒头送到他床前时,他却咽了气,儿子悲痛大哭,后来才发现父亲早已写好临终的教诲:"流自己的汗,吃自己的饭,自己的事自己干,靠天靠祖宗不是英雄汉。"也只有多让孩子从小锻炼吃苦,日后他才知感恩、报恩。俗话说:"吃过黄连苦,才知甘草甜。"著名作家冰心的祖父有一副对联:"知足知不足,有为有弗为。"祖父对冰心这样解释:"有的东西,比如衣食住吧,虽然简陋一些,也应当知足,而在追求知识学问和修身养性上,就常常应当'知不足',对于应当做的有益于世道人心的事,就应当勇往直前地去做;而那些违背道义的事,就坚决不做。"冰心常念着它、想着它,也在日常生活中注意去修行,所以她是名副其实的冰清玉洁、圣洁无瑕。

　　俗话说："千金难买囝孙势"（ciāngīm lán bbuě gniǎsún ggáo），"钱银千千万，嗦值囝孙有才干"（zníggún ciān ciān bbân，m̂dát gniǎsūn wû záigàn），孩子的才干不是用金钱可以买到的，父母养育之恩也不是用金钱可换的，父母亲更高兴看到的是孩子品德高尚、事业有成，要达到这目的，只有从小教育好孩子，为孩子付出爱心、苦心。

坐船爱船走，生囝爱囝勢

"坐船爱船走（zǎo，跑），生囝（gniǎ，儿子，孩子）爱囝勢（ggáo，能干）。"这是闽南人众所周知的一句谚语，即乘船喜欢船跑得快，生孩子喜欢孩子能干有出息。这是天经地义的道理，也是人之常情，天底下的父母谁不"望子成龙，望女成凤"呢？

用"囝"称儿女，古就有之。唐·顾况《囝》诗："囝生闽方，闽吏得之……囝别郎罢，心摧血下。"（闽语呼子为囝，福州呼父亲为郎罢。）宋·陆游《戏遣老怀》诗："阿囝略如郎罢老，稚孙能伴大翁嬉。"

要生儿育女，并养育成材，绝非轻而易举，从病囝（害喜）、生囝，到饲囝（cîgniǎ，养儿）、教囝，整个过程包含着多少酸甜苦辣。

儿女结婚后，新郎新娘首次回女方家，按闽南民俗，父母要准备两只小鸡让女儿带回家，意指"年头饲鸡栽，年尾做月内"（年初养小鸡，以备年底坐月子用），父母还要叮嘱他们务必日近黄昏返回，即"入门乌，生丈夫"（lípbbńg'oō，snī dâboō，进门天黑时会生男孩），盼望头养囝（táocniûgniǎ，头胎）能生男孩。新娘怀孕后还要忍受病囝（害喜）之苦、十月怀胎之难。孩子从母体出生来到人间，无论他长得漂亮还是丑陋都是母亲身上的一块肉，即"囝儿是爸母的心肝蒂"。从"囝儿嗨是吼（hǎo，哭），就是笑，嗨是屎就是尿"一直到"满月、四个月、七坐、八爬、九发牙"，学走路，学讲话，接受幼儿园、小学、中学、大学的教育，父母亲花了多少的心血在整个养育过程中，只是为了避免"爸母无教示，囝儿赡生器"（父母没教育好孩子，孩子不能成才是父母之过），目的就是"爱囝勢"，希望孩子能出人头地,他们苦中有乐,乐中有苦,他们恨不得让一切幸运降临在孩儿身上,自己愿意承受一切苦难而毫无怨言,真是可怜天下父母心!

"饲囝无论饭,饲爸着算顿"(cî gniǎ bbó lûn bñg,cî bê dióh sñg dñg),若是碰到不孝子女,还要跟父母斤斤计较,必然严重伤害父母的心,难怪有人感叹:"好囝唔免侪(zuê,多),侪囝饿死爸。"人们贬斥世风日下,孝道式微,教育下一代知恩图报,"要知爸母恩,手咧抱囝孙"(bbēh zāi bêbbǔ wūn,ciǔ lēh pô gniǎsūn),当你亲手抱子孙时,就能亲身体验到当父母、当爷爷奶奶的心情,也就能更好地孝敬父母,讲究孝道。

长兄为父,大嫂为母

　　闽南人称哥哥为"兄",嫂子为"兄嫂"(hniāsǒ)。古代讲究尊兄,也得尊嫂。"嫂",《释名·释亲属》:"嫂、叟,老者称也。"自古以来,嫡长子为承继对象,所以兄嫂在家庭中享有特殊地位。闽南谚语:"长兄为父,大嫂为母。"在封建社会里,弟妹对兄嫂、兄嫂对弟妹已超出一般手足之情,而带上下辈的意味,若父母去世,把弟妹抚养成人,成为兄嫂义不容辞的责任。由于兄忙于生计,无微不至地照顾弟妹生活的重担就落在嫂子身上,所以有的弟妹说:"兄好,唔值嫂好。"(哥哥好不如嫂子好)由于兄嫂责任大,既要尊敬公婆,处理好姑娌的关系,又要照顾小叔、小姑,公婆去世后,要顶替、承担父母的责任,所以闽南人有"做人门臼,唔通做人的大新妇"("门臼"读 bbńgkû,指门墩;大新妇:大媳妇)的说法。

　　现在社会变了,提倡优生优育,大多是独生子女的家庭,也就不存在兄嫂的责任问题,另一方面,既使是有兄弟的家庭,也有可能弟弟比哥哥强,在工作能力、经济实力等方面胜哥哥一筹,并不需要兄嫂的照顾,但尊兄尊嫂仍然要提倡,《孝经》卷七提出:"教以孝,所以敬天下之为人父者也;教以悌,所以敬天下之为人兄者也;教以臣,所以敬天下之为君者也。""孝悌"是中国的传统文化。当然遵从绝不是无原则地服从,对年老的父母或对年长的兄嫂都一样,既要讲究孝悌,又讲究原则,使家庭、社会、国家生活能和谐,能跟上社会的发展,与时俱进。

天顶天公,地下母舅王

闽南俗语云:"天顶天公,地下母舅王。"这跟闽南民俗关系密切,按旧婚俗,外甥结婚,要请舅父做主持,并安排在主桌坐"大位"(主位),表示亲戚中舅舅的身份最尊贵。主桌是指厅的右边最靠里面的桌子,大位是指主桌面对大门靠右边的位置。母亲去世,怎么办呢? 闽南有一句俗话:"死爸扛去坮(dái,埋),死母等人来。"就是说母亲死后要等舅舅来看,确认后才能入殓。

天上玉皇大帝最大,这众所周知,闽南民俗正月初九要祭拜玉皇大帝(初九供天公)。至于母舅为何称为地下母舅王,这跟原始母系氏族社会有关。《吕氏春秋·持君览》:"其民聚生群处,知母不知父。"所以母亲这边的亲戚特别母舅地位很高,这是母系氏族社会留下的痕迹。

闽南一带外甥和母舅的关系特别微妙,俗语"外甥食母舅,若像猪母哺豆腐,母舅食外甥,若像猪母哺铁钉"(gguêsīng ziáh bbǔgû, lnǎ cniû dībbǔ boô dâohû, bbǔgû ziáh gguêsīng, lnǎ cniû dībbǔ boô tīhdīng),此句之意是外甥和舅父关系密切,外甥依靠舅父生活,理所当然,像母猪吃(咀嚼)豆腐那样容易,而一旦舅父要依靠外甥生活,却像母猪咀嚼铁钉那样困难。我想后者也许不是普遍现象,可能是那些忘恩负义的外甥才对舅父不孝顺。闽南人很重视亲情,更何况是自己的亲舅父,大多数外甥是非常尊重舅父的。童谣《阿舅来》,可作印证:"阿舅来,阉鸡掠来刣。一碗两碗便,阿舅食甲腹肚圆莘莘。"(āgū lái, yāmguē liáhlái tái, zít wnǎ ln̂g wnǎ biân, āgū ziáhgāh bākdoǒ ynílìnlìn。舅舅来,外甥赶快杀鸡请他吃，非常热情地款待，吃得舅舅肚子圆滚滚的。舅父和外甥的和睦亲密关系，也有可能招来舅舅家人的妒忌，如童谣曰："阿舅长，阿妗（āgîm，舅妈）短，看人嗯免使目尾（sǎibbákbbě，用眼睛示意）。我去恁（lǐn，你们）厝内，无想要分家贿（gēhě，家产），只想要食一块碗糕馃（wnǎgōgě）。"这里说的是因外甥对舅父舅妈敬重，又加上"喙甜舌滑"（cuì dnī zíh gút，善于说好听话。也指甜言蜜语），"阿舅长、阿舅短"叫个不停，和舅舅、舅妈套近乎，结果引来舅父家人的误会妒忌，以为是要来分家产、占便宜的，因此对他"使目尾"，提防他，使他觉得很不自在，急忙表白自己是为了吃一块碗糕馃而来的（碗糕馃：闽南一带常见的米制食品）。闽南的民俗及童谣俗语说明舅父在家族里的地位非同一般，这也是中国古传统、旧习俗的遗留。

无茶不成礼
——兼说闽南茶文化

我们常听说"无三不成礼",所以在宴席上第一杯酒主人敬客人表示欢迎客人光临,第二杯表示好事成双或客人答谢主人,第三杯是"无三不成礼",即指"酒过三巡才成礼",好像很少说"无茶不成礼"。

实际上"无茶不成礼"是中国文化和外国文化中接待客人方式最大的差别之一,中国人是请客人喝茶,而西方人是请客人喝咖啡,特别是广东人、汕头人、闽南人更是"无茶不成礼"(bbó dé būt síng lě)。

闽南人爱茶历史悠久,"无茶不成礼"是基本待客之道,一看到客人光临,就热情地招呼:"来坐!来食茶!""来啉茶!"(láilīmdé),然后泡上一壶好茶和你一起分享,甚至餐馆饭前饭后也送上一杯茶招待客人。

闽南人意识中的茶,就是乌龙茶,即安溪的溪茶,安溪有"中国乌龙茶之乡"的美称,茶叶生产至今已有 1000 多年的历史,人们对铁观音最熟悉,其实铁观音是一种品名,还有黄金桂、毛蟹、佛手等不同品名。闽南人喜欢茶,几乎家家备有各色各样的茶壶、茶具。用来装茶叶的有茶桶、茶瓶、茶甏(gǒng)、铁甏仔、锡罐等;用来烧茶的有烧水壶、茶龉(goǒ);用来泡茶的除了大小不同的茶壶外,还有茶瓯、翕瓯(hīp'āo)、勘瓯(kàm'āo,加盖泡茶用的瓯)、茶盅;还有茶匙、茶网、茶碗、茶盘、茶船、茶岫(désiû,装茶壶保温用)、茶桌仔(小茶几)等。

魅力闽南话

　　闽南人泡茶程序是烦琐的,有讲究的,得常备一个"随手泡"(烧开水的小电器),把水烧开了,然后把杯、杯盖或茶壶等用具烫热,再放入好的铁观音,冲入开水,用杯盖把飘浮在茶叶上的泡沫拨去,再把第一遍洗茶叶的水倒掉。俗话说:"头遍骸液(sióh),二遍茶箬(hióh,叶)",然后第二次冲入开水,盖上盖子稍闷一下,才倒出茶水。倒出茶水的方式有两种:一种是"关公巡城"后"韩信点兵";另一种是先把茶水倒入一个有过滤网的容器里,然后依次倒入各人的小杯,再细细品味。也就是说从"落茶心(lóh désīm,放茶叶)"到"冲滚水"(cīong gǔnzuǐ)、"滕(tín,倒)茶水"都有时间要求和动作规范,这就是愈来愈讲究的"茶道"。

　　再说与客人品茶时,也是很讲究、很有学问的。最讲究用小茶盅慢慢地一口一口地"品",要"看色、闻香、比喉韵",在"品"的过程中充分获得心旷神怡、悠哉悠哉的享受。有时"品茶"还要有"茶配",如糕饼、蜜饯等,避免"空腹醉茶"。"茶"泡的次数多了就"淡而无味",人们称它为"茶尿",就要倒掉重泡。闽南人在跟外地人谈生意时,若边泡茶边品茶边聊天,就跟客人的关系拉近了,有时能促成生意成功,这是以茶为媒的结果。

　　闽南人说:"啉(līm,喝)要趣味,茶三酒四。"三四个人喝酒喝茶最有趣味。当然,人多固然有趣,一个人也有他的闲情逸致。闽南人爱喝茶到了随身带茶叶的地步,聪明的茶商想出了一个好方法,把好的茶叶分五克、七克用真空包装起来,一包正好一泡,让你随身带着,到哪里都可以品茶。闽南人喝茶跟吃饭一样重要,"茶箬"叫"茶心",也叫"茶米",说明老百姓生活"不可一日无此君",有的老茶仙(lâo désiān,指喝茶成瘾的人)甚至"宁可三日无肉,不可一日无茶"。"琴棋书画诗酒茶"是古代文人的七件雅事,就像老百姓生活中的"柴米油盐酱醋茶"那样重要。平时常说"茶饭不思",我以为只是形容比喻而已,可 2000 年秋天我到马来西亚中华大会堂讲学时,那儿的东道主热情地请我吃真正的茶饭,饭呈茶色,味道甘美,吃了倍感口鼻生香,有一种清淡味甘的感觉,这是我生平以来第一次吃到的茶饭。

谈到茶文化,也让人联想到茶的读音、源流。《说文解字》:"茶,若荼(tú)也。"又宋·魏了翁《巩州先茶记》:"茶之始其字荼。"这说明"茶"的原字为"荼",这两个字在上古时都读 d、t 声母,现在"茶"闽南话也读 dé,普通话已读为卷舌音 chá,这也是闽南话保留"古无舌上(指卷舌音)"的证据,舌上读为舌头音 d、t,今天"茶"英语读 tee(ti),法语读 thé(te),德语读 tee(te:,":"指长音),也说明中国,特别是闽南是最早利用茶和出口茶的地区。据《茶经》记载:"茶之为饮,发乎神农氏。"可见神农氏是我国乃至世界上利用茶的第一人。公元 805 年,日本最澄神啸到我国留学,把茶的种子带到日本,17 世纪传到欧洲,19 世纪传到非洲。

据说北京"天然居茶楼"有一副"茶"的回文对联:"客上天然居,居然天上客。"这十分有趣,让人品了茶后,就好像是神仙似的成了天上的客人,这样的回文,让人回味无穷。

六月十二彭祖忌，
无风飚也有雨意

"六月十二彭祖忌，无风飚也有雨意"（lákggéh záplî pnízoǒgî，bbó hōngtāi â wū hoôyì），这句闽南俗语的意思是农历六月十二是彭祖的忌日，没有台风（闽南话说风飚）也可能下雨。

传说彭祖生于夏朝，他最长寿，820岁才去世，为什么他会长寿呢？而且是活了820岁呢？据说他在20岁那年的一天，正在地里辛勤地犁田，忽然间有八位神仙化身凡人来到人间巡视，当他们走到田边时，看到彭祖正在犁地，对他的农具十分好奇，就站在田边仔细观察，彭祖看到一群人路过，也十分奇怪，马上停下农活，其中一位神仙问他："你为什么不接着犁地呢？"彭祖说："各位客人远道而来，且衣着整洁，我犁地会弄出飞扬的泥土把你们的衣服弄脏的。"神仙听了很受感动，觉得这位年轻人心地善良，很有修养，大家商量后，决定每人给彭祖增加一百岁，这下子就可以给彭祖增加了800岁了。

820岁那年，有一次，彭祖去祭拜上天，祈求保佑他活到1000岁，这消息传到玉皇大帝那里，玉皇大帝觉得，给他增岁800，已经不得了，他还不知足，如果依他的愿望，这世上不是乱了套了吗？他下令阎罗王捉拿彭祖。阎罗王派出两个牛头马脸的小鬼去抓彭祖。有一天，天黑地暗，两个小鬼趁着夜色来到彭祖家，不料，被一大群彭祖养的鹅发现，它们呀呀呀叫个不停，两个小鬼眼看事情已经败露，只好溜之大吉。到了第二天，他们又来，他们想白天看得见路，不会惊动鹅群。没想到，大白天，那群鹅更是精神抖擞，围攻两个小鬼,两个小鬼只好连滚带爬跑了回去。怎么办呢? 他们禀告阎罗王,阎罗王为他们想出一招,叫他们化装成不懂事的孩子,在河边抓鱼,玩耍,彭祖路过河边,非常亲切地问:"你们抓到鱼了吗?"两个小鬼觉得时机已到,忽然现出原形,伸手来抓彭祖。彭祖一闪,转身就跑,两个牛头马脸的小鬼穷追不舍,彭祖见他们马上就要追到了,忽然计上心来,往树上一爬,竟然让他慢慢地爬到一棵大树上,这下子可急坏了两个小鬼,他们不会爬树,这两个鬼气急败坏,突然吹气兴风作雨,风一阵比一阵强,一会儿变成了强台风,把大树刮倒了,彭祖遇难了,这一天正是农历六月十二日。

据说每年农历六月十二日,如果没有刮大风,也会下雨,所以才有了"六月十二彭祖忌,无风飚也有雨意"这句谚语。

从谚语"鹹甜饘无味"说起

闽南谚语"鹹甜饘无味(giám dnī zniǎ bbó bbî)",相当于普通话的食物咸淡刚好,就显得滋味鲜美,若偏淡就没味道。"鹹"普通话已简化为"咸",闽南话"咸、鹹"文读音 hám,清代咸丰皇帝的"咸"读 hám,"鹹"的白读是 giám。普通话说味淡,方言说为"饘"(zniǎ)。《广韵》:子冉切,琰韵。食薄味也。反切折合闽南话文读 ziǎm,白读 zniǎ,意思也对,正是音准义和的本字。

"民以食为天",吃饭吃菜是人生的一件大事。"鹹甜饘无味",也就是说煮菜要注意咸淡适宜,才能显出食物的甜味。如果盐放多了,食物太咸,就会变得"鹹督督(dōk)"(咸极了),"鹹死死",不能入口,太淡了又变得"饘比□(būh)"(像白开水一样没味道)。食物太咸太淡都不能引起食欲,所以人们说,"煮菜着顾鹹饘,做代志着顾头尾"(煮菜要注意咸淡恰当,做事要注意头尾合理完满),才不至于"太鹹无药医,伤饘菜无味"("伤"读 sniū。这句话意思是太咸无法可救,太淡菜没味道)。人们说,众口难调。不过一般来说,南方人的口味偏淡,北方人的口味偏咸,但对每个人来说,个人的嗜好不同,闽南语歌曲《天乌乌》,不是还唱到"阿公要煮鹹,阿嬷要煮饘,两人相拍拚破鼎"(ā gōng bbēh zǔ giám,ā bbnǎ bbēh zǔ zniǎ, l ñg láng siō pāh lòng puà dniǎ,祖父祖母为咸淡小事而打架,把锅都打破了)的笑话吗?但不可否认的是,世上也有一些人不挑食,咸淡皆宜,所以俗语才有"鹹甜饘无嫌(bbó hiám,不嫌弃)"的说法。

"鹹"在方言里不仅指菜的味道,还泛指用盐腌制的食品,下饭的小菜,如菜鹹、豆鹹(豆乳、豆腐乳)、酱瓜仔鹹、鹹姜、鹹菜、蚝仔鹹、物配鹹(bbníhpègiám,指蔬菜、鱼肉等下饭的菜)、鹹鸭卵等;除此以外,还指一些用水果腌制的帮助消化的食品,如鹹酸甜(giámsn̄gdnī,蜜饯)、鹹金枣(giámgīmzǒ,用金枣去核加盐和糖制成,颗粒小可助消化)等,这类食品能帮助消化,所以逢年过节成为人们必备食物,跟糖果、水果一样,为招待客人的小点。

　　说到咸甜,人们自然而然会联想到酸、甜、苦、辣,这些词语不仅是吃的感受,而且被称为"人生五味",引申为人们心里的感受、人生的道路和性格等。"咸"比喻生活道路坎坷,心里难受、烦闷,正如俗语所说:"盐侪(zuê多)了鹹,话侪了烦",闽南话用"鹹涩、鹹涩鬼、鹹挂涩(siāp)"来形容人很吝啬,一毛不拔,价钱太鹹(太贵)的东西不光顾,更舍不得买,这是人之常情,可以理解。相反的"淡"形容人生淡泊,不追求名利地位,或凡事缺乏热情淡然处之。

嗳知黄连苦,哪知甘草甜

"嗳知(m̄zāi,不知)黄连苦,哪知甘草甜","黄连"是多年生的草本植物,根茎味苦,黄色,可入药,闽南话说为ńglní,旧时婴儿出生的第二天,要喝一点儿黄连水,可起到去胎毒的作用;"甘草"(gāmcǒ)也是多年生的草本植物,根有甜味,可入药。此谚语用它们来比喻人生五味中的苦和甜,说明只有吃过苦的人,才能知道幸福生活来之不易。

"苦",《说文》:从甘古声,五味之一,引申为劳苦,是个形声字;甜,《说文》:美也,从甘舌,舌之甘者,五味之一,形声字。一说到"苦",人们就会想到黄连、胆汁的味道,它们虽苦,但良药苦口利于病,人们也用苦来比喻难受痛苦的心情以及形容耐心说服人的苦口婆心。闽南话里就有苦水(比喻痛苦的事说不完,就说"苦水吐燴了")、苦重(díng)苦(苦难重重)、苦切(cuēh)(指悲伤哭泣)、艰苦(生活困难、引申为身体病痛)、苦旱(koǒhnuâ,为旱情所苦,如谚语"春寒雨若溅,冬寒叫苦旱")、苦瓜面(整天哭丧着脸)等词,闽南话还把戏曲的青衣角色称为苦旦(koǒdnuà)、把后娘虐待前妻儿女叫"苦毒前人囝"(koǒdók zínglángʼgniǎ)等。一说到甜,人们就会想到糖和蜜的味道,常用来比喻人生的美好幸福生活,形容讨人喜欢或哄骗人的甜言蜜语。闽南话里的甜有芳甜(pāngdnī,香甜)、甘甜(甜丝丝)、鲜甜(cnīdnī,鲜美)、哀甜(味道不适宜)等不同的味觉,若做名词的话,常用的有甜点(甜的点心)、甜盘(盛糖果蜜饯一类的盘子)、甜茶(甜开水放红枣桂圆等,一般是办喜事或春节敬奉客人用的)、甜路(甜的食物类)等。甜和苦都可以用形容词的生动形式,如：甜勿勿（bbūt）（很甜）、苦叶叶（yáp）（很苦）、苦涩涩（siāp）（苦中带涩）。

古时候，老一辈常用"吃过黄连苦，才知甘草甜"来教育下一代，让他们在苦难中摸、爬、滚、打，他们受过累，吃过苦，一旦苦尽甜来，有了幸福的生活，才知道珍惜。今天，我们生活好过了，特别是那些独生子女，往往得到父母、爷爷奶奶的百般宠爱，他们是在蜜水里泡大的，有的生在福中不知福，我们更应该让他们吃点黄连苦，知道甘草甜来之不易。人们说："吃得苦中苦，方为人上人；不吃苦中苦，难得甜上甜；先苦后甜，快乐万年！"年轻人应该经风雨见世面，敢于吃大苦耐大劳，这样才能出头天（cūttáotnī，出人头地）。人们说："阅尽人间沧桑，方知甜美芬芳。"那些处境不佳的人们，不要怨天怨地怨自己，俗话说，"有时月光，有时星光"，只要艰苦奋斗，耐心期待，总有一天会苦尽甘来。也希望世上的夫妻能像俗语所说的，"好翁好某，同甘共苦"（翁：āng。某：bboǒ。好翁好某，即好夫好妻）。要花好月圆、白头偕老，夫妻俩就必须经得起人生酸甜苦辣的考验，享受苦中有乐，乐中有甜的爱果，相信明天一定会比甘草更甜美！

龟笑鳖无毛

　　"龟笑鳖无毛"（gū ciò bīh bbó bbńg）也可说"龟笑鳖无尾"（bbě）。据说有一次一只龟遇到一只鳖，龟看到鳖没长毛，就嘲笑鳖说："你怎么没有毛啊?"其实龟本身也没有毛，两者都是身披甲壳，因此鳖毫不客气地回敬了它一句："你自己不也一样吗?"

　　"龟笑鳖无毛"是闽南话俗语，形容龟和鳖两者相像，彼此彼此，一个半斤，一个八两，不相上下。说明任何人都不可能十全十美，有优点也有缺点，不要只看到别人的缺点来贬低别人，抬高自己。其实龟和鳖两者都有缺陷，何必反唇相讥，互相嘲笑? 它与普通话的"五十步笑百步"相近。

　　龟和鳖除了无毛，是爬行动物，全身盔甲，生活在水中，头、尾巴、四肢能缩入甲壳内等特点相似处外，其实有很多差异，我们千万不要被它们的外貌所迷惑，请听下面分解。

　　"龟"是象形字。普通话有三个读音，guī 用于"龟鳖"，jūn 用于"龟裂"（指裂开许多缝，出现许多裂纹），qiū 用于地名"龟兹"（古代西域国名，在今新疆库车县一带）;闽南话第一读音文读为 guī，用于龟年鹤寿、龟甲、龟足等，白读为 gū，第二读音是 gūn，用于"龟裂"gūnliát，第三读音为 kiū，用于地名"龟兹"kiūzú。下面主要讲 gū 读音的意义、比喻义及其用法。

　　龟能耐饥寒，寿命很长，是中国四种神异动物"龙、凤、麒麟、龟"之一，成语"龟年鹤寿"就是比喻长寿。龟的龟甲很硬，古人用它来占卜，殷代占卜用的龟甲遗存至今，上面刻着有关占卜的记载。龟头如蛇，能显出几分好斗的模样，龟肉长在甲中。

由于龟是长寿的象征,故闽南话把坟头说为墓龟(bbônggū)。集美鳌园里有爱国华侨陈嘉庚先生的墓,墓身用大理石雕成龟壳的样子,一眼看去,显得十分庄严肃穆。闽南风俗为老人祝寿,常特制龟形食品,如寿龟、秫米龟(zútbbǐgū,糯米做的龟)。又早期闽南人把其形像龟的小汽车叫龟仔车(gū'ǎciā),把汤壶叫水龟,把桶的底部叫桶龟,碗底叫碗龟。也比喻人的臀部,用如拍大龟(打屁股)、顿大龟(dìngduâgū,屁股蹲儿),比喻老谋深算、又不轻易外露的人为龟精、老龟精(lâogūzniā)、宿龟(sīkgū)。

再说"鳖",它是形声字,普通话读 biē,闽南话读书音 biāt,说话音 bīh 是常用口语音。"鳖"的头尖且小,颈部反而又粗又长,但很机敏,不肯吃亏,遇急则缩头,记得宋人许洞嘲笑他的朋友林逋吝啬、小气,便说他"好客临门鳖缩头",林氏怕接待客人,怕破费,一见客人如鳖缩头。鳖的背甲四周有肉质软边,叫鳖裙,味道鲜美,鳖脚肥短而趾间有蹼,不能踢人,传说藏珍珠。《埤雅》一书说:"龙珠在颔,鲛珠在皮,蛇珠在口,鳖珠在足,鱼珠在眼,蚌珠在腰。"

闽南话谚语"斤鸡两鳖",是指一斤左右的鸡、七八两左右的鳖,不仅肉比较嫩,而且味道鲜美、清补。普通话也称鳖为甲鱼、鼋鱼、团鱼。《随园食单》介绍了生炒甲鱼、汤煨甲鱼、酱炒甲鱼、全壳甲鱼、青盐甲鱼等不同花样的烹饪法,可闽南人常做清炖(dîm,炖)鳖汤来吃,营养价值高。

闽南话称其形似鳖的便壶为"尿鳖",水壶为"水鳖",多指扁圆形。把一种常在墙根和土里活动的地鳖叫"涂鳖"(toóbīh)。

人们把喜欢变戏法儿叫"变(bnì)龟变鳖",把顾了这个,顾不了那个,二者很难兼得叫"掠龟走鳖,掠蚂走蟳(liáh zím zǎo cíh,要抓螃蟹却让梭子蟹跑了)"。

好好鲎刣甲屎流

厦门有句俗语："好好鲎刣甲屎流（hǒhǒ hâo táigāh sǎi láo)。"说的是好好的一只鲎不会杀，杀得屎屎都流出来，污染鲎肉。比喻办事不讲究方法，把好事办成坏事（当然，现在鲎是国家保护动物，我们这里只是说闽南方言而已）。

说到鲎，联想到陈孙鹏《闽中撷闻》的一段故事。从前在湖南省会同县水中，出现大群长尾多足的动物，它们爬上岸来践踏庄稼，当时居民以为是"怪物"，不敢惹它们。以后有个叫洪奕懿的闽南人到那里当县官，发现此事，便吩咐当地的老百姓准备锅灶，把这些怪物抓来杀了吃掉。起初当地人不会杀，把肚皮割破，屎流出来，全部报销。后来洪奕懿教给他们宰杀的方法，才解决问题。吃了之后，人们都觉得这怪物味道很好。

据说这并非怪物，而是多产于闽台地区沿海的鲎，闽南人早知此物，只是外地人少见多怪。不过，我还是觉得奇怪，鲎生活在海中，怎么会在湖南省会同县水中出现呢？是否根据传说写的呢？但据《厦门风光》一书介绍，《金门志》也有类似的记载，我想这"怪物"也许外形似鲎吧！

鲎是节肢动物，头胸部的甲壳略呈马蹄形，腹部的甲壳呈六角形，尾部呈剑状。鲎血是蓝色的。鲎到了成熟的季节就会爬上沙滩挖穴产卵。它们乘大潮游到海滨，往往在水深一米多的沙滩活动，会在沙滩上冒出水泡，捉鲎的人看准冒出水泡的地点，一捉就着。鲎产卵时全是雌雄成对，雄鲎爬在雌鲎背上，捉时要准确地捉住雌鲎的尾巴，这样才能双双抓住，所以闽南话也用鲎来比喻奸情,把捉奸说成"掠鲎"(liáh hâo)。如果没经验,只捉雄的,雌的就会趁机溜走,就叫做"双鲎无一偶"(siāng hâo bbó zít ggnǎo),说明一对鲎只抓住一只而已,办事不成功。

鲎的身体由许多环节构成,所以闽南人把百叶窗叫"鲎百栅"(hâobēhcēh),鲎尾巴呈剑状,故闽南话把三棱形的刺刀叫鲎尾刀,旧时用鲎壳做的勺叫鲎勺(hâosiáh)、鲎桸(hâohiāo),鲎爬行很慢,所以闽南人把笨手笨脚说成"鲎骹(脚 kā)鲎手"、"汝真鲎(你真笨)"。

杀鲎是有一套技术的,首先要把鲎尾巴反绑在鲎背部,使它动弹不得,然后把它的腹部朝上,慢慢地把肉从甲壳剔开,雌鲎还要保护好壳里的卵,不讲究方法乱杀乱宰,把鲎的肚皮割破,屎流出来,污染鲎肉,那就不能吃了。现在提倡保护野生动物,鲎虽好吃,但不要乱捕捉。

"好好鲎刣甲屎流"告诉我们做事要讲究方法,不能胡来,否则好事变成坏事。

2004.12.30 发表于《厦门日报》

食饭三战吕布,做工桃花搭渡

"食饭三战吕布,做工桃花搭渡"(ziáh bńg sām ziàn Lûboò,zuègāng tóhuē dāhdoô)是闽南方言的一条谚语,它巧妙地用历史故事"三战吕布"和泉州高甲戏的一个折子《桃花搭渡》来比喻吃饭的快速和干活的懈怠,形成鲜明的对比,两句不仅字数相同,而且押闽南方言"互助韵",念起来十分和谐有趣。

"三战吕布"是指《三国演义》中刘备、关羽、张飞战胜吕布的故事。吕布是东汉九原人,字奉先,善骑射,骁勇有谋。但无论吕布多么勇猛,同时迎战刘、关、张三人,也不是他们的对手,所以战斗速战速决,吕布一败涂地。据说"文革"时知青在乡下生活,比较困难,偶尔有一两次"改善生活",他们常用此谚语来形容,那吃饭的速度可想而知。

"桃花搭渡"说的是桃花姑娘为娘子传送情书,在船上与悠然自得的老艄公(闽南话叫"渡伯",读 doôbēh)讨价还价,论花说草,从"正月点灯红"唱到"十二月梅花开满枝"的对唱逗趣的故事,借此说明渡伯和桃花帮娘子送情书、订佳期的高兴心情,也用来比喻有些人为消磨时间而磨洋工的工作态度。

2004.12.11 发表于《厦门日报》

上课兼敲钟,校长兼校丁

　　"上课兼敲钟,校长兼校丁"(siông kò giām kàzīng,hâodniǔ giām hâodīng),这句谚语本指这样一种情况:闽南靠山地区过去交通不便,为了学龄儿童的教育,政府不得不在偏僻的山区办学校,便于儿童就近入学。有的学校只有一位老师,学生数不仅少,而且程度参差不齐,老师只好搞复式教学(一个班两三个年级)。这样一来,一位教师既要上课又要敲钟,既当校长又当校丁("校丁"闽南话指学校工友,任务是敲钟和打杂),也只有热爱教育事业,甘于吃苦耐劳的教师才能安心于山区的教育工作。这句谚语其实是在赞扬这些光荣的人民教师。

　　久而久之,闽南人也用此谚语来比喻某些单位人员少,一人兼多职,从经理、秘书到办事员全部包办的人,有时也用来称赞那些没有官架子,与民平起平坐的好领导。

2004.12.2发表于《厦门日报》

草蜢弄鸡翁——找死

　　"草蜢弄鸡翁——找死"（cǎobbnēh lâng guē'āng——cêsǐ）
是流传在闽台地区以及东南亚一带的歇后语。草蜢是蚱蜢的一
种,鸡翁是指公鸡,古代把"公鸡"叫"鸡翁",如北魏张丘建《算经·
百鸡题》:"鸡翁一,值钱五;鸡母一,值钱三。"现在闽南已把"鸡翁"
说成"鸡角",但"鸡翁"却保留在谚语、歇后语里,说明闽南话早些
时候也说"鸡翁",至于何时改变,无从考究。"弄"是撩拨、逗引、作
弄之意。意指小小的蚱蜢竟敢撩拨、作弄公鸡,真是不自量力,自
找死路。比喻在现实社会中,有些人过高地估计自己,竟敢随意冒
犯比自己强大的人,结果只能招来厄运。

2005.6.11发表于《厦门日报》

鸡食碎米鸭食谷，各人各有各人福

《说文》："福，备也。"《礼记》："福者，备也；备者，百顺之名也。无所不顺者都谓之备。"《释名》："福，富也。"《书·洪范》："五福：一曰寿，二曰富，三曰康宁，四曰修好德，五曰考终寿。"

这五福就是中华民族所盼望追求的，反映在人们辞旧迎新的新春佳节之际，便是家家户户贴春联，再贴上一幅鲜艳夺目的大红或金黄色的"福"字在门上，往往来个倒贴，祈求"福到"，以图个喜庆吉利。闽台谚语"鸡食碎米鸭食谷（gōk），各人各有各人福（hōk）"，念起来很押韵，对"福"的解释既有哲理，又通俗易懂，基本上把各人对待"福"的看法浅显地概括出来了。人人都有一本"福"字经。有的以自己的富有而感到幸福；有的以儿女成才而得福；有的以家有孝子贤孙而心满意足；有的以长寿健康而享尽清福；有的为修好德、积好善而认为量大福大；有的为家和万事兴而感到福满堂；等等。只要人们觉得自己在生活中能心想事成、无所不顺，那就是"身在福中要知福"。

"天有不测风云，人有旦夕祸福"，人们生活在世上，对"福"字不能要求过高、过多，而是要顺其自然，活得自尊、自在，我认为"知足常乐便是福"，否则强求不切实际的"福"，既得不到又伤身心健康，那就"无福"可谈！

2005.5.10 发表于《厦门日报》

从"去南普陀钻钱空"说起

厦门南普陀寺左边"鹭岛名山"的门内有个"箭穿石",高约两米半,石头底部埋在土中,"箭穿石"的腹部有个直径大约半米的圆孔,因其圆孔如铜钱,故名"钱孔石"。据说是千万年前,福建许多地方还沉在海洋之中,而它的东面却有一块叫"东京"的陆地,后来由于地壳运动,"东京"陷入海底,福建反而浮出水面,故闽南民间流传着"沉东京,浮福建"(dím dāng'gniā, pú hōkgiàn)的说法,《山海经》也有"闽在海中"的记载。南普陀寺前的这块"箭穿石",据说原是海边的一块礁石,经过海水长期冲击侵蚀而形成现在的形状,我们称它为"钱空"。过去人们要是没钱用或想发财的话,就开玩笑地说:"去南普陀钻钱空。"当然这是戏谑话,不可能实现。

"钻钱空"(zǹg zníkāng),普通话的意思是钻进钱眼里。"空"是穴、洞之义。《集韵》:"空,通作孔。"也许人们会感到奇怪,现代的钱是纸币,为何有孔呢?"钱"既然是纸做的,又为何用"金"字旁呢? 这就得从中国货币的历史说起。秦以前,中国用贝币。商周时使用,以"朋"(十到二十个贝)为计算单位。后因真贝不够,遂有骨贝、蚌贝、石贝、铜贝等。这种贝币的历史从闽南方言歌谣和民俗中可找到遗存。在闽南地区,每逢除夕围炉得吃蚶,散席时,把吃完的蚶洗干净,大人领着小孩把蚶撒在床铺下,边撒边念:"掖(yâ)蚶壳钱,明年大趁(tàn)钱。"(撒蚶壳钱,明年大赚钱)至今,闽南除夕吃蚶的风俗仍保留着。贝币中有一类铜贝,是金属货币,形如刀,由生产工具演化而来的,流通于春秋、战国时代的齐、赵一带,听说西汉王莽称帝时,铸造了环部有"一刀平五千"字样,其中

"一刀"二字嵌入了黄金,能发射出水银般光彩的金错刀,后来人们争相收藏,诗人也写诗赞颂,如张衡诗:"美人赠我金错刀,何以报之英琼瑶。"战国时代还有一种布币,也是金属货币,是由农具"镈"(bù)演化而来的,"镈"是"布"的同声假借。

自秦以后废贝行钱,因"钱"是用金属铸成的,故用"金"字旁。《辞源》:"古以农器钱为交易媒介。其后制币,因仿其形为之。战国晚期有周方孔形之钱。"《淮南子》称有"天圆地方,道在中央"之意。本用于货物交易,后制成铜制货币。因其形圆状,中间多有方孔,故别名"孔方兄"。普通话称"钱"为"孔方兄",含诙谐义。闽南人戏谑擅长赚钱又贪钱如命的人为很会"钻钱空"。

到了唐代,因当时使用铜制成的货币面值小,即使做小买卖也需要大量的铜钱,而铜钱在携带、使用上不方便,鉴于这种弊端,一种纸做的"飞钱"票证开始在商人中间流通。我国最早通用的纸币叫"交子",因此有些人认为北方过年吃饺子,跟"交子"有关系。"交子"、"饺子"谐音,含有盼年年发财的文化蕴涵。我国在1300多年前就使用纸币,比使用纸币的先驱国家波斯早了整整半个世纪,尽管"钱"的历史在不断变化,但汉字"钱"的古义仍保留在闽南方言中。

2005.1.3 发表于《厦门日报》

钱无两圆畲瞋

"钱无两圆畲瞋"（zní bbó l 　g yní bbuê dán）是闽南方言的俗语。"钱"不是指纸钱，而是指银圆或铜板。明万历年间欧美银元输入中国，光绪十四年，广东始造银圆，中国自制银元至此始。"圆"俗作"元"，闽南话说为白银、大银，"铜板"说为"铜镭"（dángluī）。两圆（lng yní，两枚）畲瞋（bbuêdán，不响），意指没有两枚银元或铜板是敲不响的。

据说，过去有个顾客到杂货店买东西，买完东西后，他接过店老板找的钱，数了数，发现少了一个铜板，便向老板要，老板说，我找给你的钱，明明一个铜板也不少，请你再数数，这位顾客反复数钱时，不小心丢了一个铜板，正落在地上一个铜板的上面，发出清脆的响声，老板笑着说："钱无两圆畲瞋，地上这个铜板可能是我找钱给你时不小心掉在地上的。"

当双方吵架吵得不可开交时，闽南人常用"钱无两圆畲瞋"来劝架说服双方，这句话虽浅显但有一定哲理，相当于普通话一个巴掌拍不响，只有两个巴掌才拍得响。闹意见、吵架经常是双方引起的，若双方各自让步，检讨自己，不坚持己见，多为别人想想，吵架很快就会平息下来。特别是同一社区的小孩在一块儿玩耍，难免会磕磕碰碰，大人千万不要为一点儿小事吵得脸红耳赤，结怨成仇。大家都是"厝边头尾"，能住在一起也是上天赐给的缘分，"远亲不如近邻"，孩子在一起吵吵闹闹，那是家常便饭、小事一桩，不要为"囡仔代志引起大人冤家量债"（gǐn'ǎ dâizì yǐnkǐ duâláng wāngē lniúzè，孩子的事情引起大人吵架相骂），而应该要人前教子,严于自律,宽以待人,要像孟夫子所说的那样,"幼吾幼以及人之幼",孩子都是祖国的花朵、未来的接班人,当父母不仅要爱自己的孩子,也要把爱心给别的小孩,不要以为自己的孩子是金宝宝,碰不得,别人的孩子就不是孩子,是土做的,可以打,可以捏,只有用平常心对待小孩,才不会助长孩子养成不良习气。同样的道理,邻居、同事之间,有时也会为一点儿小事闹意见,如果都能严于自律,宽以待人,互相体谅,任何矛盾都能迎刃而解。大家在一起生活要和睦相处,互相关心,互相爱护,才能使家庭、社区成为和谐家庭、和谐社区。

"一笔化三千"的来历

你听说过"一笔化三千"（yīt bīt huà sāmciān）的故事吗？你知道它的来龙去脉吗？如果不知道的话，请听下面分解。

这句话在福建省长泰县流传着，它出自于林震的故事。林震何人也？他是长泰县善化里林墩社人，字敦声，曾经在长泰今夫坊村附近的钟馗书院就读。他是长泰县历史上唯一的状元。

传说古时候有一年的元宵节，林震的母亲怀他的时候正好顺月，她回娘家正好跟外公〔是京元社（俗称溪园社）的张姓秀才〕等家人到祠堂看戏，当大家看得兴高采烈的时候，林震的母亲忽然肚子阵痛，竟迫不及待地在祠堂里分娩。怎么办呢？这在当时封建社会里，真是大祸临头，若被族长知道定要掐死婴儿，以免外姓人夺走本族风水。此时，奇迹出现了，满堂花灯突然熄灭，舅舅急忙趁人不注意，包好婴儿，搀扶着产妇，趁乱溜走，这婴儿正是林震，他果然命大福大。

林震家境贫寒，母亲早逝，父亲忙于生计常不在家，只好娶个继母照料林震和家务。林震从小聪明过人，读书过目不忘，但因家庭生活所迫，只好中途辍学。停学后，他并不因此放弃学业，他的求知欲望使他孜孜不倦地读书、学习。他下田耕作或上山砍柴，从不忘记带书，有时休息时在树下读书，在地上写字，有时边走边背书，由于他勤奋苦读，长大后，学识过人，深得人们赞扬。

明宣德五年（1430 年），林震毅然参加春闱，乡试过后进入殿试时，左丞相杨荣是福建人，当然看重长泰举人林震，而右丞相杨士奇是江西人，则倾向江西举人沈文裴。两人文才不相上下，两位丞相也互不相让，只好在金銮殿上请皇帝面试钦点，沈文裘身怀绝招，能双手挥毫快书，右丞相杨士奇出题，当然深知沈文裘的绝招，因此出了个题目来为难林震，他要求两举人在一炷香时刻内，抄完3000个单字。沈文裘正中下怀，左右开弓，刷刷刷地写起来，而林震深知在短时间内写3000字定不可能，自己中状元必定无望，他急中生智，提笔题上"一笔化三千"五个字后随即交卷。考官评价林震："万夫魄力，不如一声道破。"

　　林震中状元后留在京师任翰林院修撰，主持校勘历朝史书和编撰本朝实录，供职七年，后因体弱多病告归，在家读书自娱，40多岁就逝世。

参看 2004 年 6 月 2 日《厦门晚报》"乡土"版和《长泰文史资料》第十三辑

狗缀屁走,人缀势走

"狗缀屁走,人缀势走"(gǎo dè puì zǎo, láng dè sè zǎo。指狗改不了吃屎的恶习,因此闻到哪里放屁就往哪里跑,比喻势利眼的人跟着有钱有势有名望的人跑,无原则地附和,人云亦云,以达到向上钻营攀附的目的。缀:跟。走:跑),这谚语源于古时候的一个故事,故事叫"鸟鼠喫石磨,石条踏翘啦"(Iniāocǔ kuè zióhbbô, zióhdiáo dáh kiào la。老鼠啃石磨,石板踩翘了)。

古时候,晋江后洋村有一个穷孩子,他家一贫如洗,没钱读书,他常跑到学堂教室偷听学生读书,偷看老师在黑板上写的字。上山放牛时,他把树枝当笔,沙地当纸学习写字。

有一次,他在地上埋头写字时,偶然抬头看见一只老鼠啃石磨,他惊叫:"鸟鼠喫石磨了!"并把这消息告诉他的同伴,他的同伴听了,不分青红皂白把他骂了一顿,说他胡说八道,是书呆,是傻子,老鼠再傻也不会啃硬邦邦的石磨。此事,外人听了都当成一则笑话。

后来,这位被骂为书呆、傻子的人竟然中了科举,官当到相国。他回故乡探亲时,特地设宴招待乡亲。开宴时,他站起来说:"我今天来时不小心把厅堂前的这条石板给踩翘了!"众人摇头说,不可能。可以前骂他书呆的那位同伴却连声附和:"是啊!是啊!相国大人真了不起!力气很大,把石板给踩翘了。"此时相国说出了事情的真相。原来他当年看见老鼠啃石磨是真的,因石磨黏着豆屑和米碎,饥饿的老鼠啃着石磨上的豆屑和碎米浆,那是合情合理的,而他此时说的是假话,厅堂前的石板本来就翘了,他小小的脚哪有那么大的力气把它踩翘呢？这则故事也就成了谚语"狗缀屁走，人缀势走"的来源之一，告诫人们不要趋炎附势，不要违背良心说假话。

在历史上这种"狗缀屁走，人缀势走"趋炎附势的例子不胜枚举，笔者再举一个生动例子。

那是书写"难得糊涂"的扬州八怪之一郑板桥的亲身经历。传说有一天，郑板桥衣着朴素地到扬州某山一小庙去玩，住持和尚见他穿着寒酸，不屑一顾地招呼说："坐。"并指着茶桌上的茶壶说："茶。"接着问："贵姓？"郑板桥答道："姓郑。"住持和尚听到姓郑，有点察觉，态度开始转变说："请坐。"并叫小和尚"泡茶"。又问大号，郑板桥答："鄙号板桥。"和尚大吃一惊，想不到眼前的来客就是大名鼎鼎的郑板桥，连忙弯腰作揖道："请上坐。"并叫小和尚"泡好茶"。坐谈一阵后，住持和尚请郑板桥为寺庙赐墨宝，以作纪念。郑板桥欣然命笔，题写了对联"坐，请坐，请上坐；茶，泡茶，泡好茶。"这副对联很有趣，很形象，如实地、幽默地刻画了住持和尚"人面逐高低"的态度变化，也是对社会上看上不看下这种势利现象的深刻嘲讽。

七　民俗节庆

说福接福,迎春种福

　　说到"福"字,就使我们联想到春节前,家家户户贴春联,再贴一个鲜艳夺目大红或金黄色的"福"字在门上,最近又时尚倒贴"福",这跟"福到"谐音有关。据说在清朝后期的恭亲王府,有一年除夕前,大管家为了讨主子欢心,写了几个斗大的"福"字,叫家丁贴到王府的大门和库房上。贴的人目不识丁,将"福"字倒贴了,为此恭亲王福晋十分气愤,欲鞭罚惩戒,大管家是个能言善辩的人,怕牵连到自己,慌忙跪下陈述:"奴才听人说,恭亲王寿高福大造化大,如今大福真的到(倒)了,乃喜庆之兆。"恭亲王一听也觉得合情合理,心想,怪不得过往行人都说恭亲王福到(倒)了。恭亲王转怒为喜,赏管家和家丁各50两银子,后来倒贴"福"由官家府第传入寻常百姓家。

　　"福"大家都喜欢,"福"何音何意呢? 人们认为"福"字是个吉祥字,对"福"字字形的分析却有不同。有人说"福"字是会意字,它在甲骨文中是双手捧酒的样子,有酒就有福。《说文》:方六切。该书认为,"福"是形声字,从示畐声,与鬼神和祈祷有关,段玉裁在"畐"条下注:"畐、伏二字古音同。"据反切,闽南话读书音 hōk,说话音 bāk,hōk,用如发福、福气、福相、有食福(口福)、福人等,bāk 此古音用如"长福村"Dńgbākcūn，是漳州市郊百花村的旧名。对"福"的词义也有不同的解释。《广雅》："福是盈。"《说文》："福，备也。"《释名》："福是富。"《书·洪范》还把"福"字解释为五层含义："一曰寿；二曰富；三曰康宁；四曰修好德；五曰考终寿。"这五福正是人们所盼望和追求的，正如对联所云："福如东海长流水，寿比南山不老松。"

　　福建在旧社会经济十分落后，地少人多，人们只能是靠山吃山，靠海吃海，生活漂泊不定，大家渴望着能过上安居乐业的生活。改革开放后，福建面貌日新月异，经济突飞猛进，特别是闽南的厦门是经济特区，是对外开放的窗口，人们的生活越过越美，像十二月的甘蔗节节甜，真是名符其实的"福人居福地，福地福人居"（"福地"旧指神仙居住的地方，现多指有福气的地方）。

　　福建人认为"有种福，才有福气"，"福大量大，量大福大"，福与量相随，所以在外发展的福建人（东南亚称闽南人为福建人）每逢春节，都大力宣传"广种福田，功德无量"。有一年，我在马来西亚过年，初一那天，全家老小团聚，祭拜祖先后欢庆新年，最后一个节目是人人都拿出自己的一点钱奉献爱心，献给福利院、敬老院，发扬中国人敬老爱幼的优良传统。

　　闽南人说："身在福中要知福，要惜福"，"有福唔知惜（m̂zāisiōh，不知爱惜），福去趄觞着（zīpbbuêdióh，追不上）"。人们生活在这世上，不要人心不足，这山望着那山高，"鸡食碎米鸭食谷，各人各有各人福"，对于老人来说要注意保护身体，平安就是福，注意饮食，"多日茶餐延福寿，少吃油腻益健康"！

从谚语看闽台的春节习俗

    宋·王安石的《元日》一诗里有这样两句:"爆竹声中一岁除,春风送暖入屠苏。"除夕是中国一个传统佳节,每逢佳节倍思亲,中国人每逢这节日,都要阖家团圆,举杯共饮。除夕夜,闽南话叫二九暝(lī gǎo bbní)或二九下昏,闽台人非常重视二九暝的全家"围炉",俗语道:"囡仔爱年兜,围炉撨红包。"(gǐn'ǎ ài lnídáo, wíloó téh ángbāo)"要睏着六月天光,要食着二九下昏。"(要睡得六月天亮,要吃得除夕晚上)因为一年一次的全家"围炉"来之不易,既隆重又温馨,这天晚宴十分丰盛,哪怕是再穷的人家也得想方设法煮上十道、八道菜,就像童谣唱的那样:"二九暝,全家坐圆圆,桌顶酒菜满满是,有鸡有鸭也有鱼……"其中有一道习俗菜是食蚶,蚶的种类很多,有珠蚶、血蚶、泥蚶、毛蚶等,但闽南人最喜欢吃珠蚶。记得我孩提时,吃完珠蚶,要把壳留下。筵席散后,母亲叫我们把蚶壳洗干净,然后带我们一起把蚶壳撒在床铺下,撒蚶时,长辈还教我们念:"披蚶壳钱,明年大趁钱。"(yâ hāmkākzní, bbnélní duâtànzní,撒蚶壳钱,明年大赚钱)据说,这一习俗与古代用贝壳当货币有关。许慎《说文解字》:"……至秦废贝行钱。"可见中国古代曾经将贝壳当作货币这种做法被闽南人当为习俗。语言和文化的关系从文字结构来看一目了然,现在和钱有关的字,如财、货、贷、贡、贿、赂、赠、赊等都属贝部。闽台人吃蚶习俗意取来年金钱更多,寄托"过新年,大赚钱"的祈愿。"围炉"后按照古例,是爷爷奶奶、父母亲给儿孙红包钱即压岁钱,是"互囡仔新年势大汉"(hoô gǐn'ǎ sīnlní ggáo duâhàn,让孩子新年快长大),儿孙们高高兴兴地把红包放兜里,美滋滋地过了年。

"围炉"后的另一习俗是跳火囤,这是龙海一带乡民的一种旧俗,参与者边跳边唱:"跳过东,五谷食馀(bbuê,不会)空;跳过西,钱银满厝内。"长者还要把供奉的灯猴(一种可装油放灯芯点火的象形竹制品)用火钳托出伸向火囤堆里烧,又把烧着的灯猴残骸托进厅堂,放在一个小香炉里,念着:"灯猴入厝,代代富(dīng'gáo lípcù,dêdê bù)。""灯猴烧成烌(hū 灰),厝内逐项有(cù lâi dákhâng wû,家里每样东西都有)。"

过完除夕后就是正月,说到"正月"(普通话读 zhēng,不读 zhèng,方言读 zniā,不读 znià),农历新年的第一个月叫正月,第一天叫正月初一,"正"秦朝以前都读 zhèng,因哪一个月是为一年的第一个月并非固定的,要改变是王朝君主的事,所以用改正的"正"是对的,后来到了秦代,因秦始皇姓嬴名政,"正"与"政"同音,犯忌讳,就下令把"正月"读作 zhēng 月。一直沿用至今。闽台一带把春节说为正月,闽台谚语云"正月正是新正,新娘团婿上客厅"(zniāggéhzniā sî sīnzniā,sīnlniú gniǎsài zniû kēhtniā),因正月是过年喜庆日子,闽台两地人家都喜欢在正月前后办婚嫁喜事,可喜上加喜。至于新正的说法,从唐朝到明朝都是这么称说的。它既指新年正月,又指正月初一。如白居易《喜入新年自咏》诗:"白须如雪五朝臣,又入新正第七旬。"唐·薛逢《元日回家》诗:"相逢但祝新正寿,对举那愁暮景催。"

正月里亲戚朋友互相拜年,闽南人叫"拜正",自古以来,闽台两地流传很多版本的《正月歌》,我们就举一种版本来说吧!"初一正,初二正,初三无人行。初四神落厅,初五隔开(放假时间结束,一切工作恢复正常),初六沃肥(ākbuí,浇肥)。初七七元(这天要吃线面,并要吃芹菜、芥菜、葱、大蒜、荠菜等七种新鲜菜,也叫七元日,为人日的别称。杜甫诗中"春日春盘细生菜"即歌咏此事),初八团圆,初九天公生,初十地公生。十一请团婿(有地区差异,厦门、漳州、台湾是初二,有的地方是初四),十二双头拜。十三关帝生,十四结灯棚,十五上元暝。"初一早,家家户户焕然一新,厅桌上摆上年糕、红柑、糖果、蜜饯等,表示人寿年丰,拜正(拜年)的宾客光临时,大家一见面有说不完的吉祥话、道不尽的盛情意:"新年好!""新年身体健康!""万事如意! 恭喜新年大发财!"……招待客人捧上甜茶还得念"吃红枣,年年好",请吃橘子图新年吉利。当新郎新娘给客人敬甜茶时,客人给予美好的祝愿:"食甜甜,明年生后生。"(ziáh dnīdnī,bbnélní Snī hâosnī。后生:男儿)

"初三无人行",一说是初一、初二互相拜访太累了,稍微休息一下,另一说是正月初三忌探访。忌访别人是有个原因的。明朝嘉靖年间,倭寇猖獗,有一年十二月底,他们在厦门一带登陆,奸淫烧杀,无恶不作,直到正月初三凌晨,才被击退,消息传到内地,许多人纷纷跑到沿海探望亲人是否平安。由于其亲友十有八九遭屠杀,探亲访友变成吊丧,这些人第二年正月初三又分别前来参加亲友周年祭礼,家庭平安无事的人就忌亲友正月初三来探访。不过时移俗易,此俗越来越淡化了。

闽台的春节习俗,虽受欧风美雨的吹洗,但至今仍保留着,闽台人民是"人同祖,语同源",闽南人到台湾开发时,不仅带去了闽南话,而且带去了地域文化和闽南习俗。闽南谚语充分反映出闽台两地的春节习俗。

1993.2.13 发表于《厦门日报》

初九天公生，十五上元暝

"初九天公生，十五上元暝"（cuēgǎo tnīgōng snī，zápggoô siônggguán bbní）。从这句谚语，可以看出闽南春节的民俗。正月初九传说是玉皇大帝诞辰，闽台及东南亚的闽南人家家户户要"供天公"（gìngtnīgōng），台湾各地还有"天公庙"。闽南人"供天公"是从初八晚上开始设案摆供，直到深更半夜初九到来开始烧香膜拜，非常虔诚。

据说"天公生"是来源于300多年前清军进攻闽南时期。那年的十二月，清政府下了两道命令：一是正月初一家家户户要张灯结彩；二是"留头不留发，留发不留头"的"剃头令"，要老百姓改变留全发的习惯。当时老百姓认为服从"剃头令"，改变留全发的习惯是叛国不孝的表现，于是人们纷纷反对剃头，正月初一也没人要张灯结彩，清政府只好在正月初八宣布取消"剃头令"，闽南各地老百姓听到这个好消息，不约而同地在初九备三牲祭拜"天公"，庆祝反"剃头令"斗争的胜利，清朝官员问起这是什么节日，人们巧妙地编出原因说，这是祭拜天公，因为今天是"天公生"，以后每年初九便成了闽南人祭拜"天公生"的日子。

年年初九不仅闽台的闽南人祭拜"天公生"，大家张灯结彩、杀猪宰羊、烧香放炮，就是海外的闽南人也祭拜得非常虔诚。有一年，我到马来西亚过年，"供天公"那天晚上，亲自体验了祭拜的全过程。我的婆家和那里的华人，在初八夜就开始设案摆供，家家户户在门口的供桌上陈列祭品，从远处眺望，或高或低的神台错落有致，桌上红红绿绿的水果、年糕、整头的烧猪、鲜花、香烛与其他祭品构成一幅瑰丽的祭神图,祭品中甘蔗是必不可少的,因据说抗日战争时期,人们躲在甘蔗园里,才逃过日军的掠杀,所以他们对甘蔗感恩图报。晚上 12 点整,"哆哆哆",平时不加理会的午夜钟声,听起来格外响亮,初九已经到来了,我们一家大小默契地点蜡烛、烧香、膜拜,接着整条街燃放五颜六色的烟花,真是热闹非凡。

"十五上元暝"(暝读 bbní,夜),是指农历正月十五元宵节的夜晚。一年第一个月圆之日叫"上元",秋季第一个月圆之日——农历七月十五叫中元,冬季第一个月圆之日——农历十月十五叫下元。元宵是指一年的第一个月圆之夜。古代也叫上元。《旧唐书·中宗记》:"(景龙四年)丙寅上元夜,帝与皇后微行观灯。"这一天,闽南人家家户户吃"上元圆","圆"即汤圆,意喻一年开始,天上月儿初圆,世间人们庆祝团圆,吃象征性的汤圆。这一天闽台及东南亚各地都会举办灯会弄龙弄狮(即舞龙舞狮,"弄"读 lâng),让人们观赏。

闽南话"灯"与"丁"同读 dīng,"添灯"即"添丁"。《藤山志》记载:"元宵女子已嫁未生男孩,母亲送以各式的灯,谓之添丁。"有的已婚妇女为祈求"添丁",在灯棚底下钻出钻进,寓为"钻灯脚,生卵脬(lânpā,指男孩)",以求生育。厦门、漳州一带这一天除吃元宵圆外,还吃"蚵仔兜(dāo)"(海蛎拌地瓜粉煮线面),俗话说:"蚵仔麵线兜,好人来相交"(ó'ǎ bbnîsnuàdāo,hǒláng lái siōnggāo),寓有一年开始,生活吉祥如意之意。

2005.2.21 发表于《厦门日报》

二月二，土地公做忌

"二月二，土地公做忌"（lîggéhlî，toǒdîgōng zuègî）是闽台古代传承下来的民俗。土地公的正名是"福德正坤"。据说明朝以后，祭祀土神的社日定为农历二月初二，因为人们认为蛰伏冬眠的动物被"惊蛰"的雷声惊醒，到"春分"时分破土而出，所以在这两个节气之间的二月初二，祭土地神以安土地、感恩土地，求得六畜兴旺、五谷丰登。

人们所崇拜的自然神，除了"天公"很重要，土地神也很重要。"土"，《说文解字》："地之吐生万物者也。""二"象地之上地之中，"｜"物出形也，象形字。大地、土壤是人们祖祖辈辈繁衍生息的土地，人们说"头顶一片蓝天，脚底一抔热土"，有了这一抔热土，我们才有立足之所，生存之地。我国自有了易理天地阴阳之说后，国人都知道天为阳，地为阴；日为阳，月为阴；男为阳，女为阴。无天则无地，无地则无天，天地难分，所以闽台人民重视祭拜土地神是理所当然的。

在以农业为主的中国社会里，早期把土地公作为农业神、地方神、民俗神，所以有"田头田尾土地公"之说。福建土地公大多不立庙，田头田尾、坟墓的右侧立个"后土"，那就是土地公神，有的即使有庙，也很小、很简陋，如把三片石板当墙，一片当顶的陋庙，也没塑像，以后传到台湾，既有小庙，也有大庙，据说当地有 49 个宫庙，人们将其视为风水宝地。民间传说土地公神一心为公，想让天下人都富有，而土地婆怕自己的儿子娶媳妇、女儿出嫁时，没人来抬轿子、吹喇叭，所以主张"富的富顶天，穷的穷寸铁"，她的自私心理激起了人们的不满,以后人们盖土地公庙,旁边不再盖土地婆庙。新盖的土地公庙,还让土地公戴上宰相帽,穿上龙袍服,表明他是一位主持公道的神。有的土地庙里的土地神脸红、须白,像慈眉善目的长者、老者的神态,旁边的对联是"福相脸红心端正,德容须白眼生神"。土地公慈祥老翁的神态令人亲近和尊敬。

2008年9月19日首届厦门仙岳山福德文化节在重修落成的仙岳山土地公庙举行,该庙气势恢弘,流光溢彩,荟萃了国家级非物质文化遗产木雕、石雕、瓷雕等诸多闽南传统工艺,全庙建筑面积数千平方米,为目前海峡两岸最大木结构土地公庙,供奉福德正神和文武财神,土地公神像高2.56米,十分生动逼真,庙宇色彩斑斓,无比壮观。

土地公神职位虽低,但掌实权,负责洞察人间善恶,分派财富,慢慢地商人也很重视土地神,土地公神从农业神逐渐变成商业神,要求发财致富的人也供奉土地公。从福建移居到台湾的闽南人,很多从商,他们大多奉祀土地公,并且与"做牙"结合在一起,除了农历二月初二祭拜外,十六也祭拜,慢慢形成每月初二、十六都"做牙"的习俗。二月初二做"头牙",祭拜土地公,到了农历十二月十六,商家为了酬谢土地公一年来的照顾以及酬谢员工一年来的辛勤劳动,而做一年最后一次"尾牙",祭品特别丰盛,祭拜后的食物犒赏员工。以往闽台一带做"尾牙"时,头家(老板)在酒席上对不适合任职的员工做一番暗示,把"鸡头"朝向有意解雇的员工,代表该员工被炒鱿鱼,过完年后不必来上班,所以俗语就有"尾牙面忧忧,头牙捻嘴须"(bbĕggé bbînyiūyiū, táoggé liàm cuìciù。捻嘴须:捻着胡须,比喻悠闲自在)的说法。这是表示尾牙面临着被解雇的危险,而头牙则工作已稳定,不成问题,可以无忧无虑地生活。可近年来,这种民俗已淡化,劳资双方为了建立起更和谐的关系,所以"尾牙"聚餐主要目的是头家犒赏员工,感谢员工一年的辛勤工作,从心理上、精神上缩短和员工的距离,以便更好地和员工相处,共同打拼,来年赚大钱,所以"鸡头"朝天,这样更具人情味,以免给员工造成紧张的心理和导致劳资不和谐的关系。

　　据说"尾牙"做完后,土地公上天向玉帝汇报一年工作。祭土地公源于远古人们对土地的崇拜,虽有点迷信,但也有道理,"民以食为天,食以地为本",没有土地,人们吃什么? 住哪里? 如何生存呢? 祭拜土地公说明人们对土地的敬仰和爱护,希望土地保护五谷生长,反映人们对美好生活的心理寄托和向往。

闽台清明节

"清明时节雨纷纷,路上行人欲断魂。借问酒家何处有,牧童遥指杏花村。"这是唐朝杜牧写的七绝《清明》,是一首脍炙人口的诗。此诗采用情景交融手法,来反映清明节游子在外,不能归乡祭祖尽孝而感到内疚、郁闷,只好借酒消愁的悲切心情。这种心情对于一个中国人来说是人之常情,是可以理解的,但对于一个不了解中国文化的外国人来说,感到不可理解。清明节是中国传统节日,每逢清明节,家家户户都有祭祖、扫墓、插柳踏青等风俗。闽台地区流传着"清明插柳,端午插艾"(cnībbniá cāh liǔ, duānggnoǒ cāh hniâ)、"清明扫墓,重九登高"的民谚。"清明"都读说话音 cnībbniá,若朗诵诗歌,要用读书音 cīngbbíng。

清明节是二十四节气中的第五个节气,按阳历算在每年四月五日或前后一天,今年是四月四日,按阴历算,一般在三月上半月(今年是闰二月,所以是二月十四日)。此时天气转暖,风和日丽,"万物至此皆洁齐而清明",清明节由此得名。闽台地区扫墓的时间一般是清明节前后 10 天,拾骨、骨灰下葬、修墓等也皆宜在清明前后 10 天进行。

扫墓早在周代就已流行。秦代时期以晦(阴历每月末一天)、望(阴历每月十五)、伏(三伏,即夏至后第三个庚日叫初伏,第四个庚日叫中伏,立秋后第一个庚日叫末伏)、腊日(古时岁终祭祀百神的日子,一般指腊八)等时供饭祭墓。至唐代始将扫墓固定于清明举行,唐玄宗开元二十年(公元 732 年)的诏令明确规定允许百姓寒食节(清明节前三天)扫墓,宋代人皆于清明节上墓扫拜,追纪祖先,此习代代相传。闽台两地,根在中原,"人同祖,语同源"把海峡两岸的亲情凝聚在一起,所以此俗沿袭下来。

闽台及其东南亚的闽南人也把扫墓叫上墓(cniûbbông,包括修缮墓地)、砻墓纸(dēhbbôngzuǎ)、培墓。惊蛰、春分已过,人们为防止祖先坟墓被狐兔等动物打洞或雨水浸灌,前往除草整枝、添土上供,并把被日晒雨淋弄模糊的碑字重新描上红漆,备三牲(古代指牛、羊、猪为大三牲,鸡、鸭、鱼为小三牲)、水果、香烛、鲜花、墓纸(中凿波形纹)、冥币(金、银纸)、线香等进行膜拜,祭祀祖先在天之灵,表示对祖先的怀念。同时还要祭后土(俗称土地公、土地神,即福德正坤),表示对土地守护神的感恩。宋代高菊硐诗"南北山头多墓田,清明祭扫各纷然,纸灰飞作白蝴蝶,血泪染成红杜鹃"就是闽台地区扫墓的写照。据林再福先生的《闽南人》一书记载:"凡漳州及同安之人流寓台地者,于三月三日共制润饼,以祀祖先,曰:'三日节'或'三月节',余均做清明节。"润饼即薄饼,佐料中若加上浒苔,可使薄饼更具风味。现在人逝世,大多火化,逝者的骨灰盒埋在坟墓或寄存在陵园或寺庙里,祭拜的仪式比较简单,如献花、鞠躬、烧香等。

以往闽台妇女淡妆素服,邀亲携友,三五成群前往扫墓,并利用清明扫墓踏青归来机会采花簪发,折柳栽插,就像海音诗第三十五首所云:"清明时节雨初晴,楮陌纷纷化蝶飞;刚是重关斜照后,云鬟无数插青归。"相传此俗最初是为了纪念教民稼穑的神农氏,后演变为纪年祈寿和预报天气的方式。民间有"戴个麦,活一百;戴个花,活百八;插根柳,活百九"之说,人们将柳枝插于檐下以测天气,民谚曰:"柳条青,雨蒙蒙;柳条干,晴了天。"此俗现已淡化,现代妇女利用扫墓机会,邀亲携友,顺便到大自然中欣赏婀娜多姿的柳树在春风中翩翩起舞。

"每逢清明倍思亲,何人不起故园情",清明时节,东南亚华侨、港澳台同胞,特别是台湾的闽南人到闽南祭祖、扫墓更是络绎不绝。现在两岸实行节日包机（最近已经直航），为到大陆经商的台湾闽南人回台湾扫墓也提供了方便。自古以来，无数闽南人为了生活，离开本土，到海外谋生，到台湾垦殖，虽然他们在外建立新的家园，但总忘不了自己的"祖地、祖家、祖厝、祖先"，他们即使走遍天涯海角，也忘不了自己是龙的传人。在闽南也有不少归国侨胞为了纪念自己已故的亲人，而不远万里出国扫墓，表达对故人的哀思。

2000.3.29 发表于《闽南日报》

端午节话端午习俗

　　端午节是中国特有的传统节日，又称端午、端阳、天中节等。《风土记》云："仲夏端午。端，初也，又农历五月称为端（正如四月梅、九月菊、十二月腊）。"端午原是月初午日的仪式，因"五"与"午"同音，农历初五日遂成端午节。闽台地区亦称"五月节"（ggoôggéh zuēh）、"五日节"（ggoôlít zuēh）。

　　端午的来历，据史料载是公元前 278 年农历五月初五，楚国大夫屈原听到秦军攻破楚国的都城后，悲愤交集，心如刀割，毅然写下绝笔之作《怀沙》，抱石投入汨罗江，以身殉国。又一传说是伟大诗人屈原，官至楚左徒（仅次于宰相的官职），他忠而见黜，在倾襄王时期被令尹子兰和上官大夫陷害，流放到江南，他经洞庭湖沅水到辰阳、溆浦等地，又沿湘水到今湖南阴县汨罗，因悲愤交加，于农历五月初五投江殉难。以后每到此日，百姓以吃粽子、赛龙舟等方式来纪念他。另一种说法源于闻一多先生，他认为端午节是古代吴越民族——一个龙图腾团族举行图腾祭祀的节日，每年五月初五，他们把各种食物装在竹筒中或裹在树叶里，一面扔至水中献给图腾神，一面自己吃。最后还在击鼓声中划着刻画成龙形的独木舟，作竞赛游戏，给图腾神，也给自己取乐。不过第一种传说比较普遍。至于端午的习俗除吃粽子、龙舟竞渡外，还有喝雄黄酒、插艾叶和菖蒲、挂香袋等，此外诵读伟大诗人屈原的经典诗文，诠释端午文化也成为端午节的活动之一。

　　说到吃粽子，我们得从屈原的家乡——湖北秭归说起。"秭归"这地名特别动听，不管是字音还是声调，念出来都让我浮想联翩。后来才知道,秭归这名字是因为屈原的姐姐盼弟弟归来而得的,原来叫姊归,后来才改为"禾"旁的"秭",意为丰收。这地名很有纪念意义。秭归乐平里自古至今传诵着歌谣《粽子歌》:"有棱有角,有心有肝,一身洁白,半世熬煎。"这首歌谣就是屈原的真实写照。粽子棱角分明的外形,象征着屈原刚直不阿的性格;雪白的糯米,意味着屈原出污泥而不染的品质。据说古时候并不是做成粽子,而是用竹筒装米投入江中祭之,后来为了不让蛟龙夺走给屈原的祭品,人们乃以五彩丝线和树叶绑系。汉魏时期,已盛行端午吃粽之风。唐宋时代,粽子成为节日和四季出现于市场的美味食品,以端午食用最为普遍。宋代已用艾叶裹米。明弘治年间,用芦叶裹粽,粽馅品种繁多,沿袭至今。闽台地区的粽子多用芦叶和竹叶包裹,有纯米粽、碱粽(gnīzàng,蘸糖或蜜吃)、肉粽、豆粽等。端午这天,除吃粽子纪念屈原外,民间有的人用粽子,并备菜肴与杏菜煮卤面祭拜神明和祖先,同时还以粽相馈。

赛龙舟本来源于农历五月初五屈原投江后,人们争相捞救,从此传下端午赛龙舟习俗。闽台俗语云:"正月初一四界云(sìguèwún,到处游玩),五月初五扒龙船(bélíngzún,划龙舟)。"据说在汨罗江畔,人们先到屈子庙朝拜,祭毕开始龙舟比赛。一声炮响,龙舟齐发,舟分青龙、黄龙、白龙舟等,船身与船上饰物、划手的服装均为一色,甚为壮观。闽台地区更具特色,河舟宽阔,比赛场面热闹非凡。就拿陈嘉庚先生建的集美龙舟池来说吧,陈嘉庚先生在世时,前后举办了11次龙舟赛,其中有七次是陈老先生亲自主持的,每每龙舟比赛,锣鼓喧天,鞭炮齐鸣,池中龙舟飞渡,岸上人山人海,正如闽南俗语所说:"五月五,龙船鼓满溪路。"

至于喝雄黄酒、插艾和菖蒲等习俗,并非迷信,而是有一定的道理。雄黄是一种药材,有解毒杀菌的功效,民谚曰:"饮了雄黄酒,百病都远走。"中药书云:"五月五日饮菖蒲雄黄酒,可除百疾而禁百虫。"旧时端午前夕,人们用菖蒲根和雄黄泡酒,曝晒于日下,以供节时喝。端午那天，大人喝雄黄酒，小孩则将雄黄酒涂抹在耳、鼻和前额处，以驱毒祛病。泉州一带民间，大人还把"香袋"（缎制绣囊，入以香料）佩在小孩胸前以除五毒。民谚"端午插艾"是指在门或窗上悬艾、菖蒲或有绿叶的榕枝，这是利用其药性驱毒，民间有对联为证："菖蒲驱恶迎吉庆，艾叶除邪保平安。"

关于"插艾"还有一个民间传说，黄巢所领导的唐末农民起义时，到处有军队的烧杀掠夺。有一次黄巢的军队看到前面有个妇女，背着一个孩子，手上又牵着一个小孩儿，问她："为什么要背大的孩子，而小的孩子反而牵着呢？"她说："大的孩子是哥哥的，若被打死了就断了香火。"黄巢知道后，很感动，叫她回家后，在门上绑上艾叶，这样，自己的军队就不会去骚扰。那位妇女回家后，把这记号告诉全村人，全村的门户都挂上艾草，才躲过了灾难。所以艾叶为保护人的生命立了功劳。

"春光虽去还复来，忠魂不眠千古存"，端午传统节日不仅纪念古人、圣人，传承优良传统，而且给旧传统习俗赋予新的活动内容，让人们在活动中大显身手，享受节日的乐趣。端午节已入选为世界《人类非物质文化遗产代表作名录》的节日，它与清明节、中秋节等被定为国家传统节日，放假一天。

2000.6.6 发表于《闽南日报》

七月半鸭，八月半芋

　　"七月半鸭仔，八月半芋"（cītggéhbnuà āh'ǎ, buēhggéhbnuà'oô）是闽台地区的谚语，因为旧历七月是闽台的旧俗"普渡"的月份，也是六月夏收以后，鸭子长膘的时节。"普渡"民间也叫"鬼节"，主要是祭拜在各种灾难中死去的无主家神（也叫"孤魂"）。从七月初一到三十，逐村、逐社里、逐条街轮流一天"做普渡"，此时鸭子正当肥润，又是祭拜的主要祭品之一，故有"七月半鸭仔呣知死"（七月半鸭子不知死到临头）的民谚。七月半是中元节，家家户户"开巷口"，即"开地狱门"来祭拜，每家都在举行祭拜仪式后请客吃饭，村里还请戏班演戏，热闹非凡，此俗现已逐步淡化。至于"八月半芋"是指农历八月十五前后的芋头最松最香最好吃，觞荣（bbuêhnáoh，"荣"就是水分多，不松不好吃）。闽台人对芋头特有感情，据说八月半祭拜月娘妈（月亮）时，也把芋头当作供品，台湾同胞有的还把米粉芋作为供品，因闽南话"芋"与"路"谐音，于是人们有"食米粉芋，有好头路"（ziáh bbǐhǔn'oô, wû hǒ táoloô。头路：工作）的顺口溜。厦门的名小点芋包也很受欢迎，它是先把芋捣成芋泥，加盐、淀粉制成芋蓉，再把五花肉、鲜虾、香菇等切成丁制成馅料，包在芋包里，后用旺火蒸即成。清代《闽杂记》记载："闽人称芋大者为母，小者为芋子［闽南话大者是芋婆、芋头，小者芋仔囝、芋卵仔（oôlǐng'ǎ）］。"正因为象征父母子的亲情，所以人们中秋节也喜欢买芋、吃芋，其中芋芳［槟榔芋（bīnlng'oô）］品种最好，最受欢迎。

　　中秋节之夜，还有"听香食芋"的旧俗，即听香的人先祷月上香，然后踏月出门，到房前屋后、路旁巷口、墙边等偏僻处偷听他人言语，以求解心中疑惑，预测婚嫁、家庭、事业等的祸福凶吉。江日昇的《台湾外记》也记载过郑成功"听香"的事：辛丑年正月（1661年），郑成功计划攻取台湾。"是夜二更，成功祷天，效俗出听背后言，以决征台吉凶，忽闻一妇人唧哝曰：'国姓好死不死，留这一个长尾星在此害人'。长尾星是吉兆，就于门上留一记号。次日，差卫兵到号处，带其妇人来见，妇人惊怖，魂不附体，功询之，方知是出征兵眷。慰之曰：'莫怨藩主，此乃天也。'赏银四两，白麻五斤，令之去。"可知听香之俗已有数百年历史了。

脍炙人口的"天乌乌，要落雨，阿公掣锄头去掘芋……"也与芋有关，为了煮芋头之事，"阿公阿嬷相拍拂破鼎"。可见闽台人对芋很感兴趣，芋既可当主食，也可当菜肴，做芋的花样不少，有煮芋粥、蒸芋饼、做芋包、炸芋枣等，这些都是小吃，还有一些是出现在宴席上的，如香酥芋头鸭、红烧猪肉芋等。南普陀素菜中的"香泥藏珍"更是清香诱人，它选用厦门特产槟榔芋去皮蒸熟，然后捣成泥放在大碗里调入白糖、芝麻、花生、熟生油、桂花露等搅拌成泥状，装入小盆里蒸半小时取出，再用红枣泥、瓜子仁以及"海底三项素"之一的浒苔（hoǒtí，海苔）。其他两项是海带、紫菜）在芋泥上装饰成美丽的图样，真是色、香、味俱全。

说到芋泥，顺便插上一段趣说。1839年林则徐作为钦差大臣到广州禁烟不久，驻广州的英、法等领事想和他拉关系，而林则徐却铁面无私，让洋人十分尴尬，结果洋人在设宴招待林则徐时，出了一道冰淇淋，林则徐及随行官员看到冰淇淋上冒着气雾，以为是热洋菜，没想到入口后却冰冷冻齿，禁不住打了寒战，惹得洋人嬉笑不止。林则徐却装着不把它当作一回事。几天后，林则徐设宴回请这些洋领事，第一道菜就是闽南有名的太极芋泥，洋领事们看到这道菜图案十分雅观，菜色灰白，又不冒热气，以为是冷点，没想到吃下去以后，个个被烫得嘴唇灼红起泡，因为芋泥放足糖和油，奇热反而不冒气，而林则徐却漫不经心地站起来介绍说："这是我们福建名菜甜食芋泥,请大家多多品尝。"而那些洋领事们听后则哭笑不得,有的嘴巴痛得说不出话来。这就是林则徐用太极芋泥来回敬洋领事的趣事。

中秋节遐想

——今年中秋海峡月更圆

　　"海上生明月，天涯共此时"，一年一度的中秋佳节即将来临。也许人们认为"天上月圆，人间月半，月月月圆逢月半"，今年八月十五中秋节还不是跟往年一样过吗？不！今年中秋除了跟往年一样赏月、祭月、博饼、厦金两门放焰火外，还有更隆重、更有意义的庆祝活动呢！那就是中央电视台今年中秋夜双语晚会搬到厦门海边举行，主会场设在会展中心前广场，晚会的格调和节目的选择将突出"海上生明月，两岸共潮声"的文化意象，体现两岸血浓于水的同胞亲情和厦门地域文化的特点，可见今年中秋海峡月格外圆。

　　人们说，中秋节是团圆节，是的，中国传统节日中，除了春节是团圆节外，就是中秋节。为了过一个团团圆圆吉祥如意的中秋夜，人们在节前忙忙碌碌大包小包地采购，厦式、台式、广式、苏式等等不同品种的月饼琳琅满目、应有尽有。闽台地区有中秋夜祭拜"月娘"的习俗，除了供奉月饼、水果外，还供奉芋头。厦门的中秋夜除了用月饼和水果祭拜"月娘妈（ggéhlniúbbnǎ）"外，最有趣的还是群众性的博饼游戏，六粒骰仔掷出了一家人的欢乐，一屋子的温馨，还有那挡不住的好运气。从闽南民间艺人陈郑煊先生编的闽南方言歌谣《中秋博月饼》中，就能看出合家欢乐的景象。歌谣的内容是："中秋月圆像明镜，照到四界光焱焱（ynà），家家户户博月饼，博骰仔嚷甲大细声。阿公博着状元饼，博了分互逐个（分给大家）食，孙仔双手拿着饼，共伊阿公说（sēh）道谢。"

　　"露从今夜白，月是故乡明。"中秋节不仅是团圆节，对于旅居或定居在外的华人来说是个思乡节。记得有一年,我到美国探亲时,有一位旅居美国的华侨,跟我说起了中秋节那天的故事。他说,那一年中秋,他们公司的美国同事特地跑来问他:"今天是你们中国的月亮节,你准备到屋顶上去跳舞呢,还是待在院子里烤肉?"那位美国同事半开玩笑地说。这位华侨回答说:"中秋节对我们这些客居他乡的中国人来说,既不是跳舞的日子,也不是烤肉的日子。"那位老外说,他不懂,节日就是大家开开心心,没有烦恼才对呀!"是的,他确实不懂中国文化和中国人的特殊情怀和心理,我们这些远离亲人的人,只好放弃中秋佳节与亲人团聚的天伦之乐,所以宋代词人苏轼说:'明月几时有,把酒问青天……人有悲欢离合,月有阴晴圆缺,此事古难全。'"他的诉说,使我想到了世界各地华人的赤子心、中华情。相信今年厦门中秋晚会上能展现出全球华人相亲相聚的动人情景,让五湖四海的华人在中秋明月下释去遥思和远念,互相祝福,盼望他们能早日回来,与亲人团聚,共度佳节。

今年的中秋鹭岛夜,厦门将成为世界华人瞩目的焦点。它将向全球展现厦门这座文明城市、花园城市的美丽风光;它将向全球展现改革开放后厦门的辉煌成就;它将让钢琴之岛鼓浪屿的天籁之音温暖人间。"但愿人长久,千里共婵娟"是我们共同的美好的祝愿!海峡两岸绚丽多彩的焰火将似天桥飞架在一湾浅浅的海峡上,送去真情似海,迎来无价真爱!

写于 2006 年中秋节前夕

闽台的"月娘妈"文化

　　普通话中的月亮、太阳,闽南话可说为月、日,如:日出啊(太阳出来了)、月光了(月亮亮了),这种单音节的说法是古汉语的保留,不过在口语中,也说为日头、月娘或日头公、月娘妈(妈读 bbnǎ,也常写为"嬷"。即奶奶、婆婆)。

　　"月"《说文解字注》:"月,月阙,叠韵。"《释名》:"月缺。象形,象不满之形。"为何月阙(月缺)是叠韵呢? 闽南话的读书音"月"为 gguát,"阙"(缺)为 kuāt,正好符合古音,同是 uat 韵,属叠韵,它的白读厦门音 ggéh,泉州 ggɔ́h,漳州 gguéh。月不仅是音保留古音,有些由它构成的词也跟古词同形同义,如月头(月初)、月尾(月底)、月日。月,常跟数词结合成一月日(一个月)、三月日(三个月)等。后蜀花蕊夫人《宫词》:"月头支给买花钱,满殿宫人近数千。"《元诗选·郭翼·林外野言·春日有怀》诗之二:"客里青春愁不愁,月头月尾雨阴阴。"《水浒传》第二回:"自史太公死后,又早过了三四个月日。"这些用在时间方面的词语,跟古文化那么吻合,今天它们仍活生生地在闽南人的口中传用。当然,还有一些特殊词语,如把"月晕"说为"月戴笠"(ggéhdìluéh)、"月围箍"(ggéhwíkoō,漳州地区又叫月拍箍、月拍环),把"月牙"说为"月眉"(ggéh bbái)等。

　　"月娘妈"跟中国的传统文化也结下了很深的情结。中国古代有许多美丽的神话传说,如嫦娥奔月、牛郎织女等,嫦娥奔月的传说,最早见于战国初期的《归藏》一书:"昔嫦娥以西王母不死之药服之,遂奔月为月精。"到了汉代刘安编的《淮南子·览冥训》,又说嫦娥是射日英雄后羿的妻子。她趁后羿外出,偷吃了丈夫从西王母那里讨来的长生不老灵药,本以为可以长生不老,谁知吃了灵药后，身体突然变轻，一下子飞到月宫。嫦娥因此被罚，变成蟾蜍。后来民间又把这故事进行美丽的加工改造，说嫦娥"性巧而贞静好洁"，为了反抗无道的夏王太康，毅然抛弃薄情的丈夫，飞奔月宫，成为月宫之神，传说她住在寂寞的广寒宫里，长年和她做伴的只有捣药的玉兔和被罚去斫桂的吴刚。故事摒弃了早期嫦娥化蟾的情节，美化了嫦娥的形象，使其与月同美。

与"月娘妈"关系最密切的传统节日是农历八月十五日的中秋节，虽然全国各民族各地区有着不同方式的节庆活动，但阖家团圆赏月、吃月饼是最重要的内容。这一天也被视为"千里姻缘一线牵"的大好日子，月下老人的传说也体现出中华民族最有人情味，以及中国人民对月亮的无比崇敬。

闽南人对月亮的无比崇敬不仅体现在称月亮为"月娘妈"，而且体现在他们从内心上把她视为孩子的保护神。中秋节晚上祭拜"月娘妈"时，孩子由于看到中秋月亮特别圆、特别大，出于好奇偶而用手指月亮时，长辈们就马上教小孩念童谣"月娘妈，你是姊，我是弟，唔通撑刀仔割阮的双爿耳（不要拿刀子割我的双耳）"，来弥补小孩的过失，千方百计不让小孩去伤害月亮。奶奶、姥姥们在祭拜月亮时还虔诚地念着："月娘月光光（gng），保庇阮团孙（gniǎ sūn），好头毛，好喙齿（cuìkǐ），食精肉（zniā bbāh，瘦肉），赡窒齿（tātkǐ，塞牙）。"幼儿一般都要经过"七坐八爬九发牙"的成长过程，老奶奶对着月亮祈求子孙平安健康成长，长出一头黑发和一副好牙齿。

八月十五中秋节，"月娘妈"赐给厦门人普天同乐的博饼（也称博状元饼）习俗，一会中秋饼有63块，大小不同，分别代表古代科举考试中的秀才、举人、进士、状元等，全家大小在中秋明月下围一桌博饼，六个骰子博出了全家人的温馨，真是"天顶月圆，人间团圆"，人们在明月下享受天伦之乐，真是幸福无比！这种博饼游戏是古文化的遗存，不仅带给人们快乐，而且能激起人们的进取心，现已被批准为非物质文化遗产，也正在向漳州、泉州、台湾地区传播。

九月九日话重阳

　　重阳是我国重要的传统节日之一。古人以一、三、五、七、九等奇数为阳，二、四、六、八、十等偶数代表阴。《易经》将九定为阳数，农历九月九日，两九相重，称为重阳。

　　"重阳"两字，最早见于屈原的《远游》诗："集重阳入帝宫兮"。有人据此认为把重阳定为节日始于春秋战国时期。重阳登高插茱萸的习俗，源于汉代道家。道家认为，九是极阳，"九九"是极阳相逢，阳表示刚，阳刚相逢即刚刚相克，故九月九日是"厄日"，解厄的办法就是登高和插茱萸（zūlú，落叶小乔木，长椭圆形，花黄色，核果，枣红色，可入药）。王维《九月九日忆山东兄弟》诗："独在异乡为异客，每逢佳节倍思亲。遥知兄弟登高处，遍插茱萸少一人。"

　　重阳节时正九月，天高气爽，风清景明，人们常登高远眺，李白曾有诗云："九日天气晴，登高无秋云。造化辟山岳，了然楚汉分。"古代的重阳，除了登高，还骑马练兵，学习射箭，据《南齐书》记载，宋武帝刘裕曾把九月九日定为骑马射箭、检阅军队的日子。唐德宗也曾鼓励人民在重阳登高的同时锻炼骑术射箭。民国时期把此日定为体育节。

　　九月秋风送爽，金菊绽放，赏菊饮菊花酒也是重阳的主要习俗，听说赏菊始于东晋陶渊明，他一生最爱菊花，被称为菊友，有一次重阳节友人来访，他赏菊饮酒作诗："菊花如我心，九月九日开，客人知我意，重阳一同来。"他所种的菊花在重阳节这一天开放，被称为重阳菊。白居易《重阳席上观白菊》："满园菊花郁金香，中有孤丛色白霜。还似今朝歌舞席，白头翁人少年场"，抒发晚年欢乐情怀。李清照《醉花阴·重阳》词"……佳节又重阳,玉枕纱厨……莫道不销魂,帘卷西风,人比黄花瘦",借咏菊,思情人。有的诗人赞美菊花的高洁性格,比喻自己"菊残犹有傲霜枝"。

尊老敬老,是中华民族的优良传统,如今这传统也在节日里体现,九月九日,二九重逢,"九"与"久"同音、"久久"象征长寿,我国近年把重阳定为"老人节",也叫健康节,组织老人登高爬山,游园散步。厦门地区每逢重阳节组织"万人健步"活动,岛内、岛外、城市乡村呈现出"走出来、动起来、乐起来","我锻炼、我快乐、我健康"的喜人景象,让老人"感受夕阳无限好"的时光。

婴儿度晬"试周"

　　婴儿周岁,闽南话叫"度晬(doôzè)"。《说文》:"晬,周年也。"唐·颜真卿《颜鲁公集·茅山玄靖先生广陵李君碑铭》载:"先生孩提则有殊异,晬日独独取《孝经》如捧读焉。"意思是先生孩提时即有特殊的地方,周岁那天单单捧起《孝经》此书,好像在读的样子。这也是古人婴儿度晬"试周"的记载。

　　古代度晬"试周"之仪也成为众人皆知的传统习俗。婴儿周岁,全家人十分高兴,像过节一样来庆贺,除蒸龟馃赠送亲朋好友、宴请客人外,还在"竹筛"上摆了十二种物品(有的象征性地在床铺上摆了数种物品),让婴儿坐中间,任他择取其中一种,以卜其将来兴趣、行业。如取书,表示他将来可能喜欢读书,说不定是位教授、科学家;如取墨,表示将来可能是位书画家;如取尺,表示将来可能是位工程师;如取葱,表示这孩子可能很聪明(葱与聪同音,普通话同读 cōng,闽南方言"葱"读 cāng,"聪"读书音 cōng,说话音 cāng,聪明读 cōng bbíng,也可读 cāngbbniá)。

　　这种"试周"只是寄托了父母的美好祝愿,并不能真实地探取、兑现孩子将来的命运和行业。现在的家庭大都是独生子女,有的受西方影响,婴儿周岁时,时兴吃生日蛋糕,有的则大摆宴席请客吃饭。我认为不妨让幼儿"试周",也挺有趣的。我也为儿女、孙子都试过"抓周",儿孙长大了,每逢回忆起来都谈笑风生,这也是为儿孙留下的童年美好回忆。

2005.1.20 发表于《厦门日报》

大道公押尾后

　　闽南有一句俗语："大道公押尾后。"(dâidôgōng āh bběʼâo)大道公是指谁呢？是指闽台人民崇拜敬仰的保生大帝。

　　保生大帝，又称吴真人，原名吴夲，生于北宋太平兴国四年（公元979年），卒于景祐三年（1036年）。吴夲出生在龙海角美白礁村一个贫困农民家庭，是父亲吴通、母亲黄氏的独子。他之所以被称为大道公是因为他身高体宽、长颜短发、气宇轩昂，若仙人一般。他自小聪明过人，后刻苦学医，亲自采草药、炼丹煎药，擅长针灸，在行医中，手到病除、药到病愈。他医德高明，以"医无贫富，治病救人"为原则，如宋仁宗的母亲患病时，特请他去治病，他为皇太后治好病，立了大功，宋仁宗留他当太医，他婉言谢绝，他想留在民间为普通老百姓、治病。他对病人一视同仁，以妙手回春、药到病除而名扬天下，被视为神医。在家乡他行医几十年，慈悲济世，于58岁那年因上山采草药不幸跌伤，医治无效而卒于家中。宋代他被褒封为"妙道真人"，到明代升为"保生大帝"。人们在他的出生地白礁村和行医地青礁村各建一座壮丽辉煌的庙宇（慈济宫），白礁慈济宫为西宫，青礁慈济宫为东宫，此两宫于1966年11月被国务院列为全国重点文物保护单位。

　　为何"大道公押尾后"呢？这得从历史上来考察。据马来西亚马六甲一位学者考证，"大道公押尾后"另一说法是"大道公押尾舵(duâ)"。历史上闽南人出洋时，常常在船尾摆放着保生大帝的神像，由其坐镇船尾，叫保平安。据说郑和下西洋时，途经闽南，招募了许多闽南人，于是，在下西洋的船上就请保生大帝的神像坐尾舵,慢慢衍生了这句俗语:"大道公押尾后。"

这俗语也用来比喻文艺演出时,精彩的、人们喜闻乐见的节目排在最后,这样才能留住观众,有时观众想中途溜走,不愿看下去,人们就说,好戏在后头,大道公押尾后,排在后面的戏一般是最精彩的压轴戏。

青礁慈济宫有一块"吧国缘主碑",碑文中所说的"吧国"即巴达维亚,乃今天的印度尼西亚,而"三都"即今天的厦门市海沧一带,由此可见旅居印尼的三都华侨,认同青礁祖宫,热心募缘捐献。当时侨居地环境卫生条件差,医疗条件落后,人们随时都会受到疾病的威胁,因此,他们祈求故乡的神医庇护他们的生命安全。可见保生大帝信仰不仅在闽台两地人民中传播,而且随着闽南人的移居海外而传播到世界各地。

每逢保生大帝诞辰之日,闽台及东南亚香客都会到海沧慈济宫同祭保生大帝,如2007年4月18日有6000多人成了颁典的游行队伍,前面是舞乐、信徒,队伍非常壮观,最后才是大道公保生大帝的神像。现在又立了一座19.8米的吴真人石雕像在海沧歧山东鸣岭上,它是全世界最高大的保生大帝雕像。保生大帝弘扬慈济圣德,促进两岸和谐,他是名符其实的大道公,他"押尾后"保护海峡两岸和东南亚以及世界各地的闽南人平安幸福。

海峡两岸崇拜航海保护神——妈祖

闽南人迁徙到台湾不仅带去了闽南人勤劳朴素、勇于开拓的精神,而且把整个闽南文化艺术、宗教信仰、民俗风情等都搬到台湾去,并在台湾延续相承,今天我们要谈的是闽台供奉的航海保护神——妈祖(bbnǎzoǒ)。

妈祖是林默娘的神化,传说她是福建莆田湄州人,是林愿(任过都巡检)的第六女,生于宋太祖建隆元年(960年)农历三月二十三日,于宋太宗雍熙四年(987年)农历九月初九逝世。相传她生后到满月,不闻啼哭声,故取名"默娘"。她从小聪明过人,因长在海边,学会游泳,长大后善观天象,治病救人,预感人间祸福,拯救海难,被视为神女。她未婚,28岁去世,升天后,渔民建祠庙奉祀她,后来随着闽地航海事业的发展,林默娘救死扶伤的事迹向四面八方传开,人们亲切地称她为"妈祖"、"航海保护神"。自宋徽宗宣和五年(1123)开始直到清嘉庆年间,官方多次予以褒封,从"夫人"到"天妃"、"天后",最后升到"天上圣母"。

妈祖信仰在海峡两岸及其周边形成一个"妈祖信仰圈",妈祖信仰的扩散是模仿宗教分支的结构,就是采用"分灵"、"分香"、"进香"、"割香"等仪式进行,奉祀妈祖的神庙以母子关系互相发生联系。台湾的妈祖信仰已经普及化、大众化,神庙多达800多座,著名的妈祖庙有:澎湖天后宫、云林北港朝天宫、台南天后宫、台北关渡宫、苗栗慈裕宫、鹿港兴化妈祖天后宫等。信徒多达全岛人口的三分之二,台湾因所供神像来源不同,称谓也有所区别,以祖庙的正身为依据,可分为"湄州妈"(由湄州祖庙分身来的)、"温陵妈"

(由晋江县分身来的)、"银同妈"(由同安县分身来的),妈祖的神像有红面妈祖(形同凡人)、乌面妈祖(救难面相)、金面妈祖(超凡脱俗,表示得道之身)。闽台两地民间认为妈祖可解百难、求平安,甚至保佑人们"趁有食"(tànwǔziáh,有钱赚,工作、生活得幸福),所以妈祖的信仰逐渐演化为保护农业、航海业甚至商业的利益。祭妈祖的活动已成为富有特色的民俗活动。如 1997 年 1 月 24 日至 5 月 5 日,湄州妈金身搭乘专机前往台湾,巡游台湾 19 个县市。先后驻跸台湾 35 座影响较大的妈祖宫庙,行程万里,受到上千万名台湾信众的顶礼膜拜,引发了一场海峡两岸的"妈祖热",此后每年都有数以万计台胞到湄州祖庙进香。2007 年 5 月 9 日,纪念妈祖诞辰 1047 周年暨妈祖金身巡视台湾 10 周年活动在莆田湄州岛隆重举行,海峡两岸信众以多种形式共同祭拜心中的"和平女神"。1000 多年来妈祖文化随航海事业的拓展和华人华侨的迁移,不断向世界各地传播,逐渐形成凡是有华人的地方,就有妈祖文化,妈祖信仰不仅增进海峡两岸的交流,而且成为凝聚炎黄子孙的纽带。

　　闽台两地共同崇拜的神明还有关帝、观音、清水祖师、陈元光、郑成功等。

八　谐音趣说

人未到,缘先到

闽南谚语:"人未到,缘先到。"这跟闽南婚俗关系密切。结婚那天,新娘一踏上夫家的门口,就把一包母亲为她准备的"铅片"打开,然后轻轻撒进去,并且口中小声地念:"人未到,缘先到。"(láng bbê gào,yán sīng gào。另一种说法是"新娘伴"帮撒铅片)"缘"指缘分,闽南话"铅"与"缘"同读 yán,小小的圆铅片便是大大的一份情缘了。"新妇到,缘就到,映望会(ǹ gbbâng)中大家(dìng dâgē)意,步步无代志。"这句话的意思是希望新媳妇到新家缘分也到,事事能中婆婆意,"无代志"指没事,和夫家的人能和睦相处。

2005.1.8 发表于《厦门日报》

阮丈夫人做官

　　1975 年,我到漳州调查方言,沈雪夜老先生跟我谈起一则方言笑话,写出来与大家分享。

　　以前漳州有一位妇女,有一天出门办事回来已日落西山,她急急忙忙赶到江边要乘船过渡回家,没想到渡船已开出好几丈远。她大声喊道:"渡伯(艄公),等一下,我要过渡。"船上的人都不理睬她,这时,她急中生智,大声喊道:"阮丈夫人做官,伊等我倒去办代志,汝较紧将船划过来。"(ggǔn dâboōláng zuègnuā, yī dǎn gguǎ dòki bân dâizì, lǐ kāhgǐn ziōng zún gògèlai。我丈夫当官,他正等我回去办事,你快点把船划过来。)这一喊,果然有效,那渡伯是个势利眼的人,听说她丈夫是当官的,急忙撑船回头,让她上船。

　　上船后,渡伯讨好地问这妇女:"恁(你的)丈夫人做什么官(gnuā)?"船上的乘客也凑过来问,这妇女笑着回答说:"阮丈夫人做鹹菜干(gnuā)、笋干、豆干等,逐项拢(每样都)会做。"撑船的渡伯和乘客听了,哭笑不得。

　　原来这"干"不是那个"官",在闽南话里,"干"读书音 gān,"官"读书音 guān,说话音两个字都读 gnuā。

2004.11.15 发表于《厦门日报》

"矮仔歁"与"Welcome"

这里说一则笑话。

"矮仔歁"（wě'ǎkǎm）是某人的别称,因他个儿矮又有点傻相,闽南话把矮子叫做"矮仔","傻"叫做"歁",故有此别名。有一次他随一个参观团到美国参观旅游。当他登上美国飞机时,那些空姐非常有礼貌地对他说:"Welcome。"他不住地点头,心里暗自惊奇,并高兴地对他的同伴说:"真奇怪,这些空姐怎么都知道我叫'矮仔歁'?"那些同伴听了个个捧腹大笑。原来英语Welcome是欢迎之意,听起来与他闽南话别名音相近。

2004.11.25 发表于《厦门日报》

"茯苓糕"与"复明糕"

在厦门的大街小巷,有时会听到"茯——苓糕"(hók—líng'gō)的吆喝声,这声音不紧不慢,拖着长腔,走近一看,白里透嫩干净清爽的茯苓糕还冒着热气呢,使人看了眼馋嘴馋,禁不住买上三两或半斤带回家与小孩一起品尝。这种糕是大米磨成粉后,与茯苓加糖制成的,而中药茯苓可清心火,利小便,茯苓糕祛湿健脾,是甜食小点,大人小孩都喜欢吃。

说起茯苓糕,还有一段反清的故事,顺治五年,即公元 1648年,清军攻陷同安城后,杀害许多无辜,百姓奋起抵抗。当时城关有一家李姓糕点铺子,是抗清秘密组织的联络点,每次行动前,店主就特制一种米糕,里面藏着纸条,写着联合行动的时间、地点、暗号,当时人们称为"复明糕"(hókbbíng'gō)。店主李老板利用走街串巷叫卖"复明糕"的机会传递消息,号召民众抗清复明。为了防止泄露秘密,这种糕点不卖给幼小儿童,当时同安有句俗话:"放牛娃与捡猪粪小孩不要吃复明糕。"因"复明糕"加入茯苓粉,又"复明"、"茯苓"谐音,故获得"茯苓糕"此名。

"双糕润"与"祥哥润"

最近在第四届中国厦门国际食品交易博览会上首次亮相的龙海地方小吃——海澄双糕润（hǎidíng siāng'gōlûn），台湾词坛名家、85岁的庄奴免费为此品牌做广告（邓丽君唱的好多歌曲，歌词是他创作的），他老人家还写了《双糕润之歌》："双糕润，芳四方，QQ好食真正港，目珠盯着双糕润，头壳拚着石牌坊……"（siāng'gōlûn，pāng sùhōng，kiûkiû hǒziáh zīnzniàgǎng，bbákziū dìngdioh siāng'gōlûn，táokāk lòngdioh zióhbáihhng）

双糕润那么好吃，让人听了口水都会流出来，若能亲自尝一口多好！它到底是什么东西做的呢？为什么眼睛盯着双糕润，头部会撞到石牌坊？

双糕润是古月港海澄产的，用糯米、糖、盐、花生、冬瓜糖、肥肉等配料制成的，又白又透明，亦甜亦咸，冰冷滑润，又油又香的糕点，细细品味，余味无穷，逢年过节亲朋好友泡茶聊天，再配上一盘晶莹如玉、香甜可口的"双糕润"，真是好吃极了，它也是送礼佳品。

为何叫双糕润呢？早年间，海澄县前街贞节牌坊下有一家做双糕润的，主人姓白名祥，他为人厚道，被人称为"祥哥"（siáng'gō，漳州一带"祥"读 siáng，厦门、泉州读 sióng），他制作的"双糕润"起初用其名叫"祥哥润粿"（siáng'gō lûn gě），又因双层，所以也称双层糕润，简称"双糕润"（siānggōlûn），"祥哥"与"双糕"正好谐音。双糕润生意很好，但祥哥每天只做三十斤，只要两个多钟头就卖完了。

"双糕润"畅销除了好吃、工夫精细、美观外，听说还有一个原因,那就是祥哥每天大早起来备好三十斤双糕润后,就交给他女儿白如玉去卖。白如玉,人同其名,十七八岁,心灵手巧,能说会算,尽管顾客临门排成长队,周围一片喧哗,她却镇静自如:切、秤、收钱、找钱,好利索,从未短斤少两,顾客称她"一算准"。那"目珠盯住双糕润,头壳拵着石牌坊"又是怎么一回事呢?据说顾客中有一位大财主的公子苏二舍,不论刮风下雨天天来买,一天不来买,好像心里少了什么?他常边买糕,边掏钱,嘴里又赞不绝口地说:"好糕!好糕!"一双滴溜溜的眼睛老是贪婪地盯在白如玉身上,有一次买完边走边回头,没想到一头撞到牌坊上,逗得周围买糕的人哈哈大笑!

　　这次庄奴老先生免费为双糕润做广告,除双糕润好吃外,更主要是他与龙海人结下深厚感情,他说吃到双糕润就会联想到台湾屏东的双糕润,它是从海澄传过去,他说北京是他的第一故乡,台湾是第二故乡,重庆是他第三故乡(他太太老家),而龙海就是他的第四故乡。

是"有"还是"无"?

有一位外地人李先生到市场上去买菜,他问卖菜的阿姆(ā'm̂,伯母):"有茭白吗?"阿姆说:"wû。"李先生一听,以为"无",转身就走,阿姆有点奇怪,自己明明告诉他"有",他怎么又掉头走了呢? 可能是他听不懂我的话,她急忙大声招呼那位先生,并用闽南腔的普通话告诉他:"我这里有茭白笋。"李先生说:"有茭白,你刚才怎么告诉我 wu(无)呢?"阿姆说:"我们的话,wû 是有,没有是 bbó(无)。"李先生恍然大悟,方知他刚才没听懂闽南话而产生误会。

李先生回到菜摊后,阿姆问他要买多少? 为了让阿姆听懂他的话,他就改用刚学来的半生不熟的闽南话说:"cìncǎi 买淡薄(bbuě dâmboh,买一点)。"阿姆以为他又要买青菜,就从箩筐里拿出一些青菜让他挑选,李先生知道阿姆听错了,以为他要买青菜,就改用普通话说:"我要买茭白,不买青菜,我是说茭白随便买一点,不是青菜买一点"。阿姆这时才知道他把"清采买淡薄"(cìncǎi bbuě dâmboh),听成"青菜买淡薄"。李先生买了茭白付了钱就走了。

过后,这位先生把这则笑话告诉他的家人和老乡,他们听了觉得既好笑又有趣,这是把"有"听成"无",把"清采"(随便)说成"青菜"而产生误会。看来外地人要更快地融入这里的生活和工作,学点闽南话,了解本地的风俗习惯是很有必要的。其实这位李先生也已开始学习闽南话,只是说得不够准确而已,一回生二回熟,多听几次多讲几次自然而然就能学会。语言是口耳之学,我们相信,外地人若能利用这里得天独厚的语言环境,多听多讲,肯定能学会闽南话。

神州啊！ 神州……

听说以前有个班级在举办诗歌朗诵会,要求每个同学朗诵一首自己创作的诗歌。

在朗诵会进行的过程中,大家聚精会神地欣赏着精彩的表演,这时轮到一位同学登台朗诵,他用洪亮的声音和满腔的激情朗诵道:"神州啊！ 神州！ 你是我的故乡……"台下的同学个个目瞪口呆,泉州是他的故乡,为什么说成神州呢? 战国时人驺衍称中国为"赤县神州"(见于《史记·荀卿列传》),所以后世用"神州"做中国的代称。

过后一了解,才知道他朗读的是"泉州啊！ 泉州……"凡是普通话的塞擦送气音 c、ch、q,他都念成擦音 s,而"泉州"普通话的读音是 quánzhōu,他把"泉"的声母 q 读成 s,所以才会使人听错,其实这种问题很容易克服,只要发音时,把擦音 s 改为塞擦音 c、ch、q,发出较强的气流便可。为了编写福建省志和县、市方言志,我们跑遍了大半个福建的山山水水,方知在漳浦、惠安的崇武等地有这种语音现象,因当地方言没有塞擦的送气音,所以把"炒菜"说成"沙赛","青菜"说成"星赛","青春"听起来像"姓孙"。后来一了解,这位同学祖籍虽是泉州,但他是在崇武出生、长大的。已故的黄典诚教授认为这是"咸水腔",因当地近海,不仅海风大,而且盐分多,致使产生这种特殊的语音现象。不过,黄先生的这种看法仅供参考,这种语音特点的来龙去脉还可做调研、探讨。

后来,在一次国际闽方言学术研讨会上,与台湾学者聊天时方知台南的关庙乡(因当地有著名的关帝庙,故名)也有此特点,他们把"掠贼放铳"（liáh cát bàng cìng，抓贼放枪）说为"掠杀放胜"（liáh sát bàng sìng），"炊粿"（cuē guě，蒸年糕）说为"梳粿"（suē guě），"秋高气爽"说为"修高戏爽"，这正是漳浦人或惠安崇武等地人明代移民到关庙乡的历史事实的语音见证，这真是奇迹！当年跟随颜思齐、郑芝龙或郑成功到宝岛台湾开发的闽南人，经过三四百年来的改朝换代和风风雨雨，其台湾闽南话"漳泉滥"已逐渐接近厦门腔的闽南话，而关庙乡仍然保留着漳浦和崇武的乡音，当地人这种热爱自己家乡，热爱自己母语的乡土观念，真是难得！

九　闽南方言与国学素养

　　讲到国学，人们就会想到"经、史、子、集"四部，觉得高不可攀，十分玄奥，其实国学在闽南方言和文化中无处不在，我们天天生活在国学里。

　　那么国学是什么？学术界众说纷纭。据《现汉》定义：它是我国传统的学术文化，包括哲学、历史学、考古学、文学、语言学等。语言学的国学是"小学"，即文字学、训诂学、音韵学。而闽南方言是古汉语活化石，是研究国学的载体之一，所以闽南方言与国学关系特别密切。

　　国学不外乎是儒、道、佛的学说。"儒"是"人"和"需"构成的字，说明儒学为人们所必需，儒学核心为"仁"，"仁"是"人"和"二"构成的，孔子释"仁"字就是"仁者爱人也"，如何"做人"、"爱人"的事是永恒的。孔子是个有人性、有同情心的人，有一次，他听说家里马厩着了火，他退朝曰："伤人乎？"不问马。朱熹造化闽南，把闽南造化成"崇儒之乡"，当时他还盛誉泉州为"满街都是圣人"，当然并非说泉州全城都是儒学大师，而是泛指儒学教化的广泛普及。

　　儒学的传统文化渗透到闽南民间文化生活中，并在形象、生动、诙谐的方言俗语中留下不少的精华。下面仅从"和为贵"、"孝道"、"照纪纲"、"养不教，父之过"、"言必信，行必果"、"自强不息，止于至善"、"侨批是儒家传统文化仁爱、诚信的传承"等方面与大家探讨。

话说"和为贵"

中国传统观念很重视和谐、亲善,渴望吉祥如意,因为和谐、亲善,才能使家庭和睦、民族团结、国家统一、世界和平,人民才能安居乐业,子孙才能生活得美满幸福。

"和"的本字为"龢","龠"读 yuè,方言读 yók,是古代乐器名,形似笛。《说文》:"龢,调也。"《广韵·释诂》云:"和,谐也。"古代五音"宫、商、角、徵、羽"本不相同,但谱成曲后就和谐动听,而社会上的"君臣、父子、夫妻、老幼、亲疏、尊卑"等虽然有别,但若能以礼相待,也能达到和睦共处。《论语·学而》:"孔子曰:礼之用,和为贵。"杨树达疏证:"和,今言适合,恰当,恰到好处。""贵"是可贵。合乎礼的要求,就能体现出"和"的价值、"和"的宝贵,就像孟子所说的"天时、地利、人和",其中"天时"不如"地利","地利"不如"人和"。

闽南话保留古汉语"和"的意义、用法,在口语中,单说一个"和"字,就能表示和谐、友好,如"伊甲人真和,鱠甲人冤家"(他跟人家很好,不跟人家吵架)、"厝边头尾真和"(左邻右舍非常和谐)。闽南人从中原几经迁徙辗转到东南海陬定居后,随遇而安,和原住民古百越族友好相处,渐趋融合,共同开发这块宝地,靠山吃山,靠海吃海,因此更加珍惜和平安定的日子,这从闽南地名"平和、同安、南安、安溪、长泰、华安、漳平"等可以反映出来,"和好、和齐(hózué,齐心协力)、和心"是常用词语,甚至"和"还有"和药"一义,如"鸭母和药"(母鸭配药煮调治身体),它跟古汉语同义。《周礼·天官·食医》:"食医掌和王之六食、六饮、六膳、六羞、百酱、八珍之齐。"郑玄注："和,调也。"《国语·郑语》："是以和五味以调口……和六律以聪耳"。

　　闽南人认为,人与人和谐、社会和谐得从每个人做起,闽南人提倡做"古意人"(goǒyìláng,古道热肠),对人要"好所行"(hǒsoǒgniá,朴实、热情),待人、处事,言行要"照纪纲"(ziàokǐgāng),交友要"势做人"(ggáozuèláng,热情帮助别人,为别人解难),遇事要"吞忍"(tūnlǔn,忍耐),求同存异,要做一个"有量、好量"(度量大)的人,"互人偏较好偏别人"(偏:pnī。让人家占便宜,比占人家便宜好)。

　　闽南人认为要达到"和为贵",就必须多交朋友,帮助别人,"加一个朋友加一条路,加一个冤家加一堵墙"、"一家有事百家忙,一家有事大家帮"、"隔壁亲情(cīnzniá),礼素照行"(无论邻居还是亲朋好友,都要按礼数行事),人与人之间都要互相尊重,不要"我看你殕殕(pǔpǔ,霉菌盖住食物,看不清),你看我雾雾"(意指不要互相瞧不起),因为"千金易得,知己难求"。人们在交际中若能用委婉语、含蓄的语言,就能达到交际上的和谐,因为"良言一句三冬暖,恶语伤人六月寒"。当然自己熟悉的知己、朋友,因互相了解可直言不讳。我认为帮助别人实际上就是帮助自己,正如古语所言:"助人者恒助之,爱人者恒爱之。"人人都互相关爱,事业才能成功,人生才更加美好,自己先去爱人、助人、关心人,每个人都这样,人生岂不更美?世界怎能不和谐!

　　闽南俗语中有关和谐、和为贵的例子还很多,如"家和万事兴,家不和通世穷"、"家不和,人看无"(家庭不和睦,被人瞧不起)、"姑嫂会和好,厝边拢阿咾(ōlǒ)"(姑嫂能和好,邻居都赞扬)、"唔惊(ṁgniā,不怕)山难移,只惊心不和"、"和气生财,生理捷(ziáp)捷来"(和气生财,生意不断地来)、"三个人四样心,趁钱(tànzní,赚钱)无够买点心"。

　　《礼记·乐记》:"乐者,天地之和也;礼者,天地之序也。"古人用礼治来代替法治,他们所倡导的"礼之用,和为贵"应继续发扬,但在当代不是用礼治来代替法治,因此要用法律来约束"和为贵"。人类历史是人创造的,人有道德制约的"心和",就有顺应大自然规律的"天和",也就有法律制约的"人和",三和相辅相成,其乐无穷。"和"则相让不争;"和"则生敬互爱;"和"则相忍为国;"和"则生财,黄土变金;"和"则宽,举才不遗仇。只有这样,才能体现"和为贵"。

话说"孝道"

最迟在殷商时期,即公元前1000多年已出现"孝"的观念。河南安阳出土的殷墟甲骨文也有"孝"的象形字"𡥈",像一个儿子背着一位稀发的老人。这象形字载负着中国传统文化意蕴和观念。儒家倡导孝是百行之首。《孝经》卷七指出:"教以孝,所以敬天下之为人父者也。教以悌,所以敬天下之为人兄者也。"中国传统思想倾向于把人的社会性放在家庭行为中考察,然后又把行孝的行为扩展到社会中,提倡"父慈子孝"、"兄爱弟敬"、"尊长爱幼",从家庭、社会到国家都强调"长幼有序",像孟子所说的那样:"老吾老以及人之老,幼吾幼以及人之幼。"

何谓孝道？儒家认为,单纯在物质上赡养父母,不足以谓孝,孝敬老人重在"敬"字上,也就是不仅要让老人尽可能享受到物质生活,同时对老人要恭敬,生活上无微不至地照顾老人,不要让老人在感情上受到任何伤害和产生孤独感。有一次,子游问孝于孔子,孔子曰:"今之孝者,谓之能养,至于犬马,皆能有养；不敬,何以别乎？"意思是对父母养而不敬,就同养牲畜差不多。"孝"是爱的一种类型,而"爱"是人类社会永恒的主题,也属于"仁"的范畴,"仁"者爱人,父母对子女慈,子女对父母"爱"。古时候《三字经》里的"香九龄,能温席"、中唐诗人孟郊的《游子吟》"谁言寸草心,报得三春晖"、花木兰的替父从军,都是古人行孝的体现。中国的每一个传统节日,如除夕、清明、中秋等无不含有孝道的优良传统。

儒家的"孝悌"也渗透到闽南的民间文化中,从闽南的方言俗语和民风中也能看出来。"孝不如顺"、"爸天母地,孝顺成例"、"在生有孝，较好死了哭"、"要知爸母恩，手唎抱囝孙"（要知父母恩，手里抱子孙）、"苦老无苦穷，苦囝狯精灵"（囝：儿女；狯精灵：不聪明没出息）、"钱银千千万，唔值囝孙有才干"（钱再多，也比不上儿女的才干）、"有钱难买囝孙势"（势：能干、才干）等，这些谚语反映闽南人对孝道的看法，在现代的社会里，孝行比孝心更重要，养之厚比祭之厚更重要，精神赡养比物质赡养更重要。精神赡养包括范围很广，除了对父母百般体贴、无微不至地关怀外，更重要的是儿女有出息、有才干，这样不仅使父母无后顾之忧，还能为自己争光，这就是最大的孝顺。

今天，由于社会结构的转型、家庭结构的蜕变、西方意识形态的各种唯我意识的侵袭，有的子女与父母的关系，只剩下血缘的关系，"孝悌"的亲情已愈来愈淡薄，君不见今日不时有报道称，子女不养年老双亲、孤寡鳏夫被子女遗弃，就像闽南方言所说的"爸母饲囝肥律律，囝饲爸母一支骨"，"饲囝无论饭，饲爸母着算顿"，父母省吃俭用抚养儿女，把儿女养大成人，而儿女却认为"食爸穿母是应该"，赡养父母则斤斤计较，有的父母得看儿子、看媳妇的脸色过活。有的父母为了让孩子成才，一生含辛茹苦、省吃俭用，积攒一些钱资助子女出国留学，子女一出国功成名就，却像断了线的风筝无影无踪。中国的传统美德到哪里去呢？所以在今天，我们要重提孝道，我们要呼唤孝道，呼唤亲情，呼唤报恩，不要因为许多恩情，我们来不及回报，父母已在你的生命里悄然消逝，你将无以言孝而后悔终身。

原文题为"应赋予传统观念以新内容"，2000.3.27 发表于《厦门晚报》，此文略作修改

养不教，父之过

儿童教育的启蒙书《三字经》无不贯串着儒家教育的训诫，"养不教，父之过"就是其中一条。

"教"是一个会意字。《说文》："上有所施，下有所效。""教、效"是同韵。养了孩子，就要教育才能成才。说明父亲的任务不仅仅是给予孩子生命，担负养育责任，更重要的是担负起教育孩子，引导、熏陶、陪伴等使命，使孩子能全面地、多元地发展，成为身体健康、有道德、有文化的人才，否则，不管、不教，孩子变坏就是父之过。这正如宋代词人柳永《劝学文》所说："父母养其子而不教是不爱其子也；虽教而不严，是亦不爱其子也。父母教而不学，是子不爱其身；虽学而不勤，是亦不爱其身也。是故养子必教，教必严，严则必勤，勤则必成。学则庶人之子成公卿，不学，则公卿之子为庶人。"这种儒家的教育思想渗透到闽南民间文化中，成为众所周知的道理，具体地反映在闽南方言词语、熟语中，因为语言是文化的载体。

"养不教，父之过"的重要性，在闽南熟语中反映得淋漓尽致。如"坐船爱船走，生囝爱囝勢（ggáo，能干）"、"春耕无好害一年，囝儿无教害一世"、"千金难卖囝孙勢"、"钱银千千万，呣值囝孙有才干"等。在方言词语里强调"教示"的重要性，"教示"（gàsî）即教导、教诲之意，唐·元稹《哭子》就有"教示读册望早成"。在俗语中也有"大人无教示，囝仔艙成器（孩子不成器，即不成才）"、"爸母勢教示，囝仔好邀饲（yōcî）"（父母会教育，孩子好养育）、"阿咾（ōlǒ，赞扬）兄，阿咾弟，阿咾爸母勢教示"等说法，因为"严是爱，宠

(sîng)是害，唔管唔教会变否(不管不教会变坏)"。

如何教示？《家训·教子》篇引用孔子的话："少成若天性，习惯成自然"，这说明教示孩子要从小开始，善于抓苗头。孔子是万世师表，他有三千弟子，其中有七十二个贤人，他不仅以身教为孩子树立榜样，而且严格教育自己的独子孔鲤。有一次孔鲤急趋(古人走路时为了表示礼貌，弓着腰小步急走的姿势)经过孔子房间，孔子问他："学诗乎？"孔鲤曰："无。"孔子曰："不学诗无以言。"孔鲤听父言，认真学诗。又有一次，孔鲤急趋遇见孔子，孔子问："学礼乎？"孔鲤曰："无。"孔子曰："不学礼无以立。"孔鲤听父言，认真学礼。这说明孔子严格教育子女，他的只言片语是儿子的金玉良言。闽南话的俗语里就有"教团着婴孩，教新妇着初来"(教孩子得从婴孩开始，教媳妇得媳妇进婆家开始)，才不至于习惯成自然，"细汉偷挽匏(bú)，大汉偷牵牛"(小的时候偷采瓠，长大偷牵牛)、"细空唔补，大空叫苦"、"细汉唔管，大汉满内反"等都生动地说明教育孩子要从娃娃抓起。

教示孩子要重视言传身教，身教重于言教，因为"大人砌墙，囝仔看样"、"大无好样，细无好相"(大人没有好的榜样，小孩就没好样可学，必然没有好的品德)、"为老不正，带否团孙"(当长辈的行为不正，就会带坏子孙)，所以父母的言行一定要"照纪纲"，教育孩子也要照纪纲，言行才不会出轨。

《颜氏家训·教子》："父慈子爱，父母严厉而有慈，则子女畏惧而生孝矣！"父母对子女的爱是自然的本性，而子女对父母的爱及其优秀的品德是后天教育出来的，要从小对子女进行爱的教育，爱父母、爱兄弟姐妹、爱家乡、爱祖国、爱人民。并且把这种爱落实在其思、其言、其行上。学贯东西的平和人林语堂他对闽地的爱便是一直无法忘却故土和亲人，对父母有着深挚的爱恋，尽管父亲是个乡村教师，母亲是个农妇，可他走遍世界各地，却为有这样的父母而自豪，他说过："孩子需要家庭的爱情，而我有很多……我父母十分疼爱我，我深知父母兄弟姐妹的爱……"林语堂也以父母为榜样，深情地爱着他的女儿。

现代家庭教育中，有种倾向，有的父亲大男子思想比较严重，认为"男主外，女主内"，教示是母亲的责任，所以平时我们常看到接送孩子上学、陪孩子读书和锻炼身体、给孩子讲故事、参加家长会等的多数是母亲，很多地方缺少父亲的身影，当然母亲要跟父亲一样担负起教示子女的责任，但母亲给予孩子的是柔顺的一面，而父亲给予的是阳刚的性格，夫妻之间的优势要互补，要全力合作，扬长补短，使孩子既得到母爱，又得到父爱，如果缺乏父爱，让孩子的心灵留下空洞，那是最大的遗憾！

《三字经》最后说："人遗子，金满籝。我教子，只一经。"这是西汉大臣韦贤的话。韦贤与孟子同乡，山东邹县人，精通经书，辅佐皇帝，当过五年丞相，后因病退休。皇帝奖赏一百斤黄金给他。他教育孩子勤奋读经，所以四个儿子中三个当过丞相，一个留家务农。后来邹县流传一句谚语："遗子百斤黄金，不如教子一经。"这就是如何教示下一代的典范。闽南方言里也有一句谚语："赐囝千金，不如赐囝一艺。"赏赐给孩子千金，不如教给孩子一技之长，这样他们才能自力更生，艰苦奋斗，才不会坐吃山空，毁了他们的一生。

的确，父子之间，有时难免有矛盾，怎么办？做父亲的可以多说一些爱护孩子、理解孩子的话；做孩子的可以多说一些孝敬父亲、尊敬父亲的话，即"对父言慈，对子言孝"，这样就能做到父慈子孝，父子和睦相处，就能促使家庭成员和谐相待。

话说"照纪纲"

闽南经典歌曲《爱拼则会赢》里面有一句歌词:"人生好比海上的波浪,有时起,有时落,好运、否运,总嘛要照纪纲来行。""有时起"是指人生道路一帆风顺,万事如意,生活美满幸福。这就是闽南人所讲的好运、有福气。但俗语说:"花无百日艳,人无百日好"、"三年水流东,三年水流西",这就是说风水轮流转,人的命运也是如此,也可能碰"有时落"的时候,也就是人生道路上有时碰到挫折,如生意失败、事业不成功、职称职务升不上去,事事不如意、不顺心等。歌词里告诉我们无论是"起"还是"落"都要"照纪纲"来行。

那么"照纪纲"的"纪纲"是什么意思呢?怎么写呢?荀子《劝学篇》中《礼》者:"法之大分,类之纲纪也,故学之乎《礼》而止矣。"由于《礼》是法律的总则(大分),是各类人都应遵守的"纲纪",因此"学至乎《礼》而止矣"。荀子把"礼"作为"大分"和纲纪,所以"纲纪"属于孔子所提倡的"礼法"的范畴。朱子学者周瑛(1430—1518,莆田人,曾在南京、四川当过官)认为纪纲就是指当时朝廷应该施行的各种制度和臣民应服从的准则。他说:"纪纲存则弊消,天下安;纪纲失则弊滋,天下病。"他又说:"盖纪纲之于国家犹脉之于人也。人病而脉不病,可不治而愈;人不病而脉病,此华(佗)扁(鹊)所以却望而走焉者……"按照《现代汉语词典》的解释,纲纪就是"社会的秩序和国家的法纪"。"纪纲"就是"法度"。所以"纲纪"和"纪纲"二者意义相同。照纪纲就是要遵守纪律和国家法令制度,按照行为的准则、规矩办事。如果你"起"了,升官发财不能违法乱纪、偷税漏税、贪污盗窃、腐化堕落；你"落"了，不能违法乱纪去偷去抢，或者"每日醉茫茫"，借酒消愁，甚至失去生活的勇气寻短见，也不能像稻草人那样无动于衷，而应该振作起来，重新打起精神，从头打拼，只有爱拼才会赢。这哲理告诉我们"照纪纲"的"纪纲"是纪律的"纪"，纲要的"纲"，而不是像现在有些人所写的"起工"。"起工"这词根本没意思，闽南话没这词语，若要写只能说是"同音替代"。《爱拼则会赢》是一首经典歌曲，它反映了闽南人在传统文化、海洋文化的熏陶下所形成的品质和人格，它不仅在闽南唱，在全国，甚至全世界都传唱，为了反映闽南人的素质，我建议要写音准义同的本字"照纪纲"。

有些人也许会发问，"纪律"的"纪"为何念 gǐ，而不是念 kǐ，这问题问得好，gǐ 的声母 g 是不送气音，出力一点就成送气比较强的 k，gǐ 就读成 kǐ。这种现象在闽南方言里很常见，如俗语"无禁无忌食百二"中的"忌"，有的读 gî，有的读 kî，"大概"、"概论"的"概"有时读 gài，有时读 kài，"目标"的"标"，有时读 biāo，有时也读 piāo，都是语音学上的送气与不送气问题，你要唱"gǐ 纲"或"kǐ 纲"都行。

"照纪纲"常成为有些闽南人的口头禅，如常说"咱做人，应该照纪纲"、"咱做代志着照纪纲"、"读册着照纪纲，作业着认真做"等，那么什么样才叫"照纪纲"呢？我认为在今天讲究和谐社会的时代里，胡锦涛主席所提出的"八荣八耻"值得我们重视和执行：

以热爱祖国为荣，以危害祖国为耻。
以服务人民为荣，以背离人民为耻。
以崇尚科学为荣，以愚昧无知为耻。
以辛勤劳动为荣，以好逸恶劳为耻。
以团结互助为荣，以损人利己为耻。
以诚实守信为荣，以见利忘义为耻。
以遵纪守法为荣，以违法乱纪为耻。

以艰苦奋斗为荣，以骄奢淫逸为耻。

我们要下一代事事照纪纲，也就要从小孩抓起，培养他们从小"循规蹈矩"，做老实人，办老实事，当一个爱国守纪的公民。对小朋友的教育得采用生动形象的教育方式，如讲故事、念童谣。如《文明歌》："小朋友，真伶俐，讲文明，八（bāt，识）道理，拾着物，交先生。行马路，靠右边。对同学，真和气，讲着话，笑眯眯。势（ggáo，很会）读册，爱写字，成绩好，无骄气；排路队，听指挥，唔通滚，唔通哗，唔通躜来躜去规仑拖（kuēh lái kuēh kì guīlńgtuā，不要挤来挤去挤成堆）；行路着看斑马线，红灯停，绿灯行，才赡跋倒挵着车（ziāh bbuê buáhdǒ lòngdioh ciā，才不会跌倒撞到车）。老安公，今年算来八十统，身躯看来佫（gōh，又）真勇，家内代志会斗创，撑（ggiáh，拿）笔会写佫势讲，粗粮蔬菜较好补洋参，从小养成爱劳动，注意锻炼身体才健康……"可以结合这类童谣对孩子进行爱祖国、爱人民、爱科学、爱劳动的教育，教育学生从小要遵守学校的纪律，走出校门参加工作，就要遵守社会纪律、劳动纪律。只有事事"照纪纲"，人人"照纪纲"，国家才能安定，社会才能和谐，人民的生活才能平安幸福。

出自《闽南方言与国学》，发表
在 2010.5《老教授论坛》上

言必信，行必果

　　《论语·子路》："言必信，行必果。""信"是信实，"果"是坚决。意思是说出话来一定要算数，行动起来一定要坚决。可见孔子那个时代，讲出口的便是信约，人们认为说得到，做得到，这是天经地义，理所当然，否则将有损于自己的名声，甚至为人所不齿。而在闽台地区大人小孩皆知的谚语"讲话着算话"（gǒngwê dioh sǹgwê），即"说话要算话"，意思就与"言必信"类似。话是讲出来的，但是讲出来的话，做不出来，就不算话。"着算话"就是"凡出言，信为先"。

　　说出来容易，而要兑现，却不是人人都能做到。要是人人能做到的话，那今天就不用事事签契约、订合同，似乎非"白纸黑字"不能办事；要是人人能做到的话，天真烂漫的小孩儿就不会撅着嘴，生气地责问爸妈："为什么你们讲话不算数"；要是人人能做到的话，亲戚、朋友、同事之间，就不至于互相埋怨，骂人家"空喙哺舌"（kāngcuìboôzíh，即空口说白话），以致互不信赖；要是人人能做到的话，群众就不会批评某些干部、领导"纸上谈兵"、"开空头支票"！

　　孔夫子说："人而无信，不知其可也！大车无輗，小车无軏，其何以行之哉？"（輗读 ní，軏读 yuè）意指"讲话不算话"就好像大牛车上没有绑輗，小马车上没有绑軏，是没有办法拉着向前走的。西汉的文学家、哲学家、语言学家扬雄在《法言·问神》中说："故言，心声也。"言为心声，是思想的反映。

　　在今天深化改革、扩大开放的年代里，说话算数、言行一致、提倡诚信显得更加重要，它不仅能改善党群关系、干群关系、同事关系、家庭关系,而且能促使市场经济的蓬勃发展,提高人民的物质文明和精神文明,使国家更加繁荣昌盛。

当然演说家上台演讲可以讲技巧、论层次;相声演员的能说善辩、夸大其词的表演等那是例外。要是论正经事可别轻言寡诺,"讲话着算话"值得大家躬行实践!

2005.3.19 发表于《厦门日报》

厦门大学校训"自强不息，止于至善"溯源

我在全校开设"汉语与中国文化"这门素质教育选修课时，问及我校的校训是什么？同学们不约而同地回答："自强不息，止于至善。"当问到它的出处时，绝大多数同学都说不知道，这有点儿令人遗憾！

"自强不息"意指自己自觉地努力向上，永不松劲，永不懈怠。最早见于《周易·乾》："天行健，君子以自强不息。"后来唐朝开元中徐坚等奉敕辑《初学记》三十卷，其中提到："陶侃少长勤整，自强不息。常谓：'大禹圣者，乃惜寸阴；至于众人，当惜分阴。'"陶侃是晋朝浔阳人（公元259—334），字士行，早孤贫，后曾任荆州刺史，后又被封长沙郡公，都督八州军事，他在军四十余年，励志勤力，果毅善断，屡战屡胜。

"止于至善"指不到完善，决不停止。它出于孔门大贤曾子所著《大学》一书的首章，据《词源》，首章是曾参所述孔子语，以下传十章是曾参门下传述曾参语，是首章的阐释发挥。其首章即表明古代大学的教学宗旨："大学之道在明明德，在新民，在止于至善。""明明德"指通过学习与实践，明白、体认人生和最高道德品质——光明盛德，即修身要求。"新民"指用自己获得的明德教化人民，宋代大儒朱熹认为"新民"即"亲民"，就是亲近、爱恤人民，时刻为人民的利益着想。"止于至善"指修身、新民皆须达到至善境界，如"为人君至于仁，为人臣至于敬，为人子至于孝，为人父至于慈，与国人交至于信"。这就是儒家修齐治平的内容，是儒家传统文化的核心。"修齐治平"即修身、齐家、治国、平天下的简称。

"修齐治平"学说在今天仍有现实意义。古之欲明明德于天下者,先治其国;欲治其国者,先治其家;欲治其家者,先修其身;欲修其身者,先正其心;欲正其心者,先诚其意。意诚而后心正,心正而后身修,身修而后齐家,家齐而后治国,国治而后天下平。从以上内容看出中国社会乃是以家族为单位,家国都必须建立在忠孝道德标准上,这就要求要修身,要止于至善,在家能敬兄慈幼,在社会能敬长爱幼,把亲家推广到国家、社会中去。这一学说在秦汉以来两千多年间,开明之君多诵其书,习其文,用其某些主张,收到好的效果。历代爱国志士严格修身,以"先天下之忧而忧,后天下之乐而乐"为怀,谱写了无数可歌可泣的不朽诗篇。

闽南方言俗语中就有"寸金难买寸光阴"、"嗨通未曾三寸水,就要扒龙船"、"勤学苦问,满腹学问"、"活到老,学到老,一生一世学赡了(óh bbuê liáo,学不完)"等告诫人们要"自强不息,止于至善",做一个不图虚名,学识丰满的有用人才。

厦门大学将秉承"自强不息,止于至善"的校训,把它作为前进道路上恪守的信念和准则,遵循陈嘉庚先生的"南方之强"的发展目标,以科学发展观为指导,谱写一曲曲自强至善的熠熠华章!

2000.11.17 发表于厦大校报副刊上

"侨批"是儒家传统文化仁爱、诚信的继承

何谓"侨批"？厦门、泉州称信为"批"（puē），漳州说为 pē，侨批就是指早期华侨，特别是南洋一带华侨通过民间渠道寄回国内的钱款，其中绝大部分附有家信，它是"银"和"信"的结合体，后来成为华侨寄托银信的代用词。古有"批子"之词，如《醒世恒言三一·郑节使立功神臂弓》："张员外道：'没在此间，把批子去找我宅子质。'"此"批子"是支取银钱的字条。"侨批"不仅是华侨移民史、创业史的珍贵文物，而且反映出儒家仁爱、诚信的传统文化在闽南的继承。

闽南山多地少，早年有些人为生活所迫到南洋去拼搏，正如晋江流传一首《番客歌》所说的："唱出番客（华侨）过番歌，流落番邦无奈何（bbó dâwá），离爸离母离某囝，为着家穷才出外，亲像孤鸟插人群，做牛做马受折磨。阮厝某囝一大拖，勤勤趁钱唔甘开半瓜（勤劳赚钱舍不得乱花半分钱）。"这就是早期到海外谋生的游子的心声。出门时，家属千叮嘱、万叮嘱出外赚钱寄回家，如《十送郎君过番卅》中的"三送郎君到大厅，阿娘的话你着（dióh，得）听。别人某囝别人痛（tnià），咱兜某囝映你成（ng lǐ cniá）（咱家妻儿盼你维持生活、培养孩子长大成人）"。这些出洋过番去拼搏的闽南人，牢记家人、亲人的叮嘱，敢拼搏、勇开拓，把辛辛苦苦赚来的每一分血汗钱积蓄起来寄回家养家糊口，寄回家乡，捐献公益事业，体现出他们的仁爱之心和讲义气、重人情、守承诺的高贵品质。

这些早期移民到海外的闽南人，肩负着赡养祖籍地亲属的重任。汇款和通信是维系二者关系的重要手段，因此就有了"侨批"

文化。据《闽南》2008第6期首届闽南侨批研讨会提供的资料,当时主要渠道是通过泉州王顺兴信局、漳州龙海天一信局、厦门鼓浪屿信局、厦门华侨博物馆等完成侨批的寄送过程。当中扮演重要角色的水客,他们既有闽南人"爱拼敢赢"的特质,又有浓厚的乡土情结,逐利而不忘义,义利兼顾,恪守承诺,恪守信用,注重亲情,提供人性化服务,把一笔一笔海外番客的血汗钱(即侨批)送到家乡亲人、亲属手中,并取得回批,当中历经很多手续、波折,最后才使回批重返寄批人手中,这样才算完成侨批旅程。

从侨批可以看出闽南人传承儒家仁爱、诚信的传统文化。一方面,侨批体现了闽南人特别是海外华侨对"根"的眷恋、对家人、乡亲的真诚守信。另一方面也看出寄批的海外侨胞对寄批局的信任,侨批局对寄批侨胞的诚信,水客对寄批人及侨批局的诚信。侨批具有特殊的儒文化,可以看出早期华侨华人创业的艰辛和不忘家乡人民的真挚感情,这正是孔子所说的大义行为、君子行为,见义思义、兴天下之利就是"仁人"、有道德的人。在近代中国社会动荡的历史背景下,"侨批"也可说是海外侨胞与祖国、乡土、乡亲、亲人的两地书。以后"侨汇"(华侨汇款回国的简称)的说法是伴随着"侨批"而来的,"侨批"是侨汇的载体。

十　其他

闽南方言亲属称谓中的古文化

闽南方言熟语说："正月正,亲情五十来相行"(zniāggéhzniā, cīnzniá ggoôzáp lái siōgniá。正月里,亲戚朋友来相会)、"好布也着好纱,好新妇也着好大家"(着:得。新妇:媳妇。大家:婆婆)、"坐船爱船走,生囝爱囝势"(走:跑。囝:儿子。势:能干)、"后生较赢老爸,新妇较赢大家"、"长兄为父,大嫂为母"等,其中的"亲情、新妇、大家、囝、后生"在普通话里已消失或没有方言所指的意义,但这些方言义却能在古汉语找到。

亲情(cīnzniá):北魏・郦道元《水经注・浙江水》:"质去家已数十年,亲情凋落,无复向时比矣。"唐・张籍《送李余及第后归蜀》诗:"乡里亲情相见日,一时携酒上高堂。"唐・白居易《新乐府・井底引银瓶》:"岂无父母在,亦有亲情满故乡。"除此以外,古汉语跟方言一样还指亲事,如"共阮查某囝做亲情"(替我的女儿谈亲事)。《卢氏杂说》:"唐文宗为庄恪太子选妃,召宰相曰:'闻在朝外臣,皆不欲共朕作亲情,何也?'"普通话只保留"亲人的情义"的义项,方言接受此义,用读书音 cīnzíng。

大家(dâgē):南朝梁・沈约《宋书・孙棘传》:"棘妻又寄语嘱棘:'君当门户,岂有委罪小郎?且大家临亡,以小郎嘱君……'"

唐·赵璘《因话录》卷三："大家昨夜不安适,使人往候。"

新妇(sīnbû):《国策·卫策》:"卫人迎新妇。"《后汉书·何进传》:"张让子妇,太后妹也。让向子妇叩头曰:'老臣得罪,当与新妇俱归私门'。""新妇"不仅可称儿媳,甚至可作已婚妇女的自称,如"咱做新妇的人着有孝大家倌"(咱做媳妇的,得孝顺公婆)。《玉台新咏·古诗为焦仲卿妻作》:"却与小姑别,泪落连珠子。新妇初来时,小姑始扶床。"

囝(gniǎ):唐·顾况《囝》诗:"囝生闽方,闽吏得之……囝别郎罢,心摧血下。"(闽语呼子为囝)。宋·陆游《戏遣老怀》诗:"阿囝略如郎罢老,稚孙能伴大翁嬉。"

后生(hâosnī):古汉语指子孙。《诗·商颂·殷武》:"寿考且宁,以保我后生。"郑玄笺:"寿考且安,以此全守我子孙。"闽南方言指儿子。如:生后生(snī hâosnī)、后生有孝老爸(hâosnī wû hào lâobê,儿子孝顺父亲)。"后生"还可作形容词,指年轻,如"伊真后生"(他很年轻)。《二刻拍案惊奇》:"娘子花朵儿般后生,凭地会忘掉。"

古代称谓词保留在闽南方言的诸多方面,除上述外,用在称谓前的"阿"也不少。如阿伯(伯伯)、阿姆(伯母)、阿母(妈妈)、阿姊(姐姐)等,都是闽南人口语中常见的词,这些称谓词在古汉语里大都能找到例证。《乐府诗集·木兰辞》:"阿姊闻妹来,当户理红妆。"《玉台新咏·古诗为焦仲卿妻作》:"阿兄得闻之,怅然心中烦。"

亲属称谓是用于表示人们的血缘关系、婚姻关系和亲疏关系的词语,一般受亲属制度制约,是亲属制度的语言反映。汉族的亲属制度与中国古代社会结构、社会宗族观念、婚姻习俗等有密切关系,汉族的亲属称谓大体上是一致的,但由于时代在前进,历史在演变,不同方言区也略有差异。北方方言区历来社会动荡比较厉害,经过了几次改朝换代接受外来影响较多,保留古汉语成分相对来说比闽南方言少。

　　从闽南方言的亲属称谓中,可看出闽南方言与古汉语是一脉相承的,也可窥视到汉民族的亲属文化要比西方来得细密和复杂。如与父母亲同辈的男性长辈叫阿伯、阿叔、阿舅、姑丈、姨丈等,女性长辈叫阿姆、阿婶、阿姑、阿姨等,亲和戚有严格区别。而英语男性只用一个"uncle"来表示,女性只用一个"aunt"来表示。这种亲属称谓的文化还反映在常以亲人的称呼称他人、朋友,以表示尊敬、礼貌、亲情。亲属称谓社会化以达到家庭、亲戚、朋友和睦相处,这也是中国人重宗族,重亲缘人际关系心态的表现。此风至今犹存。

　　　　　　　　　　　　　2000.5.30 发表于《闽南日报》

从谚语看闽台传统家教文化

  谚语是历代劳动人民集体创作并广为流传的口头文学,反映了劳动人民生活和斗争的经验,它简明形象,通俗易懂,幽默有趣,富有哲理。从闽台谚语中反映家庭教育方面的内容看,它蕴藏着中国丰富的传统文化和传统的教育方法。

  自从孩子呱呱坠地以后,无论他长相如何,总是父母身上的一块肉。"囝儿(儿女)是爸母的心肝蒂(sīmgnuādì)"、"爸母无嫌囝儿怯势(kiāpsì,长得丑),囝儿无嫌爸母家穷",这两句谚语说明父母子女之间纯真的爱心。"坐船爱船走(zǎo,跑),生囝爱囝势(ggáo,能干)",这是人之常情,当父母的就得负起养育子女的责任。为了把孩子养育成人,千千万万的父母不知费尽多少苦心,绞尽多少脑汁,夜以继日地细心照料着,耐心培养着,苦心规劝着,无私地奉献着。

  刚生下的幼儿"唔是吼着是笑,唔是屎着是尿"(不是哭就是笑,不是屎就是尿),从"满月"、"四个月"、"七坐、八爬、九发牙"直到"度晬"(doôzè,周岁),父母眼看着孩子一天天长大,真是苦中有乐,乐中有苦。

  从孩子开始牙牙学语,到进托儿所、幼儿园、小学,父母深深感到教育子女的重要。从"种田无好害一春,教囝无好害一生"、"春耕无好害一年,囝儿无好害一世"、"树杈无剪树长歪,子女唔教难成才"、"菜无沃(āk,浇)唔成丛(záng,株),囝唔管袂(bbuê,不会)成人"、"大人无教示(教育),囡仔(囡仔读 gǐn'ǎ,孩子)袂成器"等谚语中,可以看出教育子女是关系到个人前途、国家命运的问题,孩子就像一张白纸，家长就应该配合学校、社会在白纸上画上美丽的图画，留下美好的回忆。

"十年树木，百年树人"，教育下一代并非轻而易举，必须讲究方法。从闽台谚语里也可看出我国传统的教育方法，主要有以下几个方面。

言教不如身教。我们的前辈早就认识到父母是孩子的第一老师，父母的一举一动、一言一行无不深深地影响着孩子的成长。如通过谚语"大人砌墙，囝仔(孩子)学样"、"大无好样，细(小)无好相"、"为老不正，带坏囝孙"、"鸡母跳墙，鸡仔囝缀(dè)样"等都可悟出父母的言行潜移默化地影响着孩子。"子之罪，父之过"，可见家长的言传身教，对孩子德、智、体的成长是起很大作用的。

严字当头，严于律己，也是古人的主要教育方法。"严父出孝子，严母出孝女"、"严是爱，宠(sîng)是害，嗯管嗯教会变否(pǎi，坏)"，这两条谚语说明对孩子严格要求的重要性。但并不是经常打骂就是严格，应该爱护孩子的身心健康，讲究教育方法，如"也着箠(cé，竹做的小棍子)，也着糜(着：dióh，得。糜：bbé，稀饭，泛指吃的东西)"、"常拍狯惊，常骂狯听"(狯：bbuê，不会。惊：gniā，怕)、"常骂诵经，常拍敲钟"等谚语，说明常打骂孩子，反而无济于事，而应该平心静气地劝解、开导。自己的孩子跟别人吵架时，要"人前教子"，要想到"钱无两圆狯蓪"，而不要为孩子护短，要像孟夫子所说那样："幼吾幼，以及人之幼。"作为父母，不仅对自己的孩子要疼爱，而且要把爱心给别的孩子，不要"幼吾幼"颇有过之，"以及人之幼"则差之甚远，其结果是助长了子女的不良行为，影响了孩子间的友好关系。又如"细空嗯补，大空叫苦"、"细汉嗯管，大汉满内反"、"细汉偷挽匏，大汉偷牵牛"(小时偷采瓠瓜，不好好教育，长大就会偷牵牛。挽：bbǎn，采。匏：bú，瓠瓜)等谚语，都生动地说明教育儿女要善于抓苗头，才不至于使错误发展到不可救药的地步。

要给孩子创造一个良好的学习、生活环境。古时候有"孟母三迁"的故事,闽台地区有"千银买厝,万银买厝边"(或是"千银买厝、万金买厝边")的说法,其主要目的就是要选择好邻居、好环境,以更好地培养和教育下一代。今天我们大可不必为教育子女而三迁其屋、重金买屋,但我们可得到启示,应该为孩子的健康成长创造良好的环境,让他们在第二课堂里陶冶情操,开发智力,使他们的身心得到健康成长,业余时间引导他们参加有益于身心健康的文体活动,不至于使他们沉迷于电子游戏和看含有暴力、色情内容的录像。

闽台谚语中有关教育方法的还很多,由于篇幅有限,不在此赘述,至于教育内容方面的谚语更是丰富多彩,如"赐团千金,不如教团一艺"、"教团泅,唔教团趖树"(要教孩子游泳,不教孩子爬树。泅:siú)、"千万唔通未曾三寸水,就要扒龙船"(意指要谦虚好学,实事求是,不能好高骛远。扒龙船:划龙舟)等都很有生命力,从中体现出我国的传统教育思想。

不可否认,谚语中也有一些是消极的、悲观的,甚至是唯心的,因此我们在分析研究众多的谚语时,仍应当持"取其精华,去其糟粕"、"古为今用"的原则,使我国优良的传统教育方法能代代相传。

1994.12.19 发表于《闽南日报》

命名文化趣谈

　　您知道命名的由来吗？据说在原始社会里，人群朝夕聚集，同吃同住，一起打鱼、狩猎、御敌，成群结队采集食物等，必须互相辨认、互相认识。他们最早的辨认方式大概从性别，长相，年纪大小，各个人的外貌特征如高、矮、胖、瘦等着手，以目视之，以心志之。但到了黑夜或山洞里，以目视人也起不了作用。随着历史的发展、人口的繁衍，采用这种标志符号已不能满足社会发展的需要，于是，我们的祖先开动脑筋，想办法，终于想出用语音（声音）的方式来代替简单的标志符号，人的名字便产生了，许慎在《说文》里说："名，自命也，从口从夕。夕者，冥也，冥不相见。故以口自名。"

　　就中国的传统文化来说，名字包括名、字、号三个部分，直到辛亥革命以前还是如此。如孙文，字逸仙，号中山；周树人字豫才，号戎马书生，笔名鲁迅。三个部分又可分为若干部分，在此略谈命名。

　　人生百年，可享受多少名字呢？可以是一个名字，也可以是两个到三个。名有小名（乳名）、大名之分。给刚生下来的婴儿取名，大多取小名。有的用排行称呼，如刘邦的小名叫刘季，这类名闽南人称呼"阿大"、"阿二"；有的用贱名称呼，如汉代大文豪司马相如的小名叫"犬子"，晋代诗人陶渊明的小名叫"溪狗"，闽南用"阿狗"、"阿猫"称呼的不少，听说笔者的祖母据笔者小时候的脸型，给取名为"阿鹅"（āggó）；有的用昵称，如"小毛头"、"小宝宝"、"阿弟"等。用卑贱的字眼作小名，透露出中国人的某种文化心理。宋人俞成的《萤雪丛说》云："古者命名，多自贬损，或曰愚曰鲁，或曰拙曰贱，皆取廉抑之义也。"通过用卑贱的字眼，人们把自己的心理保持在一种卑谦拙抑的状态之中,一方面求得某种心理上的平衡免遭挫折;另一方面通过语言的使用,而表示一种信念:相信天道循环往复,守拙、处卑的境况定会不断向达尊、富贵的境况转化。比如平民何尝不想使自己的"狗儿"、"阿牛"们显贵利达呢?以区别小名的所谓"尊姓大名",即正式名字,用于个人"吐情自纪",以别于他人。人的名字虽然是人的标记符号、个人的特称,但它具有特定的价值意义:一个人的名字与个人的荣誉、耻辱、思想、感情、事业、品质等紧紧地联系在一起。所以取名是人生的第一件大事。

一个人的名字常代表着父母或长辈对他未来的期望,同时也借此显示家庭的辈分、社会地位、文化蕴涵等。有寄寓长辈美好祝愿和期望的,如已故的现代著名作家、文艺评论家钱钟书,他的名字是在"周岁抓阄"而得的。其父按江苏无锡的习俗,在满周岁那天,置杂物让他去抓取,他抓的是一本书,因此取名"钟书",钟,为钟爱、钟情之意。长期受儒家传统思想熏陶的中国人对福、禄、吉祥、如意十分向往,正如孔子所说,"富与贵,人之所欲也",因此闽南人给子孙命名为"福英、来福、天福、得贵"。父母希望下一代长命百岁,常用象征长寿的"松、鹤、龟"来命名,如松龄、鹤龄、龟年、梦松等,要长寿就得去病,趋吉避凶、逢凶化吉,汉武帝时有名将霍去病,宋代有冯去病、黄去病、大词人辛弃疾,清人有苏去疾。有寄寓远大抱负、爱家、爱国、光宗耀祖的愿望的,如爱国、建国、兴华、伟华等。据报纸记载,1989年11月12日,在纪念孙中山诞辰的一个集会上,蒋纬国首次公开披露蒋经国和蒋纬国名字的由来。蒋纬国谈到,他和蒋经国的名字都是由孙中山给取的,当年孙中山身边有三位重要干部,一是蒋介石,一是戴季陶,另一位是金崇盘,这三位的四个儿子,分别由孙中山命名为:蒋经国、蒋纬国、戴安国、金定国,其意一是希望这几位部下精诚团结,一是期冀他们儿孙能有经天纬地之才、安邦定国之策。又清代著名政治家林则徐,其父37岁得他,其兄早夭。据说他出生那天,适逢新任福建巡抚徐嗣曾前来相贺："此子日后名位当在我之上。"其父闻此吉言,欣喜异常,即给他取名为"则徐",意思是以徐嗣为榜样,有才能,有名位。有为纪念父母、家庭或国家的一些重要事件而命名的:如纪念出生地和时间的有京生、沪生、榕(福州)生、鹭(厦门)生、春生、秋生等。表达父母关系或感情兴趣的,如念杨,丈夫姓杨,表达妻子对丈夫的感情。纪念重大事件的如国庆、解放、文革、学军、卫东等。纪念重大的朝代如秦、汉、唐、宋等的,比如,笔者小姑居住马来西亚,她为四个孩子取名为秦、汉、唐、宋。有些人受"不孝有三,无后为大"观念的影响,常在女儿身上寄托愿望,为女儿取名为招弟、抱弟、来弟等,这在闽南农村较为常见。至于用"五行"命名,希望孩子能健康成长的,旧时多得不计其数。宋代大理学家朱熹一家的取名排行是依据五行的顺序来排列的:朱熹的父亲名朱松,"松"为木旁;木生火,朱熹的"熹",下面四点,古字是火旁;火生土,朱熹的两个儿子名叫朱埜(yě,野的异体字)、朱塾;土生金,朱熹的孙子名字带"金"字旁,称朱钜、朱钧、朱鉴、朱铎、朱铨;金生水,朱熹的重孙是朱渊、朱潜、朱济、朱澄等。而近现代五行命名是由命相家用五行推算某人生辰八字,认为命中缺五行的什么,就给名字添上什么来补救以避邪。鲁迅小说《故乡》中的主人公闰土的名字就是这么得来的,他是闰月生的,五行缺土,所以父亲叫他"闰土"。闽南人取名为"火生"、"水生"、"水木"等的也不少。

改革开放以来,人们的观念在不断改变,为独生子女命名更加受到重视,在命名的方法上又多了孕期备名、婚后备名(婚后孕期为未来儿女准备名字),当然这种备名风气古已有之,只不过现在更普遍,有的不知是男是女,父母亲就备双名,待孩子生下来后依性别决定。中国传统的命名文化仍在继承。

2000.4.22发表于《厦门日报》

传承应以文字做载体

闽南童谣是闽南文化的一个组成部分,它是民间的东西,是最自然、最纯洁、最本土的东西,大部分都没有作者,是人民群众口头的一种创作文学,内容包括民俗、孩子的游戏、大自然现象、生活方面的总结等,这些童谣就像是上天赐给我们的一种财富,是闽南少年儿童的精神食粮。

童谣能够传播传统习俗、传播文化、传播知识、能让孩子们找回童真、童趣,在念唱童谣的过程中,孩子们也学会了闽南话。但现在,包括童谣在内的闽南文化慢慢淡化了,有些甚至濒临灭绝,后继无人,"民间童谣是瑰宝,闽台两地传承好",这块文化要好好抢救、传承,否则损失很大。

两岸的闽南童谣根都在大陆闽南,后在台湾传承、发展、创新。闽南是童谣的摇篮,两岸可通过研究、交流,探讨如何与时俱进地创作童谣,让童谣一代一代地传承下去。

童谣作为一种口头的文学创作,有一定的空间和时间限制。中华民族几千年的文明能够传承下来,是因为有文字,童谣要传承、扩大影响,也一定要形成文字,闽南文化要传承也一定要有闽南话作为载体。因此两岸学者就很有必要进行探讨,进行交流,研究出一套尽量接近规范的闽南话文字,再用闽南话的文字来创作童谣。

2004.7.22 发表于《海峡导报》

守望闽台经典童谣

　　传统童谣种类很多,其中较常见的一般分为游戏童谣、幻想童谣、叙述童谣(知识性)、猜谜童谣和摇篮童谣。

　　台湾的闽南童谣主要是漳州、泉州两府的人在明朝天启元年(1621),颜思齐、郑芝龙等开发台湾和郑成功1661年从荷兰人手中收复台湾时,闽南人到台湾屯垦定居之际带去的,他们不仅带去了闽南的风俗习惯和闽南人吃苦耐劳、艰苦奋斗的气质,也带去了闽南方言、闽南童谣等。

　　今天的闽南和台湾的童谣大同小异,有的题目相同,内容稍有改变,有的一个题目产生不同版本,这都充分说明闽台童谣同根同源。闽南人祖先在开发台湾的同时,也把闽南童谣传给下一代。

1. 游戏童谣

　　游戏童谣是根据儿童爱玩的天性创作的,孩子们边念童谣,边配合简单活泼的动作或游戏,久而久之便成了边念边玩的游戏童谣了。如抛沙包游戏《一放鸡》、《一的炒米芳》、《掩(本字揞ňg)呼鸡》、《点啊点》、《点油点兵兵》等等。

一放鸡

　　抛沙包《一放鸡》是边抛沙包,边念唱的游戏,孩子们在玩中乐,乐中玩,充满着童真童趣。

　　闽南的版本《一放鸡》与台湾的版本相同:

　　　　一放鸡,二放鸭,三分开,四相叠,五拍胸,六拍手,七纺纱

（或七圆缠），八摸鼻，九咬耳（"九"与"狗"同音，此句有"狗咬耳朵"之意），十拾起，十一坐金交椅（太师椅）。

"一放鸡"是指把沙包高高地抛起又放下的一种游戏。"沙包"用碎布填入细沙或树籽缝合而成，如乒乓球大小便可，缝三五个就够了。玩时，以"剪刀、石头、布"开始，用猜拳方式决定先后，然后轮流玩，能玩到十一个动作无失误的，算是赢了，可接着重新玩，如果中途失误，就得换人，通常是两个人玩，三五个人亦可，人多了玩起来热闹，围观的人多了，就好像在看特技表演，颇有意思。

一的炒米芳

（闽南版本）

一的炒米芳（bbǐpāng，爆米花），二的炒韭菜，三的弯弯（ciâng）滚，四的炒米粉，五的土笋冻，六的烧肉粽，七的蚝仔（ó'ǎ，海蛎）面线，八的分一半，九的九婶婆，十的损大锣，拍汝千，拍汝万，拍汝一千八百万，汝讲敢呣敢（你说敢不敢），呣讲拍甲讲（不讲打到讲为止）。

（台湾版本）

一的炒米芳，二的炒韭菜，三的冲冲（读 ciâng，指开水沸腾状）滚，四的炒米粉，五的滚虾皮，六的站起看，七的蚝仔面线，八的分一半，九的九婶婆，十的损大锣，打你千，打你万。打你一千零五万，你讲敢不敢，不讲打甲讲。

这是两个小朋友亲昵友好的拍手掌游戏，起初也是以剪刀、石头、布猜拳开始，胜的可捉住对方的手掌轻轻拍打，边拍打边有节奏地念歌谣，挨打的等念到最后一句，手赶紧抽回，同时投降叫"呣敢"（ṁgnǎ，不敢），否则被对方抓住，可以继续拍打。有时双方不甘输赢，争论一番，闹着玩儿，颇能享受游戏的无穷乐趣。这首童谣循着数目次序摆出很多小吃，"九婶婆"、"大锣"都是来凑热闹的。一、二句没押韵，三、四句押新春韵，五、六句没押韵，七、八句押歌声韵，九、十句押好票韵。

2. 叙述童谣

叙述童谣是根据幼儿有强烈求知欲望的天性编成的。内容包括人文历史、民俗风情、自然地理、社会现象等。幼儿喜欢表现自己，喜欢把自己的所见所闻叙述出来，因此叙述童谣就可引导幼儿学会无拘无束地表达自己的感受，反映时代的真相与实情，从而增长儿童的人文历史知识和科学知识。这种童谣采用直叙、对答、顺口溜皆可，做到字、词押韵，随口哼唱，便于记忆，如《二九暝》、《初一早》、《羊仔囝》、《田蛤仔》、《阿达姊，做人新妇八道理》、《厦门八景歌》等等。

二九暝

二九暝（除夕夜）。

好天时，规家（全家）坐圆圆，围炉来过年。

酒菜排甲满桌是（摆满桌子），有鸡、有肉、也有鱼，一盘珠蚶好滋味，一碗金针煮木耳。

阿公阿妈（指"爷爷、奶奶"）欢喜喜，红包互孙（给孙子）过新年，囝孙笑甲嘐裂裂（子孙笑得裂开嘴），祝公妈，食百二（活到120岁），祝全家，平安无代志（平安无事）。

整首诗押飞机韵，其韵字是：暝（bbní）、时（sí）、圆（yní）、年（lní）、是（sî）、鱼（hí）、味（bbî）、耳（lnǐ）、喜（hǐ）、年（lní）、裂（líh）、二（lî）、志（zì）等。

初一早

初一早，初二早，初三睏到饱（意"睡到饱"）。

因正月初一、初二互相拜年很累，到初三就睡大觉。但厦门、海澄、同安等地是"初一正、初二正，初三无人行，初四落神厅，初五过规。"正月初三忌互相探访，以免带来晦气。这与历史有关。明朝嘉靖年间，倭寇猖獗。有一年十二月底，倭寇在厦门登陆，奸淫烧杀，无恶不作，直到正月初三被击退，很多当地许多人的亲友遭杀害,消息传来,探亲访友变成吊丧。第二年正月初三,受害家属分别为亲友作周年祭礼,家庭平安无事的人忌亲友来探望,不过最近几年,这种风俗正在淡化。

田蛤仔

　　田蛤仔(cángāp'ǎ,青蛙),四支腿,腹肚大,身躯肥,目珠(bbákziū,指眼睛)真大蕊(luǐ,形容眼睛很大),跳悬(gnuái,高)跳低会泅水(siúzuǐ,游泳)。

3. 幻想童谣

　　幻想童谣是根据儿童生来天真活泼、喜欢幻想的特点编的。儿童接触到虫、鱼、鸟、兽、花、草、树木等包罗万象的事物、景象,透过小心灵的想象,在老师、阿姨、父母等的引导下,也能唱出一些朗朗上口的幻想童谣。如《天乌乌,要落雨》、《白鹭丝》、《月光光》、《草蜢公》、《火金姑》等。

　　《天乌乌》的版本较多,达七八种之多,现举两个版本。

天乌乌

(闽南版本)

　　天乌乌,要落雨,挫锄头,巡水路。巡着一尾鲫仔鱼要炁某(bbēh cuâbboǒ,娶老婆),鲤鱼做媒(m̂)人,涂蝨(toósāt,鲶鱼)做查某(女的,指当新娘),龟嗌(bún)箫,鳖拍鼓,火营(hěyná)担灯来照(ciô)路,水鸡(suǐguē,青蛙)扛轿目吐吐。田蛤仔(小青蛙)唱歌大腹肚(bākdoǒ,肚子),鱼仔虾仔走无路(小鱼小虾走投无路)。

(台湾版本)

　　天乌乌,要落雨,鲫仔鱼要炁某。鲇鱿做媒人,涂虱做查某,龟担灯,虾拍鼓,水鸡扛轿大腹肚,田婴挫旗喊艰苦。

(闽南语歌词版)

　　天乌乌,要落雨,阿公挫(giáh,拿)锄头去掘芋,掘啊掘,掘着一尾旋溜鲐,阿公要煮鹹,阿妈要煮饡(zniǎ,淡),两人相拍弄破鼎(打架打破锅)……哇哈哈。

白鹭丝

(闽南版本)

白鹭丝,担粪箕(bùngī),担到海仔垗(gní,边沿),跋一倒(跌一跤),拾一圆(yní),买饼送大姨……

(台湾版本)

白鹭丝,车粪箕,车到沟仔垗,跋一倒,拾着两分钱……

(白鹭丝:白鹭,以白鹭为引子发挥联想)。

火金姑

(闽南版本)

火金姑(萤火虫),来食茶。茶烧烧,食弓蕉(吃香蕉)。茶冷冷,食龙眼。龙眼咧开花,鲍仔换冬瓜。

冬瓜好煮汤,鲍仔换粗糠。粗糠要起火,老婶婆仔咧炊粿,炊甲臭焦(càodā,烧焦)兼着火(dóhhě)。

(台湾版本)

火金姑,来食茶。茶烧烧,食弓蕉。弓蕉冷冷,食龙眼。龙眼要扒壳,食蓝佛(Inábút,番石榴)。蓝佛全全籽,食一个落嘴齿(掉牙齿)。

月光光

月光光(gōng),秀才郎,骑白马,过南塘。

月娘娘,月姊姊,你是姊,我是弟,呣通撆小刀割阮双爿耳。

这是根据传说而来的,长辈常要小孩记住:不要用手指月亮,否则月亮会割你的耳朵,如果指了月亮,赶快用双手拜一拜,月亮就会爱护你,使你平安无事。

4. 摇篮童谣

摇篮童谣,本来是母亲、奶奶辈摇着摇篮或抱着婴儿哄其入睡的催眠曲,也称"摇囝歌"(yógniǎguā)。但幼儿模仿力强,在长辈的影响下,自然而然学会哼唱,也学会哄自己的弟妹或其他婴儿入睡。如:

捂捂眠('noō'noōkùn),一暝大一寸;捂捂惜,一年大一尺。

小弟仔,摇仔摇,阿爸别位(bāt wî,别的地方)去拍石,阿母割柴(砍柴)伫(dî,在)山腰,等者(dǎnze,等一下)眠眠醒,互(hoô,让)你食弓蕉(香蕉)。弓蕉食了坐椅轿,阿姊讲古(讲故事)互你笑(让你笑)。

5. 猜谜童谣

猜谜童谣是根据孩子对"谜"语想猜的欲望编的,它可发挥儿童的聪明才智,启迪孩子动脑筋,增长见识。如:

一丛(záng,株)树仔两片箬(lîngpnìhióh,两片"叶子"),斡(wat,转)来斡去看猃着(dióh)(转来转去看不着)。(谜底:耳朵。)

有翼(sít,翅膀)飞猃起,无骹(脚)行千里。(谜底:鱼)

顶石礤(dè)下石(上面的石头压下面的石头),会生根猃发箬(bbuêhuāthióh,不会长叶子)。(谜底:牙齿。)

红关公,白刘备,乌张飞,三结义。(谜底:荔枝)

天顶一点星,雨落两爿边(lîngbíngbnī,两旁),"上"字掉倒吊(siōng li liáh dòdiào,"上"字倒过来),"人"字倥骹翘(kôngkākiào,两脚站不稳)。(谜底:"定"字。)

2004.3 发表于《闽南文化研究》
2004.7.22 发表于《海峡导报》

童谣陪伴我成长

　　童谣是歌谣的一种,古代称童谣为"童子歌"、"孺子歌",顾名思义是反映儿童生活的体裁,有生动、活泼的童真童趣的内容,它是儿童的精神食粮。

　　想起孩提时的生活,饶有趣味的厦门童谣陪伴着我,一幅幅活生生的画面,跃然闪现在脑海之中:春天的夜晚,听着母亲柔声地哼唱着:"婴仔捂捂('noō)眠,一暝大一寸,婴仔捂捂惜,一年大一尺……"小小的房间里弥漫着母爱的温馨;夏天的黄昏,我紧挨在老祖母身旁,听着老祖母边用芭蕉扇扇风边唱着:"破扇引清风,拍死蠓仔王(打死蚊子王),若(lnâ,如果)无即支扇,咬着会发癀"(huāthóng,指疮口有炎症)",我不知不觉地伏在祖母的膝盖上安心地入眠了;秋天的傍晚,每当我跟邻居的孩童在庭院里嬉笑玩耍时,望着西天那一抹抹的晚霞,就天真无邪地放开嗓门念唱着:"红霞[红虾(hé)]红丢丢,安公要食着捻须(dióh liàm ciū,拔掉虾须),安妈要食搵豆油(wùn dâoyiú,蘸酱油),安孙仔要食着用手搲(kiǔ,拉、抓)",笑得安公、安妈满脸的皱纹都舒展开了;冬天的夜晚,僻静的街头小巷里,忽然从寒风中飘来一声"烧肉粽",使在灯下夜读的我,喜出望外,跃然欲食,这是最具本色的厦门情味,它对夜读下的学生,具有多大的魅力! 它是最好的夜宵。

　　长大了,成人了,我仍然喜爱厦门童谣,因为家乡的山水、家乡的风俗、家乡的特色都充分地体现在童谣中。一首"油炸粿,烧甲脆,涂豆仁(花生仁)棒(pǒng)规把(bě),福海宫煎芋粿,菜市口,蚵仔糜"(ó'ǎbbé),一首"土笋冻(toósǔndàng),真正港,天骸下

（天底下）拢都（lǒngdoo，都）真稀罕，独独咱家乡出即项。酸醋芥茉芫荽芳（pāng，香）。鸡鸭鱼肉阮拢无稀罕，特别爱咱家乡土笋冻"，童谣中提到的这些街头巷尾的小吃，使你听了觉得真是别有风味，垂涎三尺，人们不禁想起了厦门黄昏街头，淡黄灯光下，弥漫热气的小摊上的五香、章鱼、芋包、薄饼、沙茶面、蚵仔煎、炒面线……这就是家乡本土的饮食文化，谁不喜爱自己的乡音乡情和乡土文化呢！

　　结婚了，生儿育女了，我仍在传承着老祖母、老母亲的童谣。抱着婴儿站在窗口，对着潇潇的雨丝，轻轻地哼着："雨咧来，鸟仔咧相刣（tái，杀，比喻小鸟在打架）；雨咧滴，鸟仔咧拍铁；雨咧落，鸟仔咧佚佗（lēh tīttó，在玩耍）。"一幅幅小鸟在雨中玩耍的形象图，通过不同雨景的描写，展现了出来！这是多么可爱、古锥（goǒzuī）呀！假日，当你带着小孩儿在海边或高山上放风筝时，童谣"风来，风来，一镭（zít luī，一个铜板）互你买王梨（互：给，王梨：菠萝）；风去，风去，一镭互你买空气；风无，风无，一镭互你买甜桃；风静，风静（znî），一镭互你买佚佗物（bbníh，东西）"脱口而出，用这四句排比句式来祈求风之来、去、静、止，这一幅幅拟人化的祈风景象，真是美不胜收，它岂不是保留古人祈风的遗迹吗！中秋夜晚，全家人在一轮明月下吃月饼、赏月时，我不由自主地念起了"月光光（gōng），秀才郎。骑白马，过南塘……"当孩儿好奇地用手指着月亮时，我会教孩子边拜月亮边念唱："月娘妈（bbnǎ），痛（tnià）小弟，你是姊，我是弟，呣通撑刀割阮耳（ggǔn hî）。"

　　为了使儿女从小懂得更多的虫鱼鸟兽知识，厦门童谣也帮了我不少忙。看到老鼠时，一首兄弟俩打老鼠的童谣脱口而出："鸟鼠短耳目珠圆，喙仔尖尖齿像铁，日时走去觑（bbīh，躲），暝时出来偷食物。阿兄招小弟，竹仔一人撺一枝，两人静清清（zîngcnīcnī，静悄悄），闪伫（dî，在）门后边，等候鸟鼠出空时，将伊拍一个吱唧死。"看到蜜蜂嗡嗡叫时，蜜蜂采蜜忙的形象出现在童谣中："一两

（l台ng）三四五，蜜蜂仔，花仔肚，一节黄，一节乌，千只万只鲁
（siáng，同）一户，飞来飞去四五路（sùggno乄lo乄）。一两三四五，
蜜蜂仔，真勤劳，采花粉，造蜂库，飞来飞去嗨惊苦（m gni ā ko乄，不
怕苦）。"

　　现在我步入古稀后，还常以"捂捂瞄，一暝大一寸……"、"摇仔
摇，摇到外妈桥（外婆桥）……"等摇篮童谣来哄孙子睡觉，这不仅
是享受天伦之乐，而且是在传授着祖母教给我的童谣。

　　闽台有些经典童谣，有的正在传唱着，有的经过加工、修改、配
乐，也放出异样的光彩。如"天乌乌，要落雨……"至今闽台有将近
十种版本，各有特色，各有千秋。虽然昔日的小海岛厦门现已成为
一座具有一定规模的现代化文明城市，但传统的经典童谣依然焕
发出浓厚的民间韵味和乡土气息，在幼儿园、小学传唱着，在现代
歌坛上走俏着，它在传播闽南文化，唤起故园情，激发爱国心，随着
闽南语歌曲的传唱，童谣的传承、创新，我相信童谣能更好地焕发
出艺术的生命力，陪伴下一代成长。

渔民歌谣两首

　　歌谣属民间文学范畴，"歌谣"二字最早见于《诗经·魏风·园有桃》："园有桃，其实之殽。心之忧矣，我歌且谣。"后面这一句即"唱了歌又哼民谣"。毛传："曲合乐曰歌，徒歌曰谣。"这说明"歌"是配有曲谱并配合乐器来唱的，而"谣"是口头念诵的没有配乐的徒歌。它属口头流传和创作的韵文作品，"感于哀乐，缘事而发"，它是劳动人民生产劳动和社会生活的真实写照。

　　人们说，靠山唱山歌，靠海唱渔歌，闽台靠海，属于海洋文化，从宋元时期的泉州港、明清时期的月港（今海澄），到近代的厦门港，人们长期从事造船和航海，渔民靠行船捕捞来维持生活，因而朴实生动的渔民歌谣，反映出海边人家简单、朴素、艰苦又艰险的日常生活，俗话说"行船讨海三分命"，就是"行船人、讨海人"的真实写照。下面介绍两首渔民歌谣。

翁某船（āngbboǒzún，夫妻船）

讨海人，徛海港，（捕渔人，住海港。徛：kiâ，住）

船顶做厅船肚房，（船上做厅，船舱当房间）

船尾做灶骹，（船尾当厨房。灶骹：zàokā）

船头好抛网。（船头好撒网。抛网：pābbâng）

翁某船，挂布篷，（夫妻船，挂布篷。篷：páng）

讨海掠渔真好工，（行船捕鱼很勤奋。掠鱼：liáhhí）

翁啉酒，某轻松，（夫喝酒，妻轻松。啉：līm）

囡仔缚伫船杆蚴蚴动。（gǐn'ǎ bákdî zúngnuā ggniáoh

ggniáoh dâng,孩子绑在船杆上手脚不停地动)

这首"翁某船"描述一家渔民终年生活在大海上捕鱼过活,生活艰苦,但也表现出他们面对生活,十分乐观,不怕困难的精神。整首歌谣押 ang 韵:港、房、网、篷、工、松、动。

行船歌(gniázún guā)

女:欢喜船入港,隔日随开篷,共君来相送,我君行船人。
(随:马上。共:为、替。押 ang 韵:港、篷、送、人)

男:行船看水时,时到艁延迟。为着度三顿,咱着佫分离。
[艁:不能。佫(gōh):再。押 i 韵:时、迟、离]

女:一位过一位,底时通做堆?目珠看江水,看君船行开。
[过了一个地方又一个地方,何时能再聚?通(tāng):可以。目珠(bbák ziū):眼睛。行开:走开。押 ui 韵:位、堆、水、开。]

男:行船真艰苦,无风着摇橹。海水阔莽莽,底日转故土?
[阔莽莽(bbǒng):形容大海无边无际。底日:哪一天。押 oo 韵:苦、橹、土。]

女:一路船顺风,妹我心轻松。一路拄风雨,妹我心艰苦。
[拄(dǔ):遇到。艰苦:难受。押 oo 韵:雨、苦。]

男:此去远千里,呣知转底时?离别偞相见,想着喉着滇。
[呣知转底时:不知何时归。远(wǎn):远走。呣知(m̄zāi):不知道。转(dǒng):回来。偞(ōh):难。喉着滇(áo dióh dnî):比喻因痛苦万分而哭泣,苦水都充塞到喉头了。"滇"是满的意思。押 i 韵:里、时、见、滇。]

女:听君即言语(ggǐ),妹我心伤悲。佛祖来保庇,平安无代志。(佛祖:菩萨。保庇:保佑。无代志:没事情。押 i 韵:语、悲、庇、志。)

这两首渔民歌谣体现出夫妻的恩爱及其离别时的伤感,说明捕鱼生活的艰苦和危险。正因为如此,闽台两地的船民、商人、渔民非常信仰妈祖,因为妈祖是海上的保护神,能保佑他们行船、捕鱼平安顺利而归。第一首《翁某船》是一韵到底,第二首,每段换韵,念起来非常和谐。第二首还曾配曲谱传唱,成为当时渔民的流行歌曲。如:

$$3\ 5\ -\ |\ \underline{6\ \dot{1}}\ \underline{6\ 5}\ 3\ |\ 5\ -\ -\ |$$

一位　过　　一　位

$$6\ 5\ -\ |\ 1\cdot\ \underline{3}\ \underline{2\ 1}\ |\ 2\ -\ -\ |$$

底时　通　做　堆

$$3\ 5\ -\ |\ 1\cdot\ \underline{3}\ \underline{2\ 1}\ |\ \dot{5}\ -\ -\ |$$

目珠　看　江　水

$$5\ 3\ -\ |\ \underline{2\ 3}\ \underline{2\ 1}\ \underline{\dot{6}\ \dot{5}}\ |\ 1\ -\ -\ \|$$

看君　船　行　开。

时代在前进,社会在变化,如今政府非常关心渔民的生活,了解渔民的疾苦,重视渔民的安全,及时做好天气预报工作,刮台风下大雨事先通知,使他们早日回返或到避风港避风,平安而归。

抗战歌谣五首

2005 年是中国人民抗战胜利 60 周年的纪念日,每个中华儿女都不能忘记抗日战争这段沉痛的历史。4 月 12 日至 15 日全国举行规模较大的抗战歌曲合唱展演比赛,这些富有特色、富有代表性歌曲的展演,是让大家铭记这一历史的最好方式,因为音乐是具有非常强的时代符号的。

抗战救亡歌曲的展演,使我联想到当时厦门沦陷时所产生的抗战歌谣。日本鬼子侵占厦门所犯下的滔天罪行真是罄竹难书!他们实行三光政策,到处烧、杀、抢。多少无辜的老百姓死在日本鬼子的刀枪底下;多少人被迫妻离子散,无家可归;多少妇女被迫做慰安妇,失去人身自由。厦门一首歌谣唱道:"五月十五即日子,厦门失陷真可悲。查某(女人)活活糟蹋死,壮丁死甲血淋漓。"这就是日本鬼子血腥罪行的真实写照之一。

劝兄弟

劝兄弟,着八想,(着:dióh,得。八想:bātsniû,懂得道理)

即阵咱拢呣成样,(现在咱都不成样)

咱的所在人要抢。(咱的地方,人家要抢)

逐个呣起来,(大家不起来。逐个:dák'é,大家)

将来国亡要怎样?(将来国亡怎么办)

劝兄弟,着紧醒,(劝兄弟,得快醒)

日本鬼仔真无理,(鬼仔:鬼子)

占咱所在抢咱物,(所在:地方。物:bbníh,东西)

佫刣咱爸母,(又杀咱父母。佫刣:gōh tái)

冤仇血债恰大天。(恰大天:kāh duâ tnī,比天大)

劝兄弟,着紧起,(得快起来)

逐人撑起利傢俬,(大家举起武器。撑:giáh。利:lâi。傢

俬:gēsī)

去甲日本拼生死,(去跟日本鬼子拼个你死我活)

讨回咱土地,

逐个则会安心过日子。(大家才能安心过日子)

国无兵,民不宁

国无兵,民不宁,

爱祖国,来做兵。

好铁着拍钉,(好铁得打成铁钉)

好汉爱做兵。(好汉要当兵)

拍铁歌

拍铁哥,拍铁嫂,(打铁哥,打铁嫂)

一日到暗拍大刀,(一天到晚打大刀)

大刀千万支,

送到前线去,

战士一人撑一支,(撑:giáh,拿、举)

到战场,刀一个举,(举:gǐ。"刀一个举"是指举起刀)

刣甲日本鬼仔倒离离(把日本鬼子杀得伤的伤,死的死,

败得一塌糊涂。刣:杀。)

大人因仔欢喜喜。(大人小孩欢天喜地庆胜利)

滚滚滚

滚滚滚……，
逐个起来拍日本，（大家起来打日本）
中国雾大铳，（雾：bbû，喷射。大铳：duâcìng，指大枪、大炮）
大铳直直追，（拿起枪炮穷追猛打）
拍死日本鬼。（打死日本鬼子）

滚滚滚

滚滚滚……
逐个起来拍日本，
有的做前锋，
有的做后盾，
一阵人奋奋滚，（一群人往前冲。"奋奋滚"是比喻群情激
奋。阵：dîn。奋：ciáng）
逐个和齐拍日本，（大家齐心协力打日本。和齐：hózué）
刀撑好，（刀举好。撑，giáh，举）
铳比准，（枪要瞄准好）
要将日本兵，（要把日本兵）
拍甲变涂粉。（比喻打得粉身碎骨。涂粉：toóhǔn，灰尘）

2005.8.13发表于《厦门日报》

闽南新童谣九首

2010年6月12日厦门幼儿闽南文化教育全面启动,我怀着无比激动的心情为大会做《闽南方言与国学素养》的报告,并献上几首新创作的闽南童谣为之助兴,让儿童在念唱中快乐地学习闽南话,同时具体形象地认知几种常见虫鱼鸟兽的特征、生活习性等。

cán gāp ǎ

(一)田 蛤 仔(青蛙)

cán gāp ǎ cūt sì doǒ duâ duâ cuì kuāh kuāh
田 蛤 仔,出 世 肚 大 大, 嘴 阔 阔。

cán diōng ōng kǐ cù duà
田 中 央, 起 厝 蹛。

bbó láng gà ê cniù guā
无 人 教,会 唱 歌。

m̄ tāng gāh yī liáh
嗰 通 甲 伊 掠,

cán diōng bbǎng táng yī ài ziáh
田 中 蠓 虫 伊 爱 食。

①出世:出生。②嘴阔阔:嘴巴宽大。"嘴"的本字"喙"。③起厝:盖房子。④蹛:住。⑤嗰通甲伊掠:不要抓它。⑥蠓虫:蚊子、害虫。⑦伊爱食:它喜欢吃。

doówǔn

（二）涂　蚓（蚯蚓）

doó　wǔn　doó　wǔn
涂　蚓，　涂　蚓，

cūt　sì　sīn　dńg　dńg　yō　lǐg　lǐg
出　世　身　长　长，腰　软　软。

kuī　toó　kāng　zuè　bbín　cńg
开　涂　空，　做　眠　床，

lǹg　lái　lǹg　kì　sāng　toó　hǒ　cāh　ńg
沦　来　沦　去　松　涂　好　插　秧。

①出世：出生。②涂空：泥土中的洞。③眠床：床铺。④沦来
沦去：钻来钻去。⑤松涂：松土。

toò'ǎ

（三）兔　仔（小兔子）

toò　ǎ　bbák　ziū. lnǎ　bbě　lǒ
兔　仔　目　珠　若　玛　瑙，

sīn　kū　cīng　kì　lang　ō　lǒ
身　躯　清　气　人　阿　咾。

sì　kā　ggáo　tiào　hǐ　ǎ　dńg
四　骹　勢　跳　耳　仔　长，

diōng　gōk　zuè　bīt　yîng　toò　bbńg
中　国　做　笔　用　兔　毛。

①目珠：眼睛。②若：好像。③身躯：身体。④清气：干净。
⑤人：人们。⑥阿咾：称赞。⑦骹：脚。⑧勢跳：很会跳。⑨耳仔：
耳朵。

bbítpāng

（四）蜜　蜂

ōng ōng ōng siǒ bbít pāng
嗡　嗡　嗡，小　蜜　蜂，

bē gào sāi bē gào dāng
飞　到　西，飞　到　东，

bē lái bē kì lēh zuè gāng
飞　来　飞　去　咧　做　工。

cǎi huē bbít zô pāng báng
采　花　蜜，造　蜂　房，

m̂ gniā koǒ m̂ gniā lán
呣　惊　苦，呣　惊　难，

bbó yíng cīh cīh zīn hǒ gāng
无　闲　跙　跙　真　好　工。

①咧:在。②呣惊:不怕。③无闲跙跙真好工:形容小蜜蜂忙忙碌碌很勤劳。

zím

（五）蟳（螃蟹）

zít ziāh zím ǎ záp gī kā
一　只　蟳　仔　十　支　骹，

sīn kū cīn cniû tīh gāh ciā
身　躯　亲　像　铁　甲　车，

lǹg luǐ bbák ziū zniû dīng pâ
两　蕊　目　珠　像　灯　泡，

hnuái ciōng dít cuàn sì guè gniá
横 冲 直 窜 四 界 行。

wáh zím dioh yīng cǎo sōh bák
活 蟳 着 用 草 索 缚，
lnâ bbó zím gǒng ê ggnéh láng
若 无 蟳 跫 会 夹 人，
ggnéh dióh huīh láo gōh huīh dīh
夹 着 血 流 佫 血 滴，
liáh yi ciān bbân dioh suè lî
掠 伊 千 万 着 细 腻。

①骹:脚。②身躯:身体。③亲像:好像。④两蕊目珠:两只眼睛。⑤横冲直窜:横冲直撞。⑥四界行:到处走。⑦着:得。⑧草索:草绳。⑨缚:绑。⑩若无:如果没有。⑪蟳跫:螃蟹的两只大脚。⑫佫:又。⑬血流血滴:比喻血流不止。⑭掠伊:抓它。⑮细腻:小心。

ó'ǎ
(六)蚝仔(海蛎)

ó ǎ buí zīh zīh
蚝 仔 肥 渍 渍，
hiân puà ziāh ê cnī
现 破 则 会 鲜。
ó ziān ó dē znì
蚝 煎 蚝 饳 糋，
pāng cè hǒ zū bbî
芳 脆 好 滋 味。

bbán dái wǎ hǎi gní

闽　台　倚　海　墘，

ziāh wû zīt kuǎn bbníh

则　有　即　款　物，

ó ǎ zīn duâ bbnî

蚝　仔　真　大　枚，

ziáh liǎo ciò hī hī

食　了　笑　嘻　嘻。

①肥渍渍：形容很肥。②现破：马上破开。③则会鲜：才会新鲜。④蚝煎：也叫蚝仔煎。闽台的小吃。海蛎跟大蒜、地瓜粉等作料搅拌好，倒入油锅炸后放鸭蛋浆做成，味道鲜美。⑤蚝馅糊：闽台的小吃。把海蛎、葱、蒜搅拌好后舀在圆形的小锅铲上在滚热的油锅里炸熟，吃起来既鲜美又香脆。⑥芳：香。⑦倚：靠。⑧海墘：海边。⑨则：才。⑩即款物：这种东西。⑪大枚："枚"是海蛎、蛏等的量词，也作形容词，有大个的意思。

bbún ciōng hí
（七）文　昌　鱼

bbún ciōng hí zīn goǒ zuī

文　昌　鱼，真　古　锥，

táo suè bbě ziām zít sī sī

头　细　尾　尖　一　丝　丝。

gguā biǎo hoô lang knuà m̂ kǐ

外　表　互　人　看　唔　起，

cnī dnī hǒ ziáh bbó huāt bǐ

鲜　甜　好　食　无　法　比。

yī sî hí luî wáh huà zióh

伊　是　鱼　类　活　化　石，

lǎn dioh gāh yī duán loh ki
咱　着　甲　伊　传　落　去。

①古锥:形容东西小巧玲珑、标致可爱。也比喻婴孩可爱。②
细:小。③一丝丝:形容文昌鱼长得小。④互人:被人。⑤看唔起:
瞧不起。⑥伊:它。文昌鱼被认为是脊椎动物的祖先,享有5亿年
前生物活化石的称号,是研究动物进化的稀有材料,十分可贵。⑦
咱着甲伊传落去:咱们得把它传下去,别让它绝种。

ánghé
(八) 红　虾

áng hé sīn dńg dńg
红　虾　身　长　长,
kāk bóh gōh zīn g īng
壳　薄　佫　真　光。
táo wû dńg dě ciū
头　有　长　短　须,
bbě liū gā dō ynû
尾　溜　铰　刀　样。

áng hé wáh tiào tiào
红　虾　活　跳　跳,
béh sáh zīn hǒ liāo
白　煠　真　好　料。
lǐ zít bbě gguǎ zít bbě
你　一　尾,　我　一　尾,
zīn gǐn ziáh liāo liāo
真　紧　食　了　了。

①红虾:虾有青虾、龙虾、对虾、斑节虾等,未煮是浅青色,煮熟
呈红色,所以题目为"红虾"。②佫:又。③尾溜:尾巴。④铰刀样:

像剪刀的样子。⑤白煤:活虾在刚开的水中煮到全身呈红色叫白煤虾。⑥一尾:一只。⑦真紧食了了:很快就吃完了。

hām
(九）蚶

hām kāk gâo gāh lnǎ zióh zǐ
蚶　壳　厚　甲　若　石　子，

lñg pnì kāk bnī wû gù kǐ
两　片　壳　边　有　锯　齿，

dǐng ê háp gāh bbát zīh zīh,
顶　下　合　甲　密　渍　渍，

hoô lǐ lîm bēh bēh bbuê kǐ
互　你　任　擘　擘　舲　起。

lǐng zuǐ tng hām bbuê kuī cuì
冷　水　烫　蚶　舲　开　嘴，

gǔn zuǐ tng hām cuì hiân kuī
滚　水　烫　蚶　嘴　现　开。

zū hām huīh hām zīn boǒ huīh
珠　蚶　血　蚶　真　补　血，

gè lní wí loó lǒng ài yī
过　年　围　炉　拢　爱　伊。

①厚甲若石子:厚得像石头子儿。②顶下:上下。③密渍渍:形容非常密。④互你任擘擘舲起:让你怎么掰也掰不开。⑤滚水:刚开的水。⑥拢爱伊:都喜欢它。

本土歌曲　语言难题

这次我应第七届"银海杯"福建(中国)闽南语歌曲大奖赛组委会之邀,参加闽南语歌曲创作研讨会。这里就闽南语歌曲中的语言误区,谈两点自己的看法,供读者参考。

到会的同志有的认为现在的闽南语歌曲大多失去乡土气息,原汁原味大大削弱;有的认为当今人们已不满足于"天乌乌,要落雨……"的范式,要求创出一条新路来。我认为不管是保留乡土气息,还是创新,闽南语歌曲应该用地道的闽南话来创作和演唱。

这次参赛的歌曲中,荣获一等奖的厦门歌手吴月梅演唱的《放不开》《欢喜来相会》和台湾歌手陈毓维的《买醉》《你是我心目中的嫦娥》,吐字运腔清晰,词曲具有闽南话的特色和风格,给人们留下深刻印象,但有些歌曲是用普通话词语来写的,用字也比较乱,甚至有的不可理解。

闽南话和闽南语歌曲密不可分表现在声韵调、文白读、押韵、用字等方方面面,在这里只能略谈一二。

先谈点用词和用字吧,这次参赛作品中有的歌曲名称和用词是采用普通话的词语,如《用寂寞换你的快乐》《格外春风》《心中的惆怅》《温柔全给你》等里面的"寂寞、格外、惆怅,温柔"都不是闽南话的常用词。在用字方面,有些众所周知的本字,如拍(打)、大细(大小)、食(吃)、行(走)、走(跑)等,有的词作者仍然用括号里的训读字填词,明显不符合闽南话的语言习惯。

一般来说用字有四种:一是本字,如我、汝(你)、伊(他)、新妇(媳妇)、大家(dage,婆婆)、沃花(浇花)、沃雨(淋雨)等;二是同音字,如查某(女人)、代志(事情)、印信(索性)、互(给、被)、甲(替、和)等;三是流传在民间的俗字,如海墘(海边)、唔(不要)、𣍐(不会)等;四是训读字,也就是取普通话的意义,没有方言音,如头发(头毛)、时候(时阵)、洗脸(洗面)、香花(芳花)等。

用字问题比较复杂,要走向规范并不容易,不过我建议多采用一些广为人知的本字、同音字,避免用训读字,否则人家还以为你是用普通话来写的呢!至于一些鲜为人知的本字可在歌曲的后面加注说明。拙著《闽南方言与古汉语同源词典》所考证的本字可供参考。

再拿声调来说吧,有人问语言学家王力先生:"汉语是有声调的语言,那么说话不就等于唱歌吗?"王力先生说:"差不多,声调和音乐关系密切,两者一致起来叫人容易听懂;不一致听起来别扭。"著名京剧艺术家程砚秋说:"老方法是'以字就腔',也就是以字服从腔,然而我感到'以腔就字'非常重要,因中国有四声讲平仄,同一字音,不同声调产生不同意思,所以必须据字音高低来创腔,这样才能听清楚你唱什么。"

我非常认同程砚秋先生这一说法,作为汉语方言之一的闽南话有七个声调,闽南语歌曲大多采用通俗唱法,与听众交流感情,因此用字调的高低来创腔,更能使人听得懂、记得牢,《天乌乌,要落雨》《爱拼则会赢》等歌至今脍炙人口,流传不衰,也是这个道理。而这次参赛歌曲中出现了一些字腔混乱的现象,导致歌曲听起来不舒服。

台湾闽南语歌曲起步较早,经验也比较丰富,希望今后两岸闽南语歌曲能多交流,互相取长补短。

2001.11.3发表在《厦门日报》

附录:闽南方言拼音方案

一、声母表

声母是指音节开头的辅音。如"闽南"Bbán lám,这两个音节开头的音是 bb、l,就是它们的声母。没有声母的音节,就叫零声母。如安(ān)、英(yīng)。

闽南方言的声母有十五个,它们的发音部位和发音方法请看下表:

发音方法 / 发音部位	塞音			塞擦音			鼻音	边音	擦音
	不送气	送气	不送气	不送气	送气	不送气	浊音	浊音	清音
	清音	浊音		清音		浊音			
双唇音	b[p] 边房	p[p'] 颇蜂	bb[b] 门无				(m) 妈摸		
舌尖前音				z[ts] 曾庄	c[ts'] 出菜	zz[dz] 入而			s 时苏
舌尖中音	d[t] 地知	t[t'] 他彻					(n) 努泥	l 柳男	
舌根音	g[k] 求狂	k[k'] 气去	gg[g] 语言				ng[ŋ] 雅我		h 喜欢

说明:

1. 表中的第一例字是闽南通俗韵书十五音的字母,即边、颇、门、地、他、柳、曾、出、入、时、求、气、语、喜、英。其中"英"是零声母,表中没有列出。

2.(m)、(n)、(ng)是 bb、l、gg 的音位变体。bb、l、gg 与鼻化韵母相拼时,声母会变成 m、n、ng,所以有的处理为多三个声母 m、n、ng。(zz)国际音标写为(dz),是漳州一带的音。

二、韵母表

韵母是指一个汉字的音节除声母以外其余的音素。如"闽南"Bbánlám,这两个音节 Bb 和 l 是声母,后面的音素 an、am 是韵母。

闽南方言的韵母比较复杂,有单韵母、复韵母、鼻韵母、入声韵母、鼻化韵母、鼻化入声韵母等。详见下面韵母表。

				i 伊	ni 圆	ih 鳌	nih 物	u 于	nu	uh 嗫	(ɯ)
a 阿	na 馅	ah 鸭	nah 跋	ia 耶	nia 营	iah 页	niah 愕	ua 蛙	nua 安	uah 活	
oo 乌	noo 诓	ooh 呕	nooh 膜	(nioo)							
o 窝		oh 学		io 腰		ioh 药					
e 锅	ne 婴	eh 呃	neh 脉					ue 话	nue	ueh 狭	nueh 夹
(ee)(ə)	(nee)	(eeh)	(neeh)	iu 优	niu 羊	iuh 匊		ui 威	nui 梅	uih 划	
ai 哀	nai 耐	aih	naih					uai 歪	nuai 关	uaih	nuaih
ao 欧	nao 闹	aoh 雹	naoh 籴	iao 妖	niao 猫	iaoh 寂	niaoh 蛲				
m 姆		mh 默		im 音		ip 揖					
am 庵		ap 压		iam 掩		iap 叶					
(ən)(əng)				in 因		it 乙		un 恩		ut 兀	
an 安		at 遏		ian 烟		iat 结		uan 弯		uat 越	
ng 秧		ngh 蹭		ing 英		ik 益					
ang 红		ak 握		(iang) 漳		iak 剧		(uang) 风			
ong 汪		ok 屋		iong 央		iok 约					

表中加"( )"的音是漳州或泉州的韵母。

ong、ok、iong、iok 等韵母是 oong、ook、ioong、iook 的简写。

三、声调表

声调是音节的高低升降。声调的高低是一种音高现象。由声带的松紧决定。发音时声带越绷紧,声音越高,声带越放松,声音就越低。

调类		阴平	阳平	阴上	阳上	阴去	阳去	阴入	阳入
调值	厦门	˧˩44	˨˦24	˥˧53		˨˩21	˨˨22	˧˨32	˦4
	漳州	˩˧34	˩˧13	˥˧53		˨˩21	˨˨22	˧˨32	˩˨˩121
	泉州	˧˧33	˨˦24	˥˦˦544	˨˨22	˧˩31		˦4	˨˧23
声调符号		－	╱	∨	＜	＼	∧	－	╱
例字		东 dōng	同 dóng	董 dǒng	动 dǒ̌ng	栋 dòng	洞 dông	督 dōk	独 dók

厦门、漳州没有阳上,阳上归阳去,"动"读同"洞",一般通称阴上为上声;泉州有阴上阳上之分,去声只有一个,没阴去阳去之分,一般通称去声。

四、连读变调

两个字或三个字组成词,连读时会产生变调。变调时,只变前面的音节,后面的音节不变调,仍读原调。如"好心肝"(好心肠)hǒ sīmgnuā→hō sîmgnuā

七种声调的变调规律如下表:

本调	阴平 ˧˩44	阳平 ˨˦24	上声 ˥˧53	阴去 ˨˩21	阴入 收-h ˧˨32	阳去 ˨˨22	阴入 收-p、-t、-k32˩	阳入 ˦4
变调	阳去 ˨˨22	阴平 ˧˩44	上声 ˥˧53		阴去 ˨˩21		阳入 ˦4	阴入 ˧˨32

后　记

　　"莫道桑榆晚，微霞尚满天"。我借着满天的微霞在贡献余热，尽管微霞不很亮堂，无足轻重，但它会发光、发热，就会带给人们温暖。

　　一本《魅力闽南话》小作就像一个小小的发光体，和其他发光体汇成多彩的夕阳，它虽不是秋的硕果，但却闪烁着秋的金黄。

　　感谢为增添秋的金黄而努力的蒋东明社长和牛跃天编辑，是他们的支持和帮助，使这秋的金黄能孕着春意，迎来满天朝霞的春光。

林宝卿

2010 年中秋